[英] W.S.毛姆 著

十大长篇及其作者

Ten Novels and Their Authors

刘文荣 译

文汇出版社

目 录

序言　小说的艺术 …………………………………… 1

第一章　菲尔丁与《汤姆·琼斯》 ………………………… 1
第二章　简·奥斯丁和《傲慢与偏见》 ………………… 17
第三章　司汤达和《红与黑》 …………………………… 34
第四章　巴尔扎克与《高老头》 ………………………… 54
第五章　狄更斯与《大卫·科波菲尔》 ………………… 75
第六章　福楼拜与《包法利夫人》 ……………………… 97
第七章　麦尔维尔与《白鲸》 …………………………… 120
第八章　艾米莉·勃朗特与《呼啸山庄》 ……………… 144
第九章　陀思妥耶夫斯基与《卡拉马佐夫兄弟》 ……… 163
第十章　托尔斯泰和《战争与和平》 …………………… 194
结束语 ………………………………………………… 228

序言　小说的艺术

一

我想告诉读者,我当初是怎么会写本书中的这些文章的。有一天——那时我在美国——《红书》杂志编辑部要我开一份书单,列出我认为的十部世界上最好的长篇小说。我照做了,也没有多想什么。我开的书单,当然是我武断的。我完全可以再开一份书单,从另一个角度再选十部小说,而且同样可以说出我为什么要选它们的理由。是的,如果让一百个博览群书的人来开一百份这样的书单,很可能会选出至少两三百部小说;但不管怎样,我相信,我在这里选出的这十部小说,都会在那里占有一席之地。像这样的事情,有意见分歧是完全可以理解的。一部小说之所以会吸引人,甚至会使一些很有主见的人也一味地赞美,其中有多种原因。可能是他在读这部小说时正处于人生的某一境遇,因而特别容易被这部小说打动;也可能是这部小说的主题或场景特别迎合他的个人癖好,因而使他觉得这部小说具有不寻常的意义。我可以想象,偏爱音乐的人很可能会把亨利·汉德尔·理查森的《莫里斯·格斯特》①视为十大最佳小说

---

① 《莫里斯·格斯特》(*Maurice Guest*),亨利·汉德尔·理查森(Henry Handel Richardson,20 世纪初澳大利亚女作家 Carmen Callil 的笔名)以音乐家为题材的长篇小说,曾轰动一时。

之一;同样,一个五镇的当地人,也可能看到阿诺德·贝内特对那里的居民和风俗的描写而感到很亲切,会把《老妇人的故事》①列入自己的书单。当然,这两部小说写得都不错,但我相信,不以偏好来选,这两部小说还不够格,还不能入选十大最佳长篇。此外,读者的国籍有时也会使他偏爱某些作品,从而会对这些作品予以过高评价。譬如,英国文学作品在十八世纪还被法国人广为阅读,但从十九世纪一直到现在,法国人除了赏识本国的作品,对其他国家的任何东西都不感兴趣。所以,很难想象,一个法国人在开列十佳小说的书单时,会像我这样想到《白鲸》;即便他是个博览群书的人,即便他读过《傲慢与偏见》,也几乎可以肯定,他不会选《傲慢与偏见》,而只会选德·拉法耶特夫人②的《克莱芙王妃》;但实际上,他是过高评价了这本书。这是一部感伤小说,一部心理小说,也许还是第一部这样的小说:故事很动人;人物刻画得很鲜明;文笔也很有特点,简洁而得体。其中写到的社会境况,连法国的中学生也都知道;而其中的道德氛围,对于读高乃依和拉辛③的作品长大的法国人来说,是再熟悉不过了;更有甚者,它写到的是法国历史上最辉煌的时期,是法国文学黄金时代的杰作,因而对法国人来说,其魅力可想而知。但是,在英国读者眼里却不然,往往会觉得,其中的人物,尤其是主人公的高尚行为,写得不近人情;他们的对话写得既刻板又做作;他们的一举一动,都似乎令人难以置信。我不是说,英国读者的这些看法都是正确的;而是说,英国读者有这些看法,就绝对不会把这部作品选为十大最佳小说之一了。

---

① 《老妇人的故事》:20世纪初英国小说家阿诺德·贝内特的作品。
② 德·拉法耶特夫人,17世纪法国贵妇、作家,《克莱芙王妃》为其代表作。
③ 高乃依、拉辛,均为17世纪法国古典主义悲剧作家。

序言

在为《红书》杂志开列书单的同时,我曾写过一个简短的评论。我在那里说:"聪明的读者只要学会一目十行跳跃式阅读这种有用的技巧,就能在阅读时获得最大的享受。"确实,一个聪明的读者,是不会把读小说当作一项任务的。他为消遣才读小说。使他感兴趣的是小说中的人物,他关心他们在某种环境里怎样行动,以及他们的前途如何;他同情他们,和他们一起烦恼,一起欢乐;他把自己置于他们的境况中,在一定程度上就过着他们的生活。他们对生活的看法,他们对人类思考的重大问题的态度,不管是用言语还是用行动表现出来的,都会使他产生共鸣,或者惊讶,或者欢乐,或者愤慨。不过,尽管如此,他仍本能地知道自己的兴趣所在,而且会像猎狗追逐狐狸一样追逐它。有时,因为作者的过错,读者会迷失方向,这时他就会到处漫游,直到重新发现自己感兴趣的东西为止。这就是跳跃式阅读。

人人都会跳跃式阅读,但要跳跃式阅读又不受损失,却并非易事。在我看来,这即便算不上天赋才能,大概也要积累大量的阅读经验后才能获得。包斯威尔①告诉我们,约翰逊博士②的跳读速度之快确实惊人:"他具有一种特殊才能,可以毫不费劲地把一本书从头到尾浏览一遍,随即就抓住了其中最有价值的部分。"包斯威尔指的当然是那些具有资料价值或者教育意义的书籍;要是一部小说使人读起来也觉得费劲的话,按理说就没必要去读它了。令人遗憾的是,由于某些我很快就会谈到的原因,现在还几乎没有这样的小说,能让读者一直兴致勃勃地从头读到尾。跳跃式阅读也许是一种不好的阅

---

① 包斯威尔,18世纪英国传记作家、散文家,《约翰逊博士传》为其名作。
② 约翰逊博士,即塞缪尔·约翰逊,18世纪英国大文豪、传记作家、批评家、散文家、词典编撰家。

读习惯,但是读者不得已,只好如此。读者一旦开始跳跃,就很难控制自己,于是就有可能把许多有益的内容也漏读了。

我为《红书》开列的书单发表后不久,一位美国出版商向我提出一个建议,要用节选本形式出版我在其中提到的十部小说,并请我为每部小说作序。他的想法是,除了小说作者应该讲的,即作者提出的有关思想以及揭示人物性格的内容外,把其他的东西统统删掉,这样读者就会去读这些作品,而如果不把书中那些为数不少的、可称之为枝蔓的东西砍掉,很可能读者是不会读这些书的;现在书里留下的全是有价值的内容,读者便可尽情享受一种智力活动并从中得到最大的乐趣。我起先觉得很吃惊;后来却想到,尽管我们有些人已经掌握跳跃式阅读技巧,因而得益匪浅,可是大多数人还没有掌握,若有一个老练而有识别力的人先为他们作了删节,那对他们肯定是有益的。此外,要我为这几部书作序的建议也使我心动,于是就着手干了。有些文学研究者、教授和评论家会大声惊呼,会说名著理应按原样来读,而我却要把它们删节得支离破碎,实在是骇人听闻。那要看是怎样的名著。不能想象,如《傲慢与偏见》那样引人入胜的小说,或者如《包法利夫人》那样结构严谨的小说,可以作任何删节;但是,有见地的评论家乔治·桑兹伯利[1]却说过:"像狄更斯所写的小说是可以浓缩的,虽然类似的情况并不多见。"删节本身无可指责。很少有哪个剧本,在演出前是没有经过大刀阔斧地删节的。这大有好处。多年前,我曾和萧伯纳[2]一起共进午餐,席间他对我说,他的剧本在德国上演要比在英国上演成功得多。他把这一点归因于英国公众的愚昧和德国人的睿智。其实他错了。在英国,

---

[1] 乔治·桑兹伯利,19世纪英国评论家。
[2] 萧伯纳,或译伯纳德·萧,20世纪初英国剧作家。

序言

他坚持要把他剧本中的每个字都念出来,而在德国,我看过他的话剧,那里的导演毫不留情地把所有和戏剧主题无关的词句统统删掉了,反而使剧本产生了极佳的效果。不过,这一点我想还是不告诉他为好。我只是看不出有什么理由,小说就不能作类似的处理。

柯勒律治①在谈到《堂吉诃德》时曾说,这本书只值得从头到尾看一遍,以后随便翻翻即可。他的意思就是说,书里有许多章节不仅枯燥无味,甚至荒诞不经,而你一旦知道这一点,就没有必要再花时间去读它们了。这是一本很重要的名作,一个自认为是文学爱好者的人当然应该通读一遍(我自己通读过两遍英文译本,三遍西班牙文原作),但我不能不认为,为消遣而读的普通读者,即便根本不读那些兴味索然的部分,也不会错过什么。他反而会更加欣赏对那位豪侠骑士和他那位憨厚侍从的有趣冒险所作的直接描述以及他们生动的对话。有个西班牙出版商,事实上就把这些故事缩成一卷,读来兴味盎然。还有一部虽称不上伟大、但确实很重要的小说,即塞缪尔·理查生②的《克拉丽莎》,它的篇幅之长,除了最有耐心的读者,恐怕人人都会望而生畏。我自己要不是碰巧找到一个节选本,大概也不会有胆量去读它的。此书节选得非常得当,以至我读它的时候并不觉得有什么遗漏。

我想,多数人会承认,马塞尔·普鲁斯特③的《追忆似水年华》是本世纪④最伟大的小说。我是普鲁斯特的狂热崇拜者,他的每一个字我都读得津津有味。有一次,我还言过其实

---

① 柯勒律治,19世纪英国"湖畔派三诗人"之一。
② 塞缪尔·理查生,18世纪英国小说家。
③ 马塞尔·普鲁斯特,19世纪末、20世纪初法国小说家。
④ 指20世纪。

地宣称,我宁愿读普鲁斯特的书读得倒胃口,也不愿为了自娱去读其他作家的书。然而,读了三遍之后,我现在打算承认,他的书也不是每个部分都是很有价值的。我觉得,对普鲁斯特因受当时的思潮影响而表述的那些冗长而繁复、现在已部分被人抛弃、部分又嫌陈腐的见解,将来的读者决不会再感兴趣。于是我想,到那时,他将比现在更容易被人看作是个杰出的幽默作家,擅长于塑造新颖独特、性格迥异而又栩栩如生的人物形象,因而将与巴尔扎克、狄更斯和托尔斯泰并驾齐驱。很可能,将来总有一天,他的这部宏伟巨著也会有节选本问世,其中那些已由时间证明为无价值的段落将被删掉,而保留下来的,则是趣味隽永的精华。届时,《追忆似水年华》仍是部洋洋巨著,但它的节选本可能更加出类拔萃。安德烈·莫洛亚①写过一本极好的书——《回忆普鲁斯特》,从其颇为复杂的叙述中,我得知普鲁斯特本来打算把他的这部小说分三卷发表,每卷仅四百页左右。然而,当第二、第三卷正在付印时,第一次世界大战爆发,书只好推迟出版。当时,普鲁斯特因健康情况不佳而不能去服兵役,他就利用大量空余时间给第三卷增加了大量内容。"增加的许多东西,"莫洛亚说,"是心理学和哲学论文,在这些论文中,这位智者(我认为他指的是普鲁斯特本人而非小说中的那个叙述者)对人物的行动加以评论。"他接着又说:"根据这些材料,人们可以编纂一部颇具蒙田风格的散文集,如论音乐的作用、论艺术创新和论风格美,以及论不寻常的性格类型和论医学方面的鉴别,等等。"所有这些都具有真知灼见,但它们是否提高了小说本身的价值,我认为就要看你对小说这种体裁的基本功能持何种观点而定了。

① 安德烈·莫洛亚,20世纪初法国传记作家、小说家、散文家。

序　言

　　这方面各人有各人的看法。H.G.威尔斯①写过一篇名为《当代小说》的有趣文章，他说："在我看来，小说是唯一能使我们对那些因当代社会变化而成堆提出的问题中的大多数问题加以讨论的一种媒介。"将来，小说同样"是社会的协调者、相互了解的媒介、自我反省的工具、伦理道德的展示、生活方式的交流、风俗习惯的产地，以及对法律制度和社会教条及思想的批判"。"我们(在小说中)探讨的是政治、宗教和社会问题。"威尔斯不能容忍那种把小说仅仅视为一种消遣手段的看法。他明确表示，他自己从不把小说看作为一种艺术形式。奇怪的是，当有人认为小说是一种宣传手段时，他也不同意："因为在我看来，宣传一词是有特定含义的，它是为某个党派、教会或者某种学说服务的。"然而，现在这个词的含义已变得非常宽泛，泛指一种方式，即用口头、文字或者广告等形式，一再重复，以期说服别人相信，你在事物的真与假、好与坏、是与非，或者美与丑等方面的观点是正确的，应该为所有的人所接受，而且作为行动准则。威尔斯的主要小说，其目的就是要传播某种学说和原则；那同样是宣传。

　　问题的关键在于，小说是不是一种艺术形式。它的目的是教育呢，还是娱乐？要是它的主要目的在于教育，那就不是一种艺术形式。因为艺术的主要目的是使人愉悦。这一点，诗人、画家以及哲学家都是一致同意的。然而，由于基督教总是教导人们心怀疑虑地把娱乐看作是会导致灵魂堕落的陷阱，艺术的真相使许多人深感震惊。显然，把娱乐看成是件好事要合理得多。不过，仍需记住，有些娱乐确实会带来不良后果，因此避开它们也许是明智的。一般人总倾向于把娱乐看

---

　　① H.G.威尔斯，19世纪末、20世纪初英国小说家。

成是耽于声色,这很自然,因为肉体的快感比精神的愉悦更加明显,也更为强烈;但这种观点肯定是错误的,因为既有肉体的娱乐,也有精神的娱乐,虽然后者不如前者那样强烈,却要比前者更加持久。《牛津词典》对艺术下的定义之一是:"应用于审美方面的技巧,如诗歌、音乐、舞蹈、戏剧、演说、文学等。"这话不错,只是后面还应加上"特别按现代习惯,应用于完美工艺中,并通过对象本身的完善性来表现自己的技巧"。我认为,这就是每个小说家的目标,但我们知道,小说家又是无法完全达到这个目标的。我想,我们可以把小说称为一种艺术形式,它或许是一种并不十分崇高的艺术,但仍然是一种艺术。它只是一种本质上不太完善的艺术形式。关于这方面的情况,我在各地所作的讲演中曾涉及,现在我要谈的并不比以前讲过的多,就从中简短地引用一些吧。

我认为,把小说当成布道场所或者课堂,那是一种陋习。要是读者以为能在读小说时轻松地获得知识,我相信他已误入歧途。知识只有通过勤奋才能获取,那是一件艰辛而枯燥的工作。如果我们能把某种含有知识信息、因而十分有用的"药粉"裹在美味可口的小说"果酱"里一口吞下,那当然太好了。但实际情况是,在弄得这样可口之后,这"药粉"是否还有用,我们就不敢肯定了。因为小说家传递的知识会带有偏见,因而不可靠;而对事物有一种歪曲的了解,还不如不了解的好。我们没有理由要求一个小说家除了做小说家还要成为别的什么家。他只要是个好小说家,就足够了。他对许多事情都要懂一点,但要他在某个特殊领域成为一个专家,那不仅没有必要,有时甚至是有害的。他需要知道羊肉的味道,但不需要把一只羊都吃下去;吃一块羊肉就够了。那样,只要他对自己所吃的羊肉有足够的想象和创造才能,他就能很好地向你

序　言

描述爱尔兰炖羊肉的味道如何；而如果他从这点出发，进而开始发表自己对牧羊业、羊毛工业以及澳大利亚政治局势的观点，那么我们还是谨慎为妙，最好对他的观点持保留态度。

小说家常受个人偏见的支配，他在选择题材、塑造人物以及在对人物的态度等方面，无不受此制约。无论他写什么，都是他个性的流露以及他的内心直觉、感情和经验的表现。无论他怎样想写得客观，他终究是他的癖好的奴隶。无论他怎样不偏不倚，都免不了失之偏颇。他用的是灌了铅的骰子。小说家从小说一开始向你介绍人物起，就在引诱你对他的人物发生兴趣并表示同情。亨利·詹姆斯①一再强调，小说家要有演戏的才能。这种说法也许不太恰当，但却十分生动，因为小说家必须把他的材料安排得使你感兴趣。为此，他甚至会不惜牺牲真实性和可信性以获得预期效果。众所周知，具有知识性或者科学价值的著作是绝对不能这样写的。小说家的目的不是教育，而是娱乐。

二

也许，小说主要有两种写法，而且各有各的优点和缺点。一种是第一人称的写法，另一种是全知观点的写法②。用第二种写法，作者会告诉你，他认为你应该知道的一切，帮助你随着故事的发展理解他的人物。他可以从内部描写人物的情感和动机；譬如，某个人物穿过了街道，他就能告诉你，他（或者她）为什么要这样做，结果又怎样，等等。他还可以对一批人和一系列事件表示关注，然后又把他们束之高阁，开始关注

---

① 亨利·詹姆斯，19世纪末、20世纪初美国小说家。
② 全知观点的写法，即第三人称的写法。

另外一些人物和事件,这样使故事复杂化,以此重新唤起你可能已有所衰退的兴趣,同时达到表现生活的丰富性、复杂性和多样性的目的。这种写法的缺点是,小说中的一批人物很可能会不及另一批人物有趣。举个著名的例子来说,如在《米德尔马契》①中,当读者读到那些他不感兴趣的人物命运时,就会觉得非常厌烦。此外,用这种写法创作小说,还要冒作品庞大累赘和冗长松散的风险。写这种小说的作家中,没有谁能比得上托尔斯泰,然而即便是托尔斯泰,也难免有上述缺点。这种写法向作者提出的要求是很难达到的。作者必须深入到每个人物的内心,感其所感,思其所思;而他却有自己的局限,也就是说,只有当他以其自身作为人物的原型时,他才有可能做到这一点。如果不是这样,他就只能从外部去观察其他原型,而这样创造出来的人物,往往会缺少说服力,使读者难以信服。

我想,亨利·詹姆斯之所以十分关心小说形式,就是因为他意识到了这些缺点。他于是就想出了一种可称为"亚变种全知观点的写法"。采用这种写法,作者仍然是无所不知的,但他只对某一个人物无所不知,而由于这个人物对其他人物并不全知,作者的无所不知也就很有限了。譬如,当作者写到"他看见她露出了笑容"时,他是无所不知的;但当他写到"他看出了她微笑中的冷嘲"时,就不是了;因为他把冷嘲赋予她的微笑,也许并没有适当的理由。毫无疑问,亨利·詹姆斯清楚地知道这种写法的实用性,那就是:他是通过某个特定的重要人物——如《奉使记》中的史特雷瑟——的所见、所闻、所思和他的猜测,来讲述故事和展示其他人物性格的,因而他觉得这样写可以防止枝节纷繁,小说的结构就必然会紧凑而简

---

① 《米德尔马契》,19世纪英国女作家乔治·艾略特的著名长篇小说。

序　言

洁。此外,这种写法还赋予对象以真实感,因为你现在主要关心的只是一个人,慢慢地就相信了他告诉你的事。这里,读者应该知道的事情,是随着读者对人物的逐渐了解,逐渐地传达给读者的;而就在读者一步步地对那些令人困惑的、朦胧费解的、甚至不可知的事情的理解过程中,他享受到了阅读的乐趣。可见,这种写法使小说具有侦探故事中的那种神秘气氛和戏剧性,而这正是亨利·詹姆斯所渴望得到的小说效果。然而,一点一滴地透露事实真相也有危险,那就是:读者可能比小说中那个正在探知事实真相的人物更加机灵,很可能会在那个人物探明真相之前就已经猜到了——就是这么回事!我想,凡是在读《奉使记》的读者,大概都会越来越不耐烦地觉得那个史特雷瑟实在太愚钝,连明摆着的事情、别人都一目了然的事情,他也看不清;已经成公开的秘密,他竟然还在猜,而且还猜不出。这表明,这种写法也有缺点。读者本不是傻瓜,而你却轻率地、无礼地把他当成了傻瓜。

既然大部分小说都使用全知观点的写法,那就只能假定,大多数小说家觉得这种方法在解决小说难点时基本上是令人满意的。不过,用第一人称的写法也有优点。像亨利·詹姆斯采取的方法一样,第一人称的写法使叙述显得更真实,而且扣紧主题;因为小说家此时只能讲述他亲眼所见、亲耳所闻或者亲身经历过的事情。要是十九世纪英国的那些大小说家当初能更多地采用这种写法,那就好了,因为他们的小说总是写得结构松散、冗长而枝蔓横生。这可能是由于他们的小说以连载形式发表的,也可能是一种民族癖性。第一人称写法的另一个优点是容易使你对叙述者产生共鸣。你也许不赞赏他,但由于你的注意力一直集中在他身上,不由得便会同情他。不过,这种写法也有一个缺点,那就是当叙述者——如

《大卫·科波菲尔》①中那样——同时又是主人公时,他若告诉你说他是如何英俊而有魅力,不免会有自诩之嫌;他若讲述自己的英勇行为,又会给人以自负之感,而当读者都已看出女主人公在爱他时,他自己却不知道,似乎又显得很愚蠢。此外,没有一个写这类小说的作家能完全克服的另一个更大的缺点是,这类小说中的叙述主人公,即中心人物,和他周围的其他人物比较起来,总显得苍白而不够生动。为什么会这样呢?我能提出的唯一解释是,因为小说家在主人公身上看到的是他自己。他是从内部主观地观察之后讲述他所观察到的东西的,所以他往往感到茫然失措或者优柔寡断;反之,当他从外部通过想象和直觉客观地观察其他人物时,要是他具有像狄更斯那样的才能的话,就会带着一种戏剧性的眼光兴味盎然地观察他们,对他们的怪癖会乐不可支,写出来的人物往往与众不同、栩栩如生,从而使他自己的肖像反倒相形见绌了。

有一类用这种写法创作的小说曾经风行一时,那就是书信体小说。书信当然都是用第一人称写的,只是出自不同的人之手。这类小说的优点就是非常富有真实感,读者很容易相信那些信件是真实的,相信它们确为某人所写,而正因为读者的轻信,他便落入了小说家手中。小说家一开始就力求获得真实感:他会使你相信,他所说的事情确实发生过,即使像不可能发生的如明希豪森男爵②的故事,或者像卡夫卡③《城堡》中的令人毛骨悚然的故事,他也要你相信可能是真的。但这类小说也有严重缺点。这是一种兜圈子的、故弄玄虚的讲故事方式,而且讲得过分谨慎。那些书信往往啰里啰唆,离题

---

① 《大卫·科波菲尔》,狄更斯的自传体长篇小说。
② 明希豪森男爵,德国著名童话人物,即"吹牛大王"。
③ 卡夫卡,20世纪初奥地利小说家。

序　言

万里,读者不久便感到厌烦,所以这类小说也就自行消失了。

然而,有一类用第一人称创作的小说,在我看来不仅克服了这种写法的缺点,还很好地利用了它的优点。也许,这是一种最方便、最有效的小说写法。从赫尔曼·麦尔维尔①的《白鲸》一书中便可看出使用这种写法的好处。在这类小说中,作者用第一人称讲述故事,但他并不是主人公,他讲的不是自己的故事②。他是故事中的一个人物,和其他人物或多或少有某种关系。他并不决定情节发展,而只是作为其他人物的朋友、熟人或者旁观者发挥作用。就像希腊悲剧中的合唱队,他对自己所看到的事情进行思考;他可以恸哭,也可以提出忠告,但他没有资格影响事件的进程。他把读者当作知心人,把自己所知道的、希望的或害怕的事情都告诉读者,要是他觉得不知所措,也照样会坦率地讲出来。为了不至于让这个人物把作者希望隐瞒的事情也泄露给读者,并不需要像亨利·詹姆斯处理《奉使记》中的史特雷瑟那样,使他显得很愚蠢。相反,他可以像作者自我描述的那样,目光敏锐、聪明伶俐。这里,叙述者和读者对故事中的人物,对他们的性格、行为和动机有着共同兴趣;叙述者对这些人物的感受,也就是他要想激发读者产生的那种感受。所以,他所取得的真实效果,和作者本人作为小说主人公所获得的效果一样令人信服。他可以把主人公描述得既俊美又高尚,甚至可以给他戴上神圣的光环,而若在叙述者就是主人公的小说中,这样做就不免会引起你的反感。显然,小说的这种写法有助于使读者对人物产生亲切感,增强小说的真实性,是很值得推荐的。

我想冒昧地谈一谈,在我看来一部好小说应该具有哪些

---

① 赫尔曼·麦尔维尔,19世纪美国小说家。
② 譬如,康拉德的绝大多数小说就是这样写的。

特性。它的主题应该能引起广泛的兴趣,即不仅能使一群人——不管是批评家、教授、有高度文化修养的人,还是公共汽车售票员或者酒吧侍者——感兴趣,而且具有较普遍的人性,对普通男女都有感染力。主题还应该能引起持久的兴趣;一个选择只有一时兴趣的题材进行创作的小说家,是个浅薄的小说家,因为一旦人们对这样的题材失去兴趣,他的小说也就像上个星期的报纸一样不值一读了。作者讲述的故事应该合情合理而且有条有理;故事应该有开端、中间和结尾,结尾必须是开端的自然结局。情节要具有可能性,不仅要有利于主题发展,还应该是由故事自然产生的。小说中的人物要有个性,他们的行为应源于他们的性格,决不能让读者议论说:"某某人是决不会干那种事的。"相反,要读者不得不承认:"某某人那样做,完全是情理之中的事。"我觉得,要是人物又很有趣,那就更好。福楼拜①的《情感教育》虽然受到许多著名批评家的高度称赞,但是他选择的主人公却是个没有个性、没有生气,也没有任何特点的人,以至他的所作所为以及在他身上所发生的一切,都无法使人产生兴趣;结果,虽然小说中有许多出色之处,但整部小说还是令人难以卒读。我觉得,我必须解释一下,为什么我认为人物必须具有个性。因为要求小说家创造出完全新型的人物,是强人所难;小说家使用的材料是人性,虽然在各种不同的环境中人性千变万化,但也不是无限的;人们创作小说、故事、戏剧、史诗已有几千年历史,一个小说家能创造出一种新型人物的机会,可说微乎其微。回顾整个小说史,我所能想到的唯一具有独创性的人物,就是堂吉诃德。然而,即便是他,我还是毫不惊讶地听说,有个知识渊博

---

① 福楼拜,19世纪法国小说家。

序言

的批评家已为他找到一个古老的祖先。因此,只要一个小说家能通过个性来观察他的人物,只要他的人物个性鲜明,而且鲜明到足以让人错以为他是一种独创的人物,这个小说家就已经是很成功了。

既然行为源于性格,那么语言也应如此。一个上流社会女子,谈吐就应该像个上流社会女子;一个妓女的语言,就得像个妓女;一个在赛马场招徕顾客的人或者一个律师,讲话也得符合各自的身份。(我不得不说,梅瑞狄斯①或亨利·詹姆斯的作品就有一个缺点,就是他们的人物都千篇一律地用梅瑞狄斯或亨利·詹姆斯的腔调说话。)小说中的对话不能杂乱无章,也不应该用来发表作者的意见;它必须服务于典型化人物的塑造和故事情节的发展。叙述的部分应该写得直截了当,要生动、明确,只需把人物的动机以及他们所处的环境令人信服地交代清楚,而不应过于冗长。文笔要简洁,使一般文化修养的读者阅读时也不觉得费劲;风格要与内容一致,就像式样精巧的鞋要和大小匀称的脚相配。最后,好的小说还应该引人入胜。我虽然把这一点放到最后说,但却是最基本的要点;没有这一点,其他一切全都会落空。一部小说在提供娱乐的同时,越能引人深思,就越好。"娱乐"一词有多种含义,提供乐趣或者消遣只是其中之一。人们容易犯的错误是,认为娱乐就其含义而言,消遣是其唯一重要的内容。其实,《呼啸山庄》或《卡拉马佐夫兄弟》和《项狄传》或《康第姐》②同样具有娱乐性,虽然感染人的程度不同,但同样真实。当然,小

---

① 梅瑞狄斯,19 世纪英国小说家。
② 《呼啸山庄》,19 世纪英国女作家艾米莉·勃朗特的长篇小说。《卡拉马佐夫兄弟》,19 世纪俄国小说家陀思妥耶夫斯基的长篇小说。《项狄传》,18 世纪英国小说家斯特恩的长篇小说。《康第姐》,18 世纪英国小说家哥尔斯密的长篇小说。

说家有权处理那些和每个人都密切相关的重要主题,如:上帝的存在、灵魂的不朽、生命的意义及价值,等等;但是,他在这样做的时候,最好记住约翰逊博士的至理名言:"关于上帝、灵魂或者生命这样的主题,没有人再能发表新的真实见解,或者真实的新见解了。"即便这些主题是小说家所要讲述的故事的一个组成部分,而且对人物的典型化是必须的,会影响到人物的行为举止——也就是说,如果不是这样,他们就不会有那样的行为举止——小说家也只能指望读者对他所涉及的这些主题感兴趣。

即便一部长篇小说具有我提出的所有优点(这要求已相当高),它在形式上也会有这样那样的缺陷,就如白璧微瑕,很难做到尽善尽美。因此,没有一部长篇小说是十全十美的。一个短篇小说可能是十全十美的,根据它的篇幅,大约在十分钟到一个小时内就能读完,它的主题单一、明确,完整描写一个精神的或者物质的事件,或者描写一连串密切相关的事件。它可以做到不可增减的程度。我相信,像这样完美的境界,短篇小说是可以达到的,而且我认为要找到一批这样的短篇小说也不难。但是,长篇小说却是一种篇幅不限定的叙事文学,它可以长得像《战争与和平》①那样,同时表现一系列相互关联的事件,又同时表现许许多多人物;也可以短得像《嘉尔曼》②那样。为了把故事讲得真实可信,作者总要讲到和故事有关的其他事情,而这些事情并不总是很有趣的。事件的发展往往需要有时间上的间隔,作者为了使作品得到平衡,就得尽力插入一些内容来填补因间隔而留下的空白。这样的段落

---

① 《战争与和平》,19世纪末、20世纪初俄国小说家托尔斯泰的长篇历史小说。
② 《嘉尔曼》,19世纪法国小说家梅里美的中篇小说,也译作《卡门》。

序言

称之为"桥"。大多数小说家虽然都天生有过"桥"的才能,但在此过程中,枯燥无味却是难免的。小说家也是人,不可避免地会受时代风气的影响,更何况小说家的感受性还胜过一般人,因此他时常会不自主地写出一些追随世风的、昙花一现的东西。举例来说,十九世纪之前的小说家是不太注意景物描写的,写到某物也至多一两句话;但是,当浪漫主义作家,如夏多布里昂①,受到公众喜爱后,景物描写成了一时的风尚,成了为描写而描写。就是某个人物上街到杂货店去买牙刷,作者也会告诉你,他路过的屋子是什么样子,店里出售的是什么商品,等等。黎明和夕阳、夜晚的星空、万里无云的晴天、白雪皑皑的山岭、阴森幽暗的树林——所有这一切,都会引来没完没了的冗长描写。许多景物描写固然很美,但离题万里。只是到了很久之后,作家们才明白,不管多么富有诗意、多么逼真形象的景物描写,除非它有助于推动故事的发展或者有助于读者了解人物的某些情况,否则就是多余的废话。这还是长篇小说偶尔才有的缺点,另一种缺点则是内在的、必然的。要完成一部洋洋洒洒的长篇巨著很费时日,至少也得几个星期,一般需要好几个月,有时甚至要好几年。作家的创造力往往会衰退,这是很自然的事。这样,他就只能硬着头皮坚持写下去,而在这种情况下写出来的东西,如果对读者还会有吸引力的话,那简直是惊人的奇迹了。

过去,读者总希望小说越长越好,因为他们花钱买小说书,当然想读出本钱来。于是,作家们就挖空心思在自己讲述的故事中添加许多的材料。他们找到了一条捷径,那就是在小说中插入小说;有时,插入的部分长得像一个中篇小说,而

---

① 夏多布里昂,19世纪法国浪漫派作家,主要小说有《阿达拉》和《勒内》等。

和整部小说的主题又毫无关系,即使有,也是牵强附会的。《堂吉诃德》的作者塞万提斯就是这么做的,而且其大胆程度简直无人能与之相比。那些插入的文字,后来一直被视为这部不朽名著中一个污点,现在已不再有人会耐心地去读它们了。正因为这一点,塞万提斯受到了现代批评家的攻击。不过,我们知道,他在后半部里避免了这种不良倾向,因而要比前半部好得多,写出了那些被认为奇妙得不可思议的篇章。遗憾的是,他的后继者(他们肯定不读批评文章)并没有停止使用这种方法,他们继续向书商提供大量的廉价故事,足以满足读者的需要。到了十九世纪,新的出版形式又使小说家面临新的诱惑。月刊因为用很大篇幅刊登消遣文学而大获成功,对此虽有人嗤之以鼻,但它却为小说作者提供了好机会:在月刊上连载小说,可得到丰厚报酬。几乎与此同时,出版商也发现,在月刊上连载知名作家的小说是有利可图的。作家要按合同定期向出版商提供一定数量的小说,或者说要写满一定的页数。这样一来,就逼着他们慢吞吞地讲故事,一写就是洋洋万言。我们从他们自己说的话中就得知,这些连载小说的作者,甚至他们中最杰出的如狄更斯、萨克雷和特罗洛普①等人也不时感到,要一次又一次定期交出等着连载的那部分小说,实在是一种难以承受的沉重负担。无怪乎,他们只好把小说拉长!无怪乎,他们只好用不相干的内容把故事弄得拖泥带水!所以,如果考虑到当时的小说家有那么多的障碍和陷阱,那么当你发现当时最优秀的小说也有缺陷时,就不会大惊小怪了。不过,更使我觉得惊讶的是,它们的缺陷并不像我想象得那么多。

---

① 狄更斯、萨克雷、特罗洛普,均为19世纪英国著名小说家。

序言

三

为了自我提高,我一生中读了不少评论小说的专著。总的来说,这些专著的作者都像 H.G. 威尔斯一样,不愿把小说看作一种消遣方式。他们一致同意,小说中的故事是无关紧要的。实际上,他们更倾向于认为,故事是阅读小说时的一种障碍,会分散读者的注意力,使读者忽视了小说中他们认为的那些重要因素。看来,他们好像并不懂得,故事其实是小说家为拉住读者而扔出的一根性命攸关的救生索。他们认为,为讲故事而讲故事,是小说的庸俗化表现。我觉得这观点太奇怪了,因为听故事的欲望在人类身上就像对财富的欲望一样根深蒂固。有史以来,人们就一直聚集在篝火旁或者市井处相互听讲故事。这种欲望始终很强烈,这可以从当今侦探故事的泛滥中得到证明。虽然把小说家仅仅看作故事员是对他的轻视和侮辱,但小说家要讲故事仍是事实。当然,我敢说很少有人是这么看待小说家的。小说家通过自己所讲述的事件、选择的人物以及对他们的态度,为你提供一种对生活的批判。这种批判也许既不新颖也不深刻,但它已在那里了;其结果是,尽管他自己都没注意到,他已经通过他这种简单的方式成了一个道德家。道德不像数学,不是一门精确科学。道德标准不是一成不变的,原因是它和人的行为举止密切相关,而我们大家都知道,人的行为往往是虚伪的、复杂的和多变的。

我们生活于一个动乱的世界,小说家理应关注这个世界。将来的世界也不会太平。自由总会受到威胁。我们总是处于忧虑、恐惧和挫折之中。过去不容置疑的社会准则,现在看来已大有疑问。但是,当小说涉及这样的严重问题时,读者却会觉得枯燥乏味。这一点，小说家并不是不知道。譬如，现在发明了避孕药，过去为保持贞洁所必须遵守的那种道德标准就不适用了。小说家很快就注意到由此而引起的两性关系变化，因而当他们想维持读者对小说的兴趣时，他们就一味地让男女主人公频频上床。我认为这不是个好办法。切斯特菲尔德爵士①曾对性交作过这样的评论：快感是一时的；情景是可笑的；代价是昂贵的。要是他活到今天并且读过现代小说的话，也许会这样评论：行为是千篇一律的；描写是重复冗长的；感觉是索然无味的。

  目前，小说有一种倾向，就是注重刻画人物而不注重讲述故事。当然，刻画人物很重要；因为只有当你熟悉了小说中的人物并对他们产生了同情之后，你才会关心发生在他们之间的事情。但是，倾全力于人物刻画而不注重人物之间发生的事情，这只是小说的一种写法。另一种写法则是单纯讲述故事，其间对人物的刻画很马虎或者很粗略，像这样的写法也同样有权存在。事实上，有不少闻名于世的好小说就是这么写的，如《吉尔·布拉斯》②和《基督山伯爵》③等。假如山鲁佐德④只知道刻画人物性格而不讲那些奇妙的故事，她的脑袋早就被砍掉了。

  在后面的各章中，我都会谈到相关作者的生平与性格。我这么做，部分原因是我自己觉得有趣，同时也为读者着想。

---

  ① 切斯特菲尔德爵士，18世纪英国政治家、文学家，以其《书信集》闻名于世。
  ② 《吉尔·布拉斯》，18世纪法国小说家勒萨日的长篇"流浪汉小说"。
  ③ 《基督山伯爵》，19世纪法国小说家大仲马的长篇小说，也译作《基度山恩仇记》。
  ④ 山鲁佐德，《一千零一夜》里的故事叙述者，她因不断讲故事吸引残暴的国王而免遭杀害。

序 言

因为我相信,了解作者是怎样的人,有助于读者理解和欣赏他的作品。譬如,了解福楼拜的一些情况,有助于弄清《包法利夫人》中的许多令人困惑的地方;而了解一下艾米莉·勃朗特少得可怜的生平资料,也能加深领会她那本奇特而精彩的书①。当然,作为小说家,我是以小说家的立场来写这些文章的。这么做的危险是,小说家往往会自以为是,往往会用自己的写作经验来评判他人的作品。所以,要公正对待那些和他自己全然不同的作品,他需要有见地,有度量,而这是心胸狭窄之人难以做到的。另一方面,自身不写小说的批评家,又可能对小说技巧知之甚少,所以在他的评论中,除非像德斯蒙德·麦卡锡②那样不仅有学识,而且有眼界;否则,他要么只给你一些并没有多大价值的个人印象,要么就是基于条条框框所作出的一些僵硬的判断;除此之外,就什么也没有了。这就像一个鞋匠做鞋,只有两种尺码;如果两种尺码都不合你的脚,你就只配光着脚走路。

我当初写本书中的这些文章时,目的是为了吸引读者去读我谈到的那些小说;因而,为了不使读者扫兴,我必须小心翼翼,尽量不透露小说中的故事内容。这使我很难对那些小说加以充分讨论。后来,在改写这些文章时,我就不再以此为目的,而是假定读者已经读过我所谈到的那些小说。这样一来,我即使把那些小说中最具悬念的内容直接讲出来,也不要紧了。还有,我觉得那些小说中有什么缺点,也会像有什么优点一样,毫不犹豫地指出来,因为没有什么比在一般读者面前一味地赞美那些已被视为经典的小说,更加有害了。读者自己在读那些小说时可能就会发现,有些事情好像并不令人信服、

---

① 指《呼啸山庄》。
② 德斯蒙德·麦卡锡,20世纪初英国戏剧评论家。

有些人物好像并不真实、有些情节好像和主题并没有多大关系、有些场景描写好像写得太冗长而令人乏味。如果他是个脾气急躁的人,就会放下书,骂骂咧咧说:那些把这部小说称作经典名著的评论家,不是骗子,就是傻瓜!如果他是个生性谦卑的人,就会放下书,自我责备说:这种书我实在理解不了,像我这种人,根本不配看这种书;而如果他是个富有耐心的人,则会一字一句地读下去,却毫无乐趣。然而,读小说,就是为了获得乐趣;如果一部小说读起来毫无乐趣,那它就毫无价值。所以说,读者才是最好的评论家,因为只有读者知道,自己喜欢什么,不喜欢什么。

不过,话得说回来,我想小说家或许会说:你要读小说,总得承认小说家有权对你提出一点要求吧;否则,对小说家也太不公平了。是的,小说家有权要求读者把注意力集中在三四百页的书本上,有权要求读者有足够的想象力,想象小说人物的经历,并对小说人物的悲欢离合、喜怒哀乐予以关注和同情。因为只有这样,读者才能从小说中获得乐趣。否则的话,那就干脆不要读小说。读小说,又不是什么非做不可的事情!

第一章
菲尔丁与《汤姆·琼斯》①

一

要对亨利·菲尔丁这个人加以评论,颇为困难,因为我们对他的生平了解甚少。菲尔丁死后八年,即一七六二年,亚瑟·默菲写了一篇介绍菲尔丁的文章,作为当时出版的一部菲尔丁文集的序言,但这位默菲先生似乎对菲尔丁也不甚了解,能说的东西很少,所以为了凑足一篇八十页的文章,他不得不东拉西扯,说了许多不相干的废话。其中说到的事实本来就很少,后来表明还是不准确的。在这之后,又有人竭力想证明,菲尔丁并不像人们传说那样是个放荡不羁的人;然而,很不幸,这些人把菲尔丁说成正人君子,也就把他变得死气沉沉了。就连菲尔丁贪欲好色这一明摆着的事实,他们也要竭力否定。这实在没有道理,你崇拜他的作品,就一定要把他说

---

① 《汤姆·琼斯》:全称《弃儿汤姆·琼斯的历史》,主要情节是:汤姆·琼斯是私生子,出世不久即被抛弃,后为绅士奥尔华绥所收养。汤姆·琼斯与庄园主女儿索菲娅产生了爱情。奥尔华绥的外甥布利菲尔对此非常嫉妒,竭力在舅父面前中伤汤姆·琼斯。于是汤姆·琼斯被逐,四处流浪。他到了伦敦,因打伤了一个流氓而被关进监狱。索菲娅的父亲强迫索菲娅嫁给布利菲尔,索菲娅违抗父命,也逃到伦敦,找到汤姆·琼斯。最后,汤姆·琼斯的身份得以揭示,原来他是奥尔华绥的亲妹妹的私生子,和布利菲尔是异父同母的兄弟。最后,布利菲尔迫害汤姆·琼斯的阴谋败露,汤姆·琼斯与索菲娅喜结良缘。

成是正人君子？其实，他的道德品质如何，既不会使他的作品好一点，也不会使他的作品坏一点。小说家是以生活为素材的，他要把生活忠实地表现出来，只要对生活有充分的体验就够了；除此之外，并没有什么道德上的要求。所以，根本不必为菲尔丁粉饰。他确实不是正人君子，他确实贪欲好色；但这完全合乎人性，只有伪善之人或愚昧之人才会表示惊讶。

亨利·菲尔丁生来就是贵族。他在家里排行第三，他父亲约翰·菲尔丁起初在索尔兹伯里当牧师，后来从军，从一名小军官爬到了将军。他自称是德斯蒙德伯爵的第五个儿子。德斯蒙德家族是从丹贝家族中分出来的，而丹贝家族则声称是赫普史伯格家族的后裔。写《罗马帝国衰亡史》的吉本①曾在其《自传》中写道："查理五世②的继承人可能会不承认他们的英国亲戚③；但不管怎样，汤姆·琼斯的风流史——人间风俗的绝妙写照——终将胜过埃克里尔宫殿和奥地利皇室的鹰徽④而流芳百世。"这话说得真好。只可惜，菲尔丁家族自诩的高贵家史，已被证明是毫无根据的。他们一直把自己的姓写为"菲尔丁"。关于这件事，我曾经在什么地方读到过：有一次，德斯蒙德伯爵⑤问亨利·菲尔丁，为什么他们家的人都把姓写为"菲尔丁"，而不是"德斯蒙德"。亨利·菲尔丁回答说："我估计，大概是因为我们的父辈在学会写您大人的姓之前，已经学会了写菲尔丁。"

亨利·菲尔丁的父亲约翰·菲尔丁，娶亨利·古尔德爵士的女儿萨拉为妻。亨利·古尔德爵士时任皇家高级法院的

---

① 爱德华·吉本，18世纪英国史学家，其《罗马帝国衰亡史》为西方史学名著。
② 查理五世，神圣罗马帝国哈布斯堡王朝皇帝（1520年—1556年在位）。
③ 英国王室曾与哈布斯堡皇室联姻，故而有亲戚关系。
④ 埃克里尔宫殿和奥地利皇室的鹰徽：代指哈布斯堡王朝。
⑤ 这里的德斯蒙德伯爵，应是前面一位德斯蒙德伯爵的孙子。

第一章

法官。一七〇七年,亨利·菲尔丁降生于法官的乡间别墅。三年后,约翰·菲尔丁夫妇移居多塞特郡的东斯图;在此期间,除了亨利·菲尔丁,他们还生了两个女儿。后来在东斯图,他们又生下三女一男。菲尔丁夫人死于一七一八年;就在此时,亨利·菲尔丁被送进了伊顿公学。他在那儿结交了不少好友,而实际上,他在离家求学前——按亚瑟·默菲所说——"已经学会希腊文和拉丁文",还读过不少书,所以他日后才会那么博学,文章写得那么典雅。以此推算,他十八岁从伊顿公学毕业;那时,他已经让人看得出日后必有作为。有一次他偶尔到拉姆雷吉斯去,随身还带着一个忠心耿耿、愿为主人"出生入死"的仆人。他在那里看上了一个名叫萨拉·爱德鲁的小姐。那小姐美貌出众而且出生于富豪之家,对他很有吸引力。他想先设计将她诱拐,事成后逼她成婚;同时又想好,此计若不成功,就是强行掳掠,也在所不惜。不料,没等他动手,不知怎么一来,他的计划被泄露了。那小姐的家人随即将小姐藏匿,不久又干脆把她嫁给了一个合适的求婚者。于是,他只好作罢。

菲尔丁

此事发生在一七二五年。十八岁的菲尔丁长得相貌堂堂;他身高六英尺多①,体格健壮;深凹的双眼,笔挺的鼻梁;上唇微翘,似带讥诮;下颏前突,性情豪爽。他强壮而好

---

① 六英尺多:约1米90。

动,到处寻欢作乐;因为身体好,酒色过度也无所谓。接下来的两三年,和一般人所知的情况完全不同,他是在伦敦度过的,而且像其他纨绔子弟一样,纵情于伦敦的娱乐场所。不过,除了吃喝嫖赌,他也做点别的事。一七二八年,他写了一个剧本,题名为《伪装的爱情》,上演后还颇受观众好评。但是他父亲觉得他写剧本谋生风险太大,执意要他另谋出路。于是,他就到荷兰,进了莱顿大学学法律。没想到,他父亲再婚后,不愿——也可能是无力——再为他支付留学费用,尽管他早先是承诺过的。这样一来,他在荷兰大概只待了一年,就不得不返回英国。回国后,他处境窘迫,不知如何谋生,就如他后来开玩笑似的说过,他要么去做马车夫,要么就只好做剧作家了。

奥斯丁·道布森①在为"英国文人丛书"撰写的《菲尔丁传》中说:"爱好和机遇把他带到了剧院;他具有剧作家应有的写作冲动、幽默感和对现实生活的洞察力。此外,他似乎还具有独创精神和强烈的完成欲。"奥斯丁·道布森所说的"爱好",可能是指他有一种以做剧作家为乐的表现欲,也可能是指他有一种想用写剧本来赚钱的投机欲;而奥斯丁·道布森所说的"机遇",则可能是委婉地指他当时既年轻又风流,正好遇到一个使他着迷的女演员。就这样,从一七三〇年到一七三六年,他每年都要写两三部喜剧或讽刺剧。其中有两个剧本涉及当时的政治腐败,讽刺得很尖刻,致使议会制定了一项法案,规定剧院经理必须获得内阁大臣的批准才上演某个剧本②。这项法案至今仍使英国剧作家大伤脑筋、

---

① 奥斯丁·道布森,19世纪英国传记作家,写有《菲尔丁传》等。
② 1737年,英国议会通过"戏剧检查法",要求所有剧本上演前14天送审,违者罚款并吊销执照。

第一章

大为光火。从那以后,菲尔丁就很少再写剧本了,倘若再写,大概也是因为一时需要用钱而又手头拮据,不得已而为之。

我不敢冒充说我仔细研读过他的剧本,我只是匆匆翻阅过而已,但我已经能感觉到他的剧本(尤其是其中的对白)写得很自然、很流畅。我觉得最有趣的是他对角色的介绍。譬如在《了不起的拇指·汤姆》的人物表中,他按当时的风气介绍一女角色:一位完美无瑕的女士,只是有些贪杯。对菲尔丁的剧本,人们通常都很轻视,往往会嗤之以鼻①。毫无疑问,在两百年后的今天,在图书馆里阅读剧本的评论家看来,他的剧本确实缺乏评论家认为应有的文学性②。然而,写剧本是为了演出,不是为了阅读;一个剧本具有文学性,当然再好不过,但就凭这一点并不能说明这是个好剧本,倒是可能(甚至非常可能)使这个剧本难以演出③。时至今日,菲尔丁的剧本已不再被人看好,几乎像是上星期的报纸一样被人丢弃,因为戏剧从根本上说是当代性的,依赖于当代事件。这就是说,菲尔丁的剧本当初肯定是有很多优点的。因为单凭一个年轻人对写剧本的"爱好"和他正好迷上一个女演员的"机遇",不可能使剧院经理接二连三上演他的剧本,除非他的剧本受到了观众的青睐。在这个问题上,最后的决定权在观众手里。剧院经理不迎合观众,必定会破产。菲尔丁的剧本至少是观众乐意去看的。至于他的剧本有什么价值,他自己也

---

① 一般认为,菲尔丁是伟大的小说家,而非伟大的剧作家。
② 文学性:即指对大量材料进行巧妙的概括和提炼,运用形象的语言、精巧的结构,或者适当运用曲折的情节,并采用各种修辞手法表现人物与事件。
③ 剧本因文学性太强而不适合演出的例子很多,最好的例子就是歌德的《浮士德》;但也不总是如此,有的剧本既有很强的文学性,演出又有很好的舞台效果,最好的例子就是莎士比亚的剧本。

从不存有幻想;他曾说,他是在本该开始的时候停止了剧本写作。他是为钱而写的,很少考虑他的剧本对观众来说有何价值。亚瑟·默菲说:"他签订好一个剧本的合同后,会走进一家小酒馆,一直到很晚才回家。第二天一早,他就把剧本中的某一场戏的演出脚本交给了相关的演员。他的演员朋友中有好几个今天还健在,他们清楚地记得,那些演出脚本是写在包烟丝的包装纸上的,因为他特别喜欢抽板烟。"

亚瑟·默菲还说到一件事,很能说明菲尔丁对待观众的态度。在排演喜剧《大喜之日》时,演员加里克觉得其中有一幕戏写得不好,建议菲尔丁把它删掉。"不行,你这个混蛋!"菲尔丁大声说,"就算这一幕不好,也要看他能不能看出来!"正式演出时,观众对这一幕大为不满,嘘声不断。演出结束后,加里克回到休息室。菲尔丁正在那儿拿着一瓶香槟酒自斟自饮,一副很陶醉的样子。他显然喝多了,醉眼蒙眬地望了加里克一眼。"怎么啦,加里克?"他问,嘴里散发出酒味和烟草味,"他们嘘谁啦?""嘘谁啦!"加里克回答:"就嘘那一幕!我要你删掉的那一幕!我早就知道会这样。看他们那副样子,吓得我这一晚上都心惊胆战。""怎么?他们看出来啦?"菲尔丁猛然一惊,酒也好像醒了,"啊!该死!真该死!"

我之所以要啰里啰唆地讲到菲尔丁写剧本的事,乃是因为我觉得这和他后来的小说创作大有关系。有不少著名小说家曾尝试过写剧本,但我想不出有谁获得了成功;原因就在于这两种东西写法不同,你学会了写小说,未必就会写剧本。小说家有充裕的篇幅,可以从容不迫地写;他可以精雕细琢地刻画人物,可以详详细细地叙述人物动机,使读者对人物熟如邻里。如果他手段高明,可以把不可能的事情说得活灵活现;如果他叙事有方,可以把情节逐渐推进,着力渲染而至高潮,使读者恍如亲临。他不必匆匆地表现,只需慢慢地描写。他也可以写人物对话,而且不受限制,想写多长就写多长。但是,写剧本却不然,全凭动作紧张才能奏效。当然,我说"动作紧张",并不是说非要写从悬崖上坠落或者被地雷炸飞之类的剧烈动作,而是说,即使写到递给某人一杯水这样的动作,也要尽可能给人强烈印象。观众的注意力很有限,没有一系列连续不断的动作,难以吸引他们的注意力。所以,始终要有新奇的事情;主题要直接表达,而且要明确;剧情发展要干净利落,不能拖泥带水,更不能节外生枝;对话要简洁明了,一听就懂,不能语焉不详,更不能故弄玄虚;人物性格要鲜明突出,一看便知,不管多么复杂的性格,都要使观众易于理解。最后,结局要紧凑有力,绝不能松松垮垮;而且,无论怎样的结局,都要合情合理、势所必然。

一个剧作家如果能这样写剧本,他的剧本一定会吸引观众;不仅如此,如果他想写小说,他的小说也一定会吸引读者。因为他学会了言简意赅;懂得了情节发展要干净利落,叙事要围绕中心,不能节外生枝;还懂得了要让人物通过自己的言行表现自己,而不仅仅靠旁观者的描述。这样,当他开始写篇幅巨大的小说时,他不仅能得益于小说自身的形式特点,还能得益于他因写剧本而受到的训练,从而使他的小说必定写得结构紧凑、叙事生动而富有戏剧性。这样当然最好。遗憾的是,有些很好的小说家,其他才能样样都有,就是缺乏戏剧才能。我觉得菲尔丁写那么多剧本并非浪费时间;恰恰相反,我认为正是因为他有写剧本的经验,才使他写出了不朽的小说杰作。

菲尔丁早年和剧院打交道时,还和夏绿蒂·克雷道克结了婚。夏绿蒂早先也住在索尔兹伯里,是家里的三姐妹之一。其他情况,就几乎一无所知了,只知道她长得很美。菲尔丁把她写进了书里,就是索菲娅①;所以,读过《汤姆·琼斯》的人不难想象她在情人和丈夫眼里的模样。菲尔丁作为丈夫,固然很喜欢妻子夏绿蒂,但他就是那么一种人,不可能对妻子很忠诚。对自己的不忠,他固然很内疚,但又一点不妨碍他拈花惹草——他婚后不久便迷恋上了一个和他偶尔相遇的美貌女子。他和夏绿蒂结婚,得到了一千五百英镑。据一位权威人士说,这是嫁妆;另一位权威人士则说,那是遗产。但不管怎么说,在他写的一部喜剧演出失败后,他带着这笔钱回老家去了。据亚瑟·默菲说,他在那儿有一幢住宅,还养了一大群猎狗和一大群身穿黄色制服的仆人。不过,后来的传记作家认为,这一说法过于夸大,因为事实是,到一七三六年,也就是婚后两年,他就花完了所有的钱,不得不重返伦敦去写剧本,后来还在市场街开了一家剧院。

一年后,也就是一七三七年,英国议会通过"戏剧检查法",无论是写剧本,还是开剧院,都前景暗淡。菲尔丁几乎没钱来养活妻子和孩子,不得不另谋生计。他到律师学院去学法学;尽管他"积习难改,时而还会喝得酩酊大醉,时而还会寻花问柳,出入于风月场中",但到了这种时候,他还是修完学业,当上了律师,辛辛苦苦地承办许多琐碎的法律事务。然而往日的放荡生活已弄坏他的身体,他像当时许多男人一样,患有痛风症。所以,他又不得不放弃律师职业,断断续续地重操旧业——写作。他写了一两个剧本,写了几篇政论,还为一家名为《冠军》的报纸写稿。一七四二年,他写了《约瑟夫·安德

---

① 索菲娅:《汤姆·琼斯》中的女主人公。

鲁》。这是他正式出版的第一部小说,但不是他写的第一部小说,据说他写的第一部小说是《粗人乔纳森》。我并不想在这里全面探讨他的创作情况,只是想谈谈他的生平和为人。《约瑟夫·安德鲁》出版后不久,他美貌的妻子患热病去世。她是在他怀里咽气的,他当然悲痛欲绝,所以一连好几年都没写什么东西。

他曾为《真正的爱国者》和《雅各宾日报》两家支持政府的报纸写过稿,因而当这两家报纸停办时,他得到过一笔津贴。但他花钱总是大手大脚,所以总是入不敷出。尽管如此,有一件事说明他还算讲义气:有一次他需要交税而又没钱,就到出版商安德鲁·米勒那里预支了一笔稿费。回家的途中遇到一位朋友,此人比他还要穷困,于是他就把那笔钱给了那位朋友。等税务官发税单来催税时,他回复说:"税款用于朋友急需。友情为重,望税务官宽容几天。"

他妻子去世后四年,他娶了女仆玛丽·丹尼尔为妻。朋友们都大为震惊,他的堂姐玛丽·华特莱·蒙塔古夫人更是嗤之以鼻,说他真是丢人,竟然"和一个女仆上床"。然而,貌不出众的玛丽·丹尼尔却是贤妻良母。每次说到她,他都赞不绝口。这第二位菲尔丁夫人确实很贤惠,尽心尽意地照顾他,而他也正需要有人照顾。她还为他生了二男一女。

菲尔丁在伊顿公学结交的朋友乔治·利特尔顿,后来成了一位有名望的政治家,而且是一位慷慨的文学赞助者。菲尔丁和他一直有交往。一七四四年至一七五四年,乔治·利特尔顿任财政大臣;这期间,即一七四八年,他成功推荐菲尔丁而使其成为威斯敏斯特的地方治安官。菲尔丁做过律师,懂法律,又写过剧本,有文才,还通达人情世故,所以要履行这

一职责并不难,甚至还很轻松。上任后不久,他又当选为地方法庭的首席法官,在法律界也有了一席之地。菲尔丁曾说,在他任职前,这一职位每年可得五百镑的"肮脏钱"①,但他每年则拿不到三百镑的"干净钱"②。他的《汤姆·琼斯》出版于一七四九年,所得稿酬七百镑。我估计,当时的一镑大概值现在的四至六镑,所以这笔稿酬相当于现在的三千至四千镑,和现在出版一部长篇小说所得稿酬相比,只会多不会少。

然而,此时菲尔丁的健康状况却很糟。他的痛风症经常发作,不得不经常到巴思或伦敦附近他自己的别墅去休养。但他没有停止写作。他撰写了好几本和他担任地方治安官有关的小册子;据说其中有一本小册子,题名为《关于近来盗匪为患的调查报告》,还促成议会通过了相关法案。他写了小说《阿米莉亚》,其中的女主人也是以他的亡妻夏绿蒂为原型。此书出版于一七五二年。同年,他联系了第三家报纸《考温特公园日报》,为其写稿,而且很卖力,一连写了九个月,而他的健康却每况愈下。一七五四年,他破获当地"亡命之徒"所犯的一起使伦敦也感到恐惧的大案之后,身心疲乏,不得不辞职,由其异母兄弟约翰·菲尔丁接任。此时,他要活下去的唯一希望就是离开英国,到一个气候温暖的地方去。所以,当年(一七五四年)六月,他搭乘理查德·维尔船长的"葡萄牙皇后号"前往里斯本。八月,他抵达目的地。但两个月后,他还是去世了,遗体下葬于里斯本的英国公墓。

以上,我凭借不太充分的资料,简单介绍了菲尔丁的生平。回想他的一生,我脑子里有这样一个印象:他是个凡俗之人,和任何凡俗之人一样喜欢吃喝嫖赌。想到他的品性,我

---

① "肮脏钱":即受贿。
② "干净钱":即薪俸。

脑子里总有一个想法：他是个好色之徒。不过，男女贞操只是德行的一部分，可能还是很小、很不重要的一部分。菲尔丁确实贪欲好色，而且从来都不会犹豫不决。他当然也有温柔的爱恋之情，虽然这种爱恋之情并非毫无性欲，但他确实也有毫无爱恋之情的性欲。其实人人如此，只有虚伪或愚昧之人才会否认。性欲是动物本能，就如食欲一样，需要满足时没有理由不予满足，对此不必羞羞答答。如果说菲尔丁贪欲好色，那么不管怎样他也不会比大多数男人更贪欲好色。他和我们大多数人一样，也会为自己的贪欲好色感到后悔，但只要一有机会，也会和我们一样难以自制。他脾气暴躁，但秉性善良，乐善好施，而且在那个腐败的时代仍为人忠诚；他至少是个通情达理的丈夫和父亲；他毫不自私，他广交朋友；他和朋友们总是以诚相见，直到去世。他宽容别人的过失，但对残忍和狡诈痛恨之极。他写作成功，不会忘乎所以；他烦恼之时，一瓶香槟加一只烤鸡，就能安然度过。他对人生饶有兴趣，而且尽情享受人生。

二

说真的，菲尔丁很像他笔下的那个汤姆·琼斯。因而，对打算读菲尔丁这部名作的人，我想提出这样的忠告：如果你是个喜欢吹毛求疵的人，那还是别读为好，因为就如奥斯丁·道布森所说，菲尔丁"丝毫也没有想创作一部尽善尽美的作品，他只是想描绘一幅普通的生活图画——可能还是一幅粗略的而非细腻的、本色的而非人为的图画。他的愿望就是要写得极其真实，对生活的缺陷和错误既不夸张也不掩饰"。

是的,是菲尔丁最初在英国小说中塑造了一个真实的人。汉娜·摩尔①曾在她的回忆录中写道,她一生中仅有一次惹得约翰逊博士②发火,原因就是她在他面前提到了《汤姆·琼斯》中的某些诙谐滑稽的章节。"'听你从一本这样邪恶的书里引文摘句,真叫我吃惊,'他说,'听说你已经读过这本书,真让人遗憾。一个行为端庄的夫人是不该读这种书的。我不知道世上还有什么书比这本书更下流了。'不过,我倒想说,一个行为端庄的夫人婚前读读这本书是很有好处的。这本书会清楚地告诉她生活中一切必需的知识,还有许多关于男人的事,这对她不无益处,可以帮助她避免婚后的尴尬处境。人人都知道,约翰逊博士从来就是心怀偏见的。他不承认菲尔丁有任何文学上的造诣,有一次还说他是个大笨蛋。包斯威尔③不同意他的说法,他还解释说:'我说他是大笨蛋,意思是说,他是个思想贫乏的家伙。''但是,先生,他

《汤姆·琼斯》

---

① 汉娜·摩尔,约翰逊博士的女友。
② 约翰逊博士,即塞缪尔·约翰逊,18世纪英国评论家、散文家、词典编撰家。
③ 包斯威尔,18世纪英国散文家、传记作家,写有《约翰逊博士传》。

第 一 章

真实地描写了人们的生活,难道你对此也不承认?'包斯威尔反驳说。'是啊,'约翰逊博士回答,'不过他描写的只是下贱的生活。理查生①曾多次说,要不是别人告诉他菲尔丁是谁,他一定会以为他是个喂马的仆人。'"

如今,我们对小说里描写的下贱生活已习以为常了。《汤姆·琼斯》中所写到的那些东西,在今天的小说家那里是屡见不鲜的。态度比较稳重的批评家曾为汤姆·琼斯辩护,把他生活中的一件经常受到谴责的事情归咎于当时普遍的道德败坏。这件事就是:贝拉斯顿夫人爱上了他,而且发现他并非不愿意满足她的欲望。当时他几乎分文全无,而她却腰缠万贯。为解决他的生活需要,她慷慨解囊。一个堂堂男子汉接受一个女人的钱,这已经够丢人了,更何况这还不仅仅是钱的问题,因为这个有钱的女人是要求他用别的东西来回报她的。不过,从道德上说,这也不见得就比女人收男人的钱更值得大惊小怪。现在人们之所以这样,那只能说明社会舆论的愚昧。请不要忘记,就是在今天,我们仍认为有必要创造出"男妓"一词来专门指那些以出卖肉体作为谋生手段的男人。因此,不管你怎样谴责汤姆·琼斯的下流无耻,反正你不能说,那是他一人独有的。

在汤姆·琼斯多情的一生中,还有一件趣事大概也值得一提。他真心诚意地、不可自拔地爱上了美丽动人的索菲娅,但同时他也在任何容易搞到手的漂亮女人身上放纵自己的情欲,而且丝毫也不感到羞愧,因为这样的插曲并不减弱他对索菲娅的爱恋之情。菲尔丁是很讲究实际的,他没有把他的主人公描写得比有七情六欲的普通男人更有节制。他知道,如

---

① 理查生,和菲尔丁同时代的英国小说家。

果要我们更有德性,那就像要我们在夜里和在清晨一样清醒,那是不可能的。

《汤姆·琼斯》结构严谨,情节环环相扣,构思巧妙,但菲尔丁就像他的前辈——"流浪汉小说"作家一样,很少考虑情节的可能性;他用最不可能发生的事情、最令人难以置信的巧合把人物聚合到一起;然后,他以极大的热情把你带入情节之中,使你无暇顾及情节的可能性,也不愿意对此表示异议。人物都是大刀阔斧地以原色调勾勒出来的,如果说有什么缺陷的话,那就是线条太粗;不过,这一缺陷却由人物的真实性和生动性予以弥补了。我觉得,小说中的那位"万全"先生也许写得太善良了,善良得几近不真实。不过,这并不是菲尔丁一个人的失败,凡是想要塑造完美人物的小说家都是以失败而告终的。经验表明,要写这样的人物而又不使他显得傻乎乎,那简直是不可能的。

在写作手法上,《汤姆·琼斯》很取悦于人。菲尔丁的风格比简·奥斯丁(她的《傲慢与偏见》写于五十年之后)更加轻松自然。我认为,这是因为菲尔丁有意仿效艾迪生和斯蒂尔①,而简·奥斯丁则可能不自觉地受了约翰逊博士的影响,或者受到她同时代作家的影响,而这些作家是以约翰逊博士为典范的。我们知道,简·奥斯丁曾不无崇敬地拜读过约翰逊博士的所有著作。我不记得了,好像有谁说过,好的风格应该是和有修养的人的谈话很相似的。这正是菲尔丁的风格。他娓娓动听地为读者讲述汤姆·琼斯的故事,就像在餐桌上一边喝酒一边给几个朋友讲这故事似的。他的语言很率直,但也不见得比现代作家更粗俗。显然,美貌贤惠的索菲娅对

---

① 理查德·斯蒂尔,17世纪末、18世纪初英国散文家。

第一章

"野鸡""杂种""婊子"这类的词语是早已听惯了的(至于"b—ch"①,我不知道菲尔丁为什么要写成这样),实际上,她父亲惠斯特老爷也时常随随便便地用这些词语来叫她。

用谈话方式写小说,小说家会把你当知己,向你诉说他对人物的感情,以及对人物所处环境的看法。但这种写法也有缺点,小说家本人总是站在你身旁指指点点,无形中就影响了你和小说人物的直接交流。有时他还会大谈哲理,使你觉得讨厌,而他一旦扯离主题,往往是没完没了地越扯越远。你不想听他东拉西扯;你要他继续讲故事,但他就是不往下讲。好在菲尔丁的这类题外议论一般都比较合理或者比较有趣,当然,没有这些议论也许更好。他的题外议论也比较简短,而且他还常常很有礼貌地表示歉意。

尽管如此,他的议论还是太多。《汤姆·琼斯》分为好几册,每册之前有一篇议论文作为序言。有些评论家对此大为赞赏,认为这些议论有锦上添花的作用。对此我只好说,他们根本就没有把这本书当作小说来读。议论文作家选中某个题目加以讨论,要是他的题目新颖有趣,那他或许会告诉你一些你原先不知道的事情。但是新颖的题目并不容易找到,于是他就希望用自己对某事的观点和态度来吸引人。这就是说,他希望你对他本人感兴趣,而这恰恰是你在读小说时最不愿意做的事。你对小说家本人毫不在乎,你只要他在那里为你介绍人物和讲故事就行了。由于要写此文,我把《汤姆·琼斯》里的每篇议论文都读了一遍。我不否认这些文章的长处,

---

① 写完整是 bitch(原意是"母狗",用来骂人,相当于汉语中的"婊子"),这个词在18世纪是粗俗的脏词,一般有教养的贵族是不说的,菲尔丁在《汤姆·琼斯》中描写的是下层平民社会,免不了用这个词,于是稍作掩饰,用一小划代替其中的两个字母。

但我还是读得很不耐烦。小说家使读者对人物产生了兴趣,读者接下来想知道的就是这些人物的所作所为。如果不让读者知道,那他就没必要读小说了。我再说一遍——其实再说几遍也不过分——小说不应该被当作教训人的手段,而应该给读者以种种有益的启发。

重读上面所说的话,我担心自己会给读者留下这样的印象:好像《汤姆·琼斯》是一本粗制滥造的书,写的尽是些趣味低下的莽汉和荡妇的故事。如果这样,那就大错特错了。菲尔丁非常熟悉生活,他并没有只从表面上看待人;他的经验使他得知,人性中从来就没有彻底的公正无私。彻底无私固然很好,但在这个世界上不曾有过,想要找到它也是幼稚的。不过,菲尔丁还是在小说中塑造了索菲娅·惠斯特这样一个优美动人的形象,一个人见人爱的少女形象,一个能使读者为之陶醉的形象。她质朴,但不愚蠢;她循规蹈矩,但不装腔作势;她有性格,有毅力,也有勇气;她美貌出众,又心地纯正。菲尔丁在塑造这一形象时,内心深处想到的就是他自己可爱的(我想,也是备受折磨的)妻子。这真使人感动,真是催人泪下。

最后,我想还是让我引用批评家乔治·森茨伯利的话来结束本文。他的话很有见地。他说:"《汤姆·琼斯》是一部生活的史诗——当然,不是一部无比崇高、无比珍稀、无比激昂的史诗,而是一部普通人的健康的普通生活的史诗;它不是完美无瑕的,但它充满了人情味和真实感。也许,除了莎士比亚,再没有人能像菲尔丁这样,在一个虚拟的世界中真实地表现出普通人的喜怒哀乐。"

第二章
简·奥斯丁和
《傲慢与偏见》①

一

简·奥斯丁的一生，三言两语就能说完。她出生于古老世家。就像英国许多名门望族一样，奥斯丁家也是靠羊毛业致富的，羊毛业一度是英国的主要工业。他们发迹后，也像其他家族一样买进土地，最后成了一户乡绅人家。

简·奥斯丁一七七五年生于汉普郡斯蒂汶顿村，父亲乔治·奥斯丁牧师是当地的教区长。简·奥斯丁是七个孩子中最小的一个。她十六岁时，父亲退休，带着她母亲、姐姐和她一起去了巴斯，此时她的几个哥哥已长大成人。她父亲于一八〇五年去世，她们姐妹几个和母亲一起移居到南安普顿。

---

① 《傲慢与偏见》(Pride and Prejudice)，英国女作家简·奥斯丁(Jane Austen, 1775—1817)所著长篇小说。小说主题是：爱情或许能使人消除社会等级间的傲慢与偏见。主要情节是：贝内特一家的日常琐事。贝内特太太膝下无子，因怕百年后遗产按法律规定归远亲所有，成天张罗着五个女儿的婚事，希望她们嫁入豪门。此时，年轻富裕的单身汉宾利和他的朋友达西成为贝内特夫妇的邻居。宾利爱上了他们家的大女儿——美貌善良的吉英；达西爱上了二女儿——聪明活泼的伊丽莎白。但达西对伊丽莎白的态度有点傲慢，因为伊丽莎白是小家女，他是富家子；而伊丽莎白呢，则对达西抱有偏见，因为她认为富家子不懂爱情。双方误会不断，趣事连连。最后，他们冰释前嫌：达西放下富家子的傲慢架子，伊丽莎白也消除了对富家子的偏见。一对有情人，终成眷属。

不久，哥哥爱德华继承了肯特和汉普郡的地产，他愿意为母亲买一座庄园。母亲选择了汉普郡乔顿的一座庄园——此时是一八〇九年——简·奥斯丁后来就一直住在那里，偶尔才出去探亲访友，直到后来病重不得不去温彻斯特，因为那里有比较好的医生。她于一八一七年在温彻斯特去世，葬于当地的大教堂。

据说，简·奥斯丁长得很讨人喜欢："身材苗条，亭亭玉立，步履轻快而稳重，时时给人一种朝气蓬勃的感觉。她肤色浅黑，脸颊丰满，嘴和鼻子小而匀称，淡褐色的眼睛很明亮，还有一头天然的棕色卷发。"但我看到过她唯一的一幅肖像，那上面她是个胖胖的年轻女人，有一双圆而大的眼睛和高耸的胸部，相貌很一般；也许，这是因为画家画得不好的缘故。她生来就有一种罕见的幽默感。据她自己说，她平时说话和她所写的书信是一样的，而我们知道，她的书信写得情趣横溢、诙谐有趣，可谓妙语连珠。由此推想，她的言谈也一定是才华横溢的。

她留存下来的大多数信件是写给姐姐卡桑德拉的。她非常喜欢她姐姐，在她生前只要和姐姐在一起，两人就同住一间卧室。小时候，姐姐去上学，她也跟着去。那时她年纪还小，到女子学校去根本就听不懂什么东西，但她不能离开姐姐，一离开就会觉得伤心。她母亲曾说："要是卡桑德拉被人拉出去砍头，简也会跟着她去的。"卡桑德拉比她长得漂亮，

简·奥斯丁

性格也更为文静,甚至有点忧郁,但她"有个优点,就是能控制自己的脾气,而简呢,她很幸运,生来就有一种不需要加以控制的好脾气"。

许多狂热崇拜简·奥斯丁的人对她的书信感到很失望,觉得从这些书信中似乎看不出有什么高尚情操,她感兴趣的好像只是些日常琐事。这种看法使我甚为惊讶。她的书信是一点也不矫揉造作的。再说,简·奥斯丁大概连做梦也不会想到,她这些写给姐姐的书信,到她死后还要公开发表,她在书信中谈到的当然只是她认为姐姐卡桑德拉会感兴趣的事情,譬如:社交界正流行什么服饰、她买印花薄纱花了多少钱、她结识了哪些新朋友、她遇到了哪些老朋友,以及她听到了怎样的流言蜚语,等等。

近年来出版了不少名作家的书信集,当我读这些书信时,心里总感到很疑惑。我想,这些名作家在写这些书信时,是否已经想到自己的这些书信总有一天要大批印刷出来,因为他们的书信给我的印象是,完全可以一字不改地在文学杂志的专栏里发表。为了不使最近才去世的名作家的崇拜者难堪,我不想提到他们的名字,但狄更斯已去世多年,对他说几句闲话大概是不至于得罪人的。狄更斯每次外出旅行,总要给他的朋友写长长的书信,洋洋洒洒地描绘他所看到的景色。正如他的传记作者所说的,这些书信用不着动一个字就可以付印。我想,大概在那个时代,人们都很有耐心,要是在今天,你收到一封朋友写来的信,信里一味地给你描绘他看到山岭如何如何、他拜谒的纪念碑如何如何,那你一定会大失所望,因为你想知道的是:他有没有遇到有趣的人、参加了什么聚会,托他买的书、领带或者手帕买到了没有,如此等等。

十大长篇及其作者

二

简·奥斯丁写的每封信几乎都很风趣,常使人哑然失笑。为了和读者分享这种乐趣,我想摘录几段最具她个人风格的文字,只是篇幅有限,我不能摘录得太多。

独身女子对于受穷有一种可怕的癖好,这是她不赞成婚姻生活的一个强有力的理由。

请想想,霍尔特夫人死了!可怜的女人,这是她在这个世界上能做的唯一的一件不受人攻击的事。

谢勃恩的豪尔夫人昨天生了个死婴。由于受了惊吓,比她预料的早了几个星期。我猜想,这是因为她在无意中瞧了她丈夫一眼。

我们出席了W.K.夫人的葬礼。我不知道有没有人喜欢她,所以对那些活人也就漠不关心了。但我现在对她丈夫倒很同情,觉得他最好娶夏普小姐为妻。

我佩服恰普林夫人,她的头发做得好,此外就没什么新感觉了。莱莉小姐和别的矮个子女孩一样,长着大嘴巴、大鼻子,衣服时髦,胸口袒露。斯坦波尔将军倒像个绅士,只是腿短了点,燕尾服长了点。

简·奥斯丁喜欢跳舞,下面是她说到舞会时的一些妙语:

第二章

只有十二圈舞,我跳了九圈,还有几圈因为没有舞伴而没跳成。

有人告诉我,有位先生,柴郡的一个军官,一个很漂亮的年轻人,很想经人介绍和我认识;但是他的愿望没有强烈到足以使他采取行动,我们也就无缘相识了。

美女不多,仅有的几个也不漂亮。伊勒蒙格小姐脸色不太好,布伦特夫人是唯一受大家奉承的人。她还是九月份时的老样子,同样是宽脸蛋、钻石头带、白鞋,还有一个同样是穿着时髦、头颈粗壮的丈夫。

查尔斯·勃勒特星期四举行了一次舞会。这自然使他的邻居们大为不安,你知道他们对他的经济状况非常感兴趣,希望他早点破产。他的妻子很愚蠢,又很奢侈,而且脾气坏,这倒是他的邻居们所希望的。

理查德·哈维夫人快要结婚了,但这是大秘密,只有半数的邻居知道,请你千万不要泄密!

霍尔博士一身重孝,一定是他母亲,或者是他妻子,或者是他本人去世了。

简·奥斯丁小姐和母亲一起住在南安普顿时,曾去拜访过一户人家。关于这件事,她在给卡桑德拉的信中是这样说的:

我们发现只有兰斯夫人在家,除了一个大钢琴,不知

道她有没有也值得夸耀一番的子女……他们生活很豪华,看来她喜欢富有,而我们让她明白了我们一点也不富有,所以她不久就会觉得和我们交往是不值得的。

奥斯丁家有个女亲戚和某个曼特博士有了私情,致使博士的妻子一怒之下回了娘家,于是人们议论纷纷。对此,简·奥斯丁在信中写道:

> 由于曼特博士是个牧师,他们的私情不管多么不道德,总有那么一点一本正经的味道。

她有一张利嘴,有着不寻常的幽默感。她自己喜欢笑,也喜欢逗别人笑。一个幽默家想起一件可笑的事,如果你要他把这件事藏在心里不说出来,那是强人所难。爱开玩笑而又要人不觉得刻薄,天知道是件多么不容易的事。天生善良的人往往是不太有趣的。简·奥斯丁敏锐地观察到了人们的荒唐愚蠢、自命不凡、装模作样和虚情假意,但她并不为此感到苦恼,反而觉得有趣,这实在令人钦佩。她虽然由于良好的教养而不忍心公开说出伤人的话来,但在给姐姐的信里取笑一下周围的人,她认为是无伤大雅的。实际上,即使在她最具讽意的言辞中,我也看不出任何恶意;她的幽默是真正的幽默,是以精细的观察和坦率的心态为基础的。

曾有人指出,她一生经历了历史上许多轰轰烈烈的事件,如法国大革命、恐怖时期、拿破仑的兴起和溃败等,但在她的小说里却一点也没有写到。她为此受到责难,有人说她过于超然物外。然而,应该记住,在她那个时代,女人参政是有伤风化的。那是男人的事。那时的女人甚至都不读报纸。由于

第二章

她没有写到那些事件，就以为她没有受到它们的影响，这毫无根据。她热爱自己的家庭，她的两个哥哥都在海军服役而且经常身处险境；她给他们的书信表明，她对他们一直是魂牵梦萦、日夜惦记着的。至于她在小说中不写那些事件，那不是正好说明她见识不凡吗？她生性谦虚，从未想使自己青史留名。反之，如果她那样想的话，也就不可能这样明智了。她在自己的作品中毫不涉及那些事件，原因就在于，从文学的观点看来，那些事件不过是昙花一现的小事。譬如，关于第二次世界大战的小说过去几年出版了许多，现在却早已无人问津了。它们就像每天发行的报纸一样，只是过眼云烟而已。

奥斯丁·李在《简·奥斯丁传》里有一段话，我们只要稍加想象就能知道，简·奥斯丁在漫长而宁静的岁月里过着怎样一种乡间生活：

> 一般说来，由仆人去做的事情很少，更多的是由主人或女主人亲自照料。我相信，女主人往往还要亲手配制家酿的酒、用药草制成家用的药和烹煮一些上等的菜肴……夫人们并不轻视纺纱织布，有些夫人还喜欢在早餐或茶点后亲自洗涤碗具。奥斯丁小姐对衣帽、围巾很感兴趣，还擅长针黹刺绣。她喜欢漂亮的年轻男子，有时也和他们调调情。她不仅喜欢跳舞，还喜欢看戏、打牌和其他一些轻松的娱乐。她擅长玩那些需要手指灵活的游戏。譬如，她撒游戏棒撒得比谁都好，而且能十拿九稳地一根根取走。她玩杯球也很出色，听说在乔顿玩这种游戏时，她能轻而易举地连续接一百个球。所以，毫不奇怪，孩子们都特别喜欢她；他们喜欢和她一起玩，也喜欢听她讲那些永远讲不完的故事。

虽然没有人会把简·奥斯丁说成女才子(对女才子,她本人也不屑一顾),但她显然是个很有教养的女人。研究简·奥斯丁小说的权威专家杰波明,曾开出一张长长的书单来列举简·奥斯丁读过的书。毫无疑问,她读过芬妮·伯奈、玛丽亚·艾奇沃斯和瑞克里弗夫人①的小说,也读过法国小说和德国小说的英文译本(其中有歌德的《少年维特之烦恼》);其实,只要能从巴斯和南安普顿的流动图书馆借到的书,她都读。她很熟悉莎士比亚的作品。和她同时代的作家中,她读过司各特②和拜伦③的作品,但她最喜爱的诗人好像是柯帕④。这不难理解,因为柯帕那种冷峭、绮丽、睿智的诗风对她特别有吸引力。她还读过约翰逊博士和包斯威尔⑤的著作,读过大量的历史书和为数不少的宗教书籍。

三

当然,最重要的还是她自己写的书,这就是我下面要谈的。她年纪很小就开始写作,后来在她临终前,她曾托人从温彻斯特带过口信给她的一个喜欢写作的侄女,意思是说:如果她愿意接受她的忠告,那么她最好到十六岁之后再搞创作,因为她一直觉得,在这之前(十二到十六岁之间)应该多读,少写。当时,女人舞文弄墨是被认为不合体统的,路易斯修士⑥就曾

---

① 芬妮·伯奈、玛丽亚·艾奇沃斯和瑞克里弗夫人,均为19世纪初英国著名女作家。
② 司各特,19世纪初英国诗人、历史小说家。
③ 拜伦,19世纪初英国浪漫主义诗人。
④ 柯帕,18世纪英国诗人。
⑤ 约翰逊博士,18世纪英国文豪,曾编撰第一部英文词典。包斯威尔,约翰逊博士的好友,传记作家,著有《约翰逊博士传》等。
⑥ 路易斯·德·莱昂修士,16世纪西班牙宗教诗人。

说过:"我厌恶、可怜和蔑视一切女文人。她们手里应该拿着针,而不是笔,只有针才是她们运用自如的工具。"

小说在当时还是一种受人轻视的文学样式,简·奥斯丁本人就曾对作为诗人的司各特爵士表示过惊讶,因为他竟然会热衷于写小说。她自己呢,总是小心翼翼地不让仆人、客人以及除家里人之外的任何人知道她在写小说。为了不让人发现,她用很小的纸片,因为小纸片可以一下子藏起来,或者快速用一张吸墨纸盖住。在她的房门和仆人住的下房之间有一扇门,一推就会嘎嘎作响;但她一直没有让人把它修好,因为她觉得门会发出声响对她有用:当她躲在屋里写小说时,只要有人一推门,她便会知道,这样她就有时间把稿子迅速藏起来。她哥哥詹姆斯看到儿子正在津津有味地读一本书,甚至都不好意思告诉他,他手里的书是他姑妈简写的。另一个哥哥亨利,则在回忆录里这样写道:"要是她还在世,不管会给她带来多大的名声,她也不会把自己的名字署在作品上。"正因为这样,她发表第一部小说《理智与情感》时,扉页上仅署名为"一位女士"。

其实,《理智与情感》并不是她最初写的小说。最初的一部小说名为《第一次印象》。为这部小说,她哥哥乔治·奥斯丁曾代她写信给一个出版商,希望以自费或者其他方式出版"一部和芬妮·伯奈小姐的《伊沃林娜》篇幅相近的小说,总共三卷",但被出版商拒绝了。《第一次印象》是她在一七九六年冬天开始写的,到一七九七年八月完成;一般认为,这部小说其实就是十六年之后改名出版的《傲慢与偏见》。其后,她接连写了《理智与情感》和《诺桑觉寺》。这两部小说运气不佳,虽然五年后有个叫理查德·克劳斯贝的人以十英镑的价钱买下了后一部小说(当时书名为《苏珊》),但他并没有拿去出版,

最后又以同样的价钱卖掉了。由于简·奥斯丁从不署真名,所以这位先生始终不知道自己以如此低廉的价钱卖掉的手稿,就是后来名声大噪的《傲慢与偏见》的作者写的。

一七九八年完成《诺桑觉寺》后直至一八〇九年,这期间简·奥斯丁似乎辍笔不写了,仅写了一部名为《沃森一家》的小说的部分章节。一个才华横溢的作家,辍笔时间如此之长,当然要引起人们的多方猜测。有人猜测她是由于坠入情网而无暇顾及写作了,不过这也仅仅是猜测而已。一七九八年她二十三岁,正值青春妙龄,很可能不止一次坠入情网。她是个很奇特的女人,很可能一次次地恋爱,结果也可能一次次地不欢而散,但却从来不会使她有精神上的阴影。所以,她为什么长时间辍笔不写的最可靠的解释是,由于她的小说找不到哪个出版商愿意出版,她灰心丧气了。她只好把自己的小说朗诵给亲朋好友听。虽然他们听得心醉神迷,但她颇有自知之明,而且很可能自己得出过这样的结论:她的小说只在那些喜欢她的熟人眼里才有魅力,因为他们一眼就能看出,小说中的哪个人物就是她身边的哪个人。

四

总之,在一八〇九年她和母亲及姐姐一起定居于宁静的乔顿小镇之后,她就开始修改原先写的旧手稿。一八一一年,《理智与情感》终于出版。那时,女人写作似乎一下子变成了天经地义之事。当时的情况,斯贝琼教授曾在皇家文学协会的一次讲演中说到过,他以艾丽莎·费恩①的《印度来信》为

---

① 艾丽莎·费恩,英国贵族夫人,长期旅居海外,其书信出版后被视为文学作品。

例,说在一七八二年,有人曾要艾丽莎·费恩发表她的书信,但当时公众舆论还很厌恶"女士写作",她没敢答应;然而,到了一八一六年,连艾丽莎·费恩自己都说:"从那时起,公众舆论发生了很大变化。现在,我们已经有了许多敢为女性争光的女作家;不仅如此,还有更多谦逊纯朴的女子,她们不用害怕,可以大胆把自己的小船划入大海,可以大胆写书——不管是教育类的书,还是娱乐类的书,都可以。"

一八一三年,《傲慢与偏见》出版,简·奥斯丁以一百十英镑的价格出让了版权。

除上述三部小说,她还写有另外三部,即《曼斯菲尔德庄园》《爱玛》和《劝导》。她就凭这几部小说,为自己赢得了极大的声誉。她的小说总要等很长时间才能找到出版商,但是一旦出版,又立刻受到读者称赞。后来,连一些最有名望的人也开始赞扬她了。我在此不妨引用司各特爵士的一段话,从中可看出他对她多么推崇:"这位年轻的小姐在描写人们的日常生活、内心感情和许多错综复杂的琐事方面确实很有才能,这种才能极其可贵,是我从未见到过的。虽说我也能像一般人那样写些平平常常的文章,但是要用这样细腻的笔触,把这样平凡无奇事情和人物,写得这样惟妙惟肖,我实在很难做到。"奇怪的是,司各特竟然忘了提到这位小姐最宝贵的才能——幽默。她虽然具有敏锐观察力和丰富的情感,但最为重要的是她的幽默,因为是幽默,使她的观察力既敏锐又准确,使她的情感既丰富又感人。不过,她的生活经历终究有限,所以她的每一部作品,故事都大同小异,人物都一成不变,只是换个角度讲同样的故事,写同样的人物。她对此也有自知之明,比谁都清楚自己的弱点所在。既然她的生活仅限于外省社会的一个小圈子,她也就仅以此为题材,从不另有所求。她只写自己能看到、能听到的事情。譬如,有不少读者已经注意到,她从来不写两个男人或几个男人在一起交谈,因为这样的交谈从根本上说是她不可能听到的。

在思想观念方面,她和她周围的人没有多大区别,这从她的小说和书信中都可以看出。她和他们一样,满足于当时的社会现状。她也毫不怀疑社会等级的重要性,认为有贫富差异是很自然的;只有绅士的儿子可以去当牧师或者继承一大笔遗产;年轻人可以靠有权势的亲戚去担任公职并得到提拔;女孩子长大了就应该出嫁,这是女人的本分;结婚当然是出于爱情,但也要考虑双方的经济状况是否令人满意。所有这些,都是理所当然的,没有迹象表明她对此有任何反感。她的家庭只跟牧师和乡绅有交往,她的小说也就从来不写其他阶层的生活。

五

在简·奥斯丁的小说中,很难断定哪一部最好,因为它们都是上乘之作,而且每一部都有忠实的、甚至狂热的崇拜者。麦考莱①认为《曼斯菲尔德庄园》是她的峰巅之作;另一些同样著名的评论家则更喜欢《爱玛》;狄斯累利②把《傲慢与偏见》读了十七遍;现在又有许多人说《劝导》是她最成熟的作品。但我却相信,普通读者大多把《傲慢与偏见》看作她的杰作是很有见地的。因为一部作品能不能成为经典杰作,关键不在于评论家是否一致称颂,也不在于教授们是否给予分析讲解和悉心研究,而在于历代读者是否从中获得了乐趣和

---

① 麦考莱,19世纪英国历史学家、作家、评论家。
② 狄斯累利,19世纪英国政治家、作家,曾两度出任英国首相。

教益。

　　就我个人看来,《傲慢与偏见》应该说是她所有小说中最令人满意的。我不喜欢《爱玛》中的女主人公,因为她太势利,对社会地位比她低下的人,总摆出一副屈尊俯就的样子,而对佛朗科·邱切尔和简·凡凡可斯的风流韵事,我也不觉得特别有趣。在简·奥斯丁的所有小说中,唯一使我觉得沉闷的,就是这部作品。《曼斯菲尔德庄园》中的男女主人公爱迪芒特和范妮像两个道学家,很难叫人喜欢,反而倒是不拘小节的亨利和玛丽·克劳福德,我很同情他们。《劝导》有一种罕见的吸引力,如果没有柯伯在兰姆雷吉斯的那件事,我会把它看作是一部最完美的作品。简·奥斯丁在虚构不寻常事件方面确实没有多大天分。在我看来,下面这件事就有弄巧成拙之嫌:露易莎奔上几级陡峭的阶梯,"往下一跳",扑向爱慕她的温迪华斯上尉,但他没有接住她,使她一头撞到地上,昏了过去。其实,只要他伸出手去接她,就像他平时帮她"跳下"篱笆旁的阶梯那样,她是绝不可能一头撞到地上的,因为她跳下来的地方离地面还不到六英尺①。她可能会撞在高大健壮的温迪华斯上尉身上,可能会吓得半死,但绝不会受伤。不管怎样,她昏过去了,接着便是一片忙乱。对此的描写也不可信:人人心慌意乱,连身经百战、屡获勋章的温迪华斯上尉也吓得手足无措。接下来,所有人的行为举止都很荒唐,简直使我难以相信,对亲朋好友的疾病和死亡都能安之若素的简·奥斯丁小姐,怎么会在小说中写出了这么一种笑话百出的慌乱景象。

　　学识渊博、文风诙谐的评论家加洛特教授曾说,简·奥斯

---

① 六英尺约1.8米。

丁没有讲故事的才能;但他又解释说,他说的"故事"是指一连串富有浪漫色彩的情节,或者一连串不寻常的事情。确实,简·奥斯丁不具备这种才能,也不想在这方面努力。她有敏锐的观察力和生动的幽默感,无须求助于想象力;她感兴趣的不是不寻常的事件,而是寻常的生活。她只要凭借自己的观察力、幽默感和巧言妙语,就足以使最寻常的生活也变得不寻常。至于故事,其实大多数人认为是指对一件事情连贯而清晰的表述,其中有开始、有发展、有结局。这样的话,《傲慢与偏见》就有一个完整的故事:一开始,来了两位年轻人;接着,事情有了发展,他们分别爱上了伊丽莎白和她的姐姐;最后的结局是,他们都喜结良缘。这种传统的大团圆结局使有些深谙世故的人嗤之以鼻。确实,大多数乃至绝大多数婚姻,是并不怎么幸福的。再说,结婚也不是人生的结局,只是进入另一个人生阶段罢了。有些小说家甚至以结婚作为小说的开始,一直讲述到它的结局。当然,他们有权这么做。但我却觉得,普通读者认可男女主人公喜结良缘的结局,还是有一定道理的。他们之所以认可,我认为是因为他们内心本能地觉得结婚表示男人和女人完成了生物学上的一项使命;所以,当他们听人讲述一对男女如何相爱、如何一波三折、最后又如何海誓山盟、永不分离时,自然就觉得很有趣。对大自然来说,一对男女结婚是长长的生物链中的重要一环,而其重要性就在于它能衍生出另一环。这就是小说家为什么往往要以男女主人公喜结良缘作为小说结局的理由。在简·奥斯丁的这部小说中,新郎最后得到一大笔地产收入,并把新娘带到一所漂亮的住宅,那里有花园,还有精美华贵的家具。这样的结局,普通读者是非常满意的。

我认为,《傲慢与偏见》的情节结构也很精巧,前后情节的

第二章

衔接极为自然,没有任何会使读者感到迷惑不解的地方。也许,有人会觉得奇怪,为什么伊丽莎白和吉英①这么有教养,这么彬彬有礼,而她们的母亲和三个妹妹竟会如此平庸。这确实有点唐突,但这种安排对简·奥斯丁小姐要叙述的故事来说又是必不可少的。我心里想,她为什么不把伊丽莎白和吉英写成是班纳特先生前妻的女儿,小说中的班纳特夫人只是他的续弦,也就是三个小女儿的母亲,这样一来,问题不就避开了吗?

《傲慢与偏见》

在简·奥斯丁的所有女主人公中间,她自己最喜欢的就是伊丽莎白。她曾写道:"我必须承认,我把她看作是在我的小说中出现的最令人愉快的人物。"按某些人的看法,伊丽莎白的原型就是简·奥斯丁本人——她确实把自己的欢乐、勇气、机敏和见识都赋予了伊丽莎白这个人物——也许,还可以进一步推测:在她描绘温柔、善良、美丽的吉英·班纳特时,她心里想到的很可能就是她的姐姐卡珊德拉。一般人总把小说中的达西看作无耻之徒。他的第一个过错就是在舞会上拒

---

① 吉英,即 Jane,伊丽莎白的姐姐,通常译作"简",因中译本《傲慢与偏见》译作"吉英",此处不再另译。

绝和不相识的、也不想结识的人跳舞。但这并不是什么大错。确实,他在向伊丽莎白求婚时表现出一种不可饶恕的傲慢态度,但他对自己的出身、财产的自豪是他性格的主要特征,缺了它就没有什么可讲了。再说,他的这种求婚态度也给了简·奥斯丁一个机会,借此可以展现最精彩的戏剧性场面。我想,如果简·奥斯丁是在有了一定写作经验的情况下写这部小说的话,那她或许会把达西的态度表现得更恰如其分一点,也就是把他写得足以引起伊丽莎白的反感,而不至于非要让他说出那些使人难以置信的话来。对卡特琳夫人和柯林斯先生的描写可能也略嫌夸张,但我觉得稍有喜剧因素是完全可以的。喜剧因素可以使生活显得更加绚丽多彩,也更加冷峭严峻。就是在小说中使用一点笑剧式的夸张手法也无伤大雅,因为有分寸地掺和点笑料,就像在草莓上撒些白糖,可以使故事中的喜剧味变得更加浓郁。不过,谈到卡特琳夫人,有一点倒是要记住的,那就是在简·奥斯丁时代,当一个人和地位比自己低的人在一起时,他或者她总会表现出一种优越感来的;对此,地位低的人也不会心怀不满。如果说,卡特琳夫人把伊丽莎白看作是出身低微的年轻姑娘而在她面前有点趾高气扬的话,那么请不要忘记,伊丽莎白自己对她姨母菲利普夫人的态度也好不了多少,原因也就是她只是个地位不高的律师的妻子。在我年轻时,那时虽然已经和简·奥斯丁所写的那个时代相隔一百年,我还是能经常看到一些贵妇人。她们那种自高自大的样子尽管不再像过去那样荒唐可笑,但和卡特琳夫人也不相上下。至于像柯林斯先生这种集拍马奉承和傲慢无礼于一身的人,即使在今天,又有谁没见过?

没有人把简·奥斯丁看成是伟大的文体家。她的用词很

第二章

奇特，而且经常不顾语法，但是她的听觉肯定很灵敏①。从她的句子结构中，我觉得可以看出约翰逊博士的影响。她喜欢使用来自拉丁文的英语词汇②，而不常用普通英语词汇，喜欢用抽象的而不是具体的词汇。这使她的措辞稍稍带上一点悦目惬意的庄重感；确实，也常常给她诙谐的语言增添了分量，使她本来辛辣尖刻的语言中又有了一种一本正经的味道。她的对话写得非常自然。写对话并不是把人物要说的话原封不动地记录在纸上，而是要加以组织整理的，否则就会使人觉得沉闷。在她的小说中，有许多对话简直就像现在的书面语，今天读来显得矫揉造作，但是在十八世纪末，年轻小姐确实就是那样说话的。譬如，吉英在谈到她情人的几个妹妹时说："对于我和他的关系，她们当然不会表示赞成，对此我并不觉得奇怪，因为他完全可以选择一个多方面比我强的人。"我相信，她就是这样说的，但我也得承认，听她这样说话真有点吃力。

至此，我还没有谈到这本书的一个最大的优点，那就是它有很强的可读性——比一些更杰出、更著名的小说更有可读性。正如司各特所说，奥斯丁小姐描写的是人们的日常生活、内心感情和许多错综复杂的琐事；虽然小说中并没有发生什么了不起的事情，但是每当你读完一页后，总会情不自禁地翻过去，迫切地想知道下文如何；而那里仍然没有什么大事，于是你又迫不及待地翻动书页。能叫你这样做的小说家是最有才能的小说家。我时常想，这样的才能是从哪儿来的呢？为什么你把这部小说读了一遍又一遍，却依然像第一次读它时一样兴味盎然？我想，原因就在于，简·奥斯丁不仅对她的人物及其命运深感兴趣，而且对发生在他们身上的一切都深信不疑。

---

① 意即简·奥斯丁写出的句子很有韵味，朗朗上口。
② 拉丁词根的英语词大多用于书面语，比较庄重。

第三章
司汤达和《红与黑》①

一

我想,要在有限的篇幅里恰当而清晰地讲述亨利·贝尔

---

① 《红与黑》(*Le Rouge et le Noir*),19世纪法国作家司汤达(Stendhal,笔名,本名 Henri Beyle,亨利·贝尔,1783—1842)所著长篇小说。小说主题是:等级社会既孕育了下层青年的野心,又亲予予以扼杀。主要情节是:于连是个出身贫寒、相貌英俊、工于心计的年轻人,一心想往上爬,进入上流社会。他跟随村里的神父学会了拉丁文,经人介绍,到小城维立叶尔市的德·瑞纳市长家里当家庭教师。在教三个孩子期间,于连见他们的母亲德·瑞纳夫人年纪尚轻,便勾引她,想通过她让她丈夫提携他。德·瑞纳夫人见于连年轻英俊、文质彬彬,也动了心,爱上了这个年轻人。但他们的暧昧关系很快被人察觉,有人给德·瑞纳市长写了揭发信。德·瑞纳市长碍于夫人将要继承娘家的一大笔遗产,不想离婚,只是把于连逐出了维立叶尔市。于连离开维立叶尔市后,设法进入了古城贝尚松一座神学院,因为他知道,单靠拉丁文还不足以使他接近上流社会。他在神学院苦读了几年之后,又经人介绍,到巴黎的德·莫尔侯爵家里当秘书。德·莫勒侯爵的女儿玛蒂尔德年轻美貌、清高傲慢,然而工于心计的于连还是让玛蒂尔德爱上了他。这样,他很容易就让玛蒂尔德到她父亲那里去为他美言。结果,在女儿要求下,德·莫勒侯爵任命于连为骠骑兵中尉,还设法为他取得了贵族称号。然而,当于连正要和玛蒂尔德结婚时,德·莫勒侯爵收到一封匿名信,揭露于连在德·瑞纳市长家里的行径。信是德·瑞纳夫人听到于连要结婚的风声后写的。于连得知此事,知道一切都完了,一怒之下去找德·瑞纳夫人,并拔枪打伤了德·瑞纳夫人。于是,他被捕。在法庭审判他时,他为自己辩护,称一切都源于出身下层的年轻人没有正当出路。然而,法庭仍以谋杀罪判处他死刑。德·瑞纳夫人得知他被判死刑,很内疚,前来探监,但两人见面,其实已无话可说。最后,于连被斩首。此时,玛蒂尔德仍爱着他。她买通行刑人,得到他的头颅,并隆重地安葬。德·瑞纳夫人则在三天后,因悲伤过度而离开了人世。

(他以笔名"司汤达"而出名)的一生,是不可能的。要讲述他的一生,需要写一本书,而且为了使人理解,还必须深入探究他那个时代的社会和政治状况。好在这样的书已经有人写了。如果《红与黑》的读者对司汤达本人感兴趣,而且想要知道比我在这有限的篇幅里所能说的更多的情况,那他最好去读一下马修·约瑟夫森①先生最近出版的那本材料翔实、文笔生动的传记,它的书名是《司汤达:对幸福的追求》。既然如此,我在这里只需稍微介绍一点司汤达的生平就可以了。

司汤达于一七八三年出生在格勒诺布尔②,父亲是一个颇有地位也颇有钱财的经纪人,母亲是当地一位名医的女儿;不过,司汤达七岁时,她就死了。一七八九年,法国大革命爆发。一七九二年,路易十六和玛丽·安托内万特③被送上断头台。司汤达曾详细描述过自己的童年和少年生活,对此我们有必要予以了解,因为就在那一时期,他形成了某些影响他一生的偏见。在他所爱的母亲——用他自己的话说,他是怀着情人般的爱去爱她的——去世后,他就由父亲和姨妈照管。他的父亲是个严肃而拘谨的人;姨妈则既严厉又虔诚。他很讨厌他们。他们属于中产阶级,却一心想成为贵族,后来大革命使他们的希望落空。司汤达说他的童年很不幸,但从他自己的描述的情形来看,好像并没有多少事情值得抱怨。他聪明、好辩,是个很难管教的孩子。在格勒诺布尔实行恐怖统治④时,他父亲被列入可疑分子名单,他自己把这归咎于一个

---

① 马修·约瑟夫森,美国学者,以研究 19 世纪法国文学和 20 世纪美国经济史著称,曾获古根汉姆学者奖(Guggenheim Fellowship)。
② 格勒诺布尔,法国东南部城市,伊泽尔省首府。
③ 路易十六和玛丽·安托内万特,当时的法国国王和王后。
④ 法国大革命爆发后,掌权的共和党人用铁腕手段镇压保皇党人,被称为"恐怖统治"。

叫亚马的律师,因为他想抢走他的主顾。"但是,"他聪明伶俐的儿子却说,"就算是亚马使你列入了反对共和国的可疑分子名单,可你确实是反对共和国的。"这当然是实话,但是一个有掉脑袋危险的中年人从自己的独生儿子嘴里听到这样的话,肯定是不会高兴的。司汤达说他父亲是个叫人厌恶的小气鬼,然而当他需要的时候,却似乎又总能从父亲手里弄到钱。父亲禁止他读某些书,但他总是有办法读到。这大概是从世上有了书籍以后,许许多多孩子都曾遇到过的事情。他还抱怨父亲不允许他和其他孩子一起玩,但是他有两个姐姐,还有和他一起听课的其他男孩(他们都是一个耶稣会教师的学生),想来也不会像他所说的那样孤独。事实上,他的童年生活和当时许多富有的中产阶级家庭的孩子并没有什么两样。像所有的孩子一样,他把一般的家庭约束看作是专制,只要有人逼他去读书,只要有人不允许他想做什么就做什么,他就认为自己受到了不寻常的虐待。

虽然他的童年和大多数孩子一样,但有一点他和大多数孩子不一样,那就是大多数孩子长大后会忘记自己曾受到的管教,司汤达却直到五十三岁还对此耿耿于怀。因为憎恨那个耶稣会教师,他成了一个激烈的反教权主义者,到死都不相信教会中会有一个人是真诚的。因为他父亲和姨妈都是保皇派,他就热烈地拥护共和派。但是,在他十一岁时,他有一天从家里溜出去参加一个革命者的集会,却意外地受到了震动。他发现无产者不仅衣衫褴褛、浑身臭气,而且粗俗不堪、满嘴脏话。"总之,我那时就像我现在一样,"他后来写道,"热爱民众,憎恶压迫他们的人,但是如果要我和民众生活在一起,那我觉得简直是一种不堪忍受的折磨……我过去——现在也依然——有许多贵族倾向;为了民众的幸福,我可以做任何事情,但我得承认,我宁愿每

第 三 章

月在监狱里蹲两个星期,也不愿去和那些小店主一起生活。"司汤达的这些话很有意思,很容易使人联想到那种经常出现在豪华客厅里的、脸色红润的年轻叛逆者。

司汤达十六岁时才首次去巴黎。在那里,他父亲把他介绍给一个亲戚——达鲁先生,他有两个儿子在国防部任职。长子彼埃尔主管一个司,他不久就让他的表弟司汤达担任他的秘书。拿破仑发动第二次意大利战争时,达鲁兄弟便跟随他去了意大利。司汤达很快也到了米兰和他们会合。他在秘书处干了几个月后,彼埃尔要派他到一个龙骑兵团里去。可是,他喜欢米兰的快乐生活,不想到那个团里去。他趁彼埃尔不在米兰时,就去巴结一个叫米歇尔的将军,并当上了他的副官。彼埃尔回来后,下命令要他到那个团里去,但他找各种各样借口拖延了六个月,后来当他不得不动身时,发现自己实在厌恶到那里去,就干脆以身体有病为借口,放弃了那个职位。他其实连战场也没上过,但这并不妨碍他后来在各种场合吹嘘自己在战场上如何勇敢。一八〇四年,他为了得到某个职位,还真的写了一份证明书(由米歇尔将军签字),证明他在历次战斗中曾立下过赫赫战功。

二

他回到巴黎,靠父亲提供的一小笔只够日常开销的津贴维持生活。他想达到两个目标,其一是要成为出色的诗剧作家。为此他大量研读剧本,还几乎每天都去剧院看戏,并在日记里记下自己的观感。人们后来发现,他在日记里反复谈到的是如何把他看过的戏改写成他自己的剧本。看来,他既缺乏构思剧情的才能,也肯定不是诗人。他的另一个目标是要成为伟大的情人,但在这方面,老天爷并没有给他很好的条件;他身材矮胖,其貌不扬,上身圆鼓鼓的,两腿粗而短,一颗大脑袋上长着一头黑发;嘴唇不厚,鼻子却过于肥大;不过,他的一双褐色眼睛炯炯有神,手和脚也不大,尤其是皮肤,像女人一样细嫩。为了显得有风度,他经常带着一把佩剑,摆出一副神气的样子,其实他是很怕羞的。经他的表兄马歇尔·达鲁——即彼埃尔·达鲁的弟弟——介绍,他得以经常出入一些贵妇人的沙龙。这些贵妇人的丈夫都是趁大革命之机发了财的暴发户。可惜的是,他说话结结巴巴,很不善于交际。他虽然能想出不少妙语,却没有勇气说出来。这使他往往显得很尴尬,而他对自己的外省口音又觉得很恼火。

司汤达

也许就是为了矫正口音,他进了一所戏剧学校。在那里,他认识了一个叫美拉妮·居利贝尔的女演员。这个女演员比他大两三岁,但他经过一段时间的考虑,还是和他相爱了。之所以要考虑一段时间,一方面是因为他吃不准她是否真的爱他,另一方面是因为他怀疑她有花柳病。打消了这两方面的顾虑后,他和她一起去了马赛。她到那儿去是为了履行一份演出合同,而在这几个月的时间里,他就在一家杂货批发铺里做临时工。但是,他最后发现,她无论在气质上还是在智力上都不是他想要的那种女人,所以当她后来因为缺钱而不得不返回巴黎时,他求之不得地放她走了。

第三章

我没有篇幅来详谈他的多次恋爱事件，只能说两三件事，以期有助于你了解他的性格。他是有情欲的，但并不强烈；实际上，在他后期写给一个情妇的那些相当色情的信被发现之前，人们还一直怀疑他是性冷漠的人。他的情欲是很理智的，也就是说，他寻找女人多半是为了满足虚荣心，而非完全出于性的需要。他虽然喜欢高谈阔论，但没有迹象表明他善于向女人献殷勤。他自己就曾坦率地承认，他的大多数恋爱是不幸的。原因很简单：他太优柔寡断。为此，他在意大利时还请教过一个同僚，问他怎样才能赢得女人的欢心，并一本正经地记下了他的忠告。他刻板地去讨女人的欢心，就像他当初写剧本一样按部就班，而当她们觉得他滑稽可笑时，他感到十分沮丧。他总是弄不明白，为什么她们老是认为他没有诚意。确实，他尽管聪明过人，却偏偏不知道女人只能理解感情的语言，任何理智的语言都会使她们退避三舍。他错误地以为，要赢得女人的欢心就要有策略和计谋，殊不知那只能靠感情才能赢得。

和美拉妮·居利贝尔分手后又过了几个月，司汤达也回到了巴黎。他靠表兄彼埃尔·达鲁的关系在军粮部谋到一个职位，并被派往布伦斯威克。这时他已放弃成为杰出诗剧作家的理想，决定开始仕途生涯。他以帝国的贵族和荣誉军团的骑士自居，一心想当上薪俸优厚的省长。他虽然热烈拥护共和派，还把拿破仑称帝看作是对自由法兰西的践踏，却又写信给父亲，要他为自己买一个爵衔。他还在自己的姓氏前加上贵族专用的"德"，自称"亨利·德·贝尔"。他是个有头脑、有能力的官员；一八一〇年他得到提升，奉命回巴黎在残废军人部任职。他获得两匹马和一辆双轮轻便马车，还有一个车夫和一个男仆。他随即找了歌剧院合唱队的一个女演员和他

同居,但他并不满足;他觉得还应该有一个能真正为他所爱的情妇,一个有显赫身份因而会给他增添荣誉的情妇。他认定彼埃尔·达鲁的妻子亚历珊德拉·达鲁是最合适的人选,因为彼埃尔·达鲁现在已是伯爵,他的妻子就是伯爵夫人;再说,尽管她已有四个孩子,却比丈夫年轻许多,依然美貌动人。没有迹象表明他当时考虑过表兄达鲁对他的友善和长期的照顾,也没有迹象表明他考虑过勾引表兄的妻子是既不策略又不体面的,因为他只考虑自己的发迹和荣耀。他从来就没有想过,世上还有感恩这样一种美德。

于是,他拿出他在爱情方面的全套谋略发动进攻。但是,他那倒霉的犹豫不决的性格始终妨碍着他。他时而活跃,时而忧伤,时而轻佻,时而冷静,时而激昂,时而淡漠;但无论怎样,似乎都无济于事,他不知道女主人到底爱不爱他。他甚至怀疑她在背后嘲笑他忸怩作态,为此他觉得很羞辱。最后,他找了一个老朋友诉说自己的苦恼,并请教他有何良策。他们一起商量这件事。由他的朋友提问,他回答,然后他的朋友把问答内容都记下来。下面的一问一答是马修·约瑟夫森写《司汤达:对幸福的追求》一书时引用过的:

勾引 B 太太(他们用"B 太太"来称呼达鲁夫人)有什么好处?……好处如下:

勾引者的欲望将能得到发泄;他还能从中获利;他能进一步从事对人类情感的研究;他将满足自身的荣誉感。

司汤达还在那份问答记录上加了一条注释:

最好的建议:进攻!进攻!进攻!

第 三 章

  这是个好主意,但是如果没法克服自己的羞怯心理,那也是很难行之有效的。几个星期后,他应邀去柏希维勒村达鲁的乡间庄园做客。临行前一天,他彻夜未眠。第二天一早,他下定决心要实施最后的进攻计划。他穿上一条最好的条纹裤去了。达鲁夫人对他的裤子称赞了一番。他们两人在花园里散步,后面跟着达鲁夫人的一个朋友以及她的母亲和孩子们,大约离他们有二十米远。他们来回散着步。他浑身紧张,就是下不了决心。最后,他暗暗选定前面的一个地方,并把它称作 A,把自己正站着的地方称作 B,心里发誓,要是他们走到 A 的时候他还没有说出来,他就要自杀。他终于说了,一边说一边还抓住她的手臂想亲吻她的手。他对她说,他爱她已爱了整整十八个月,只是尽了最大努力没有说出来,甚至想从此不再见她,但实在忍受不了这爱的痛苦。对此,她却回答说——当然态度很友善——她对他的感情仅限于友谊,没有更进一步的感情,再说她不想对丈夫不忠。说完,她就转身招呼后面那些人来和他们一起散步。就这样,他的"柏希维勒战役"以失败而告终。他的感情深受伤害,但受伤害更深的却是他的虚荣心。

  两个月后,依然沉浸在痛苦中的司汤达申请去米兰度假。他当初第一次去意大利时就特别喜欢米兰这座城市,因为在十年前,他在那儿迷上过一个叫吉娜·皮特拉鲁阿的女人,他的一个同僚的情妇。但那时他是个钱袋空空的副官,她几乎没有注意到他。他想,这次到米兰一定要去拜访她。她的父亲是开店铺的,她年纪很轻时父亲就把她嫁给了一个小公务员。现在她已二十四岁,儿子也有十六岁。他见到了她,发现她依然是一个"高大而美丽的女人,眼睛、表情、眉毛和鼻子依然显露出一种高雅的气质。我觉得她(他补充说)比以前更聪明,更高贵,只是那种娇艳十足的风姿不见了"。她的丈夫薪

水微薄,但她却在米兰有一套房子,在乡间有一幢别墅,有仆人,在斯卡拉剧院订有包厢,还有一辆四轮马车。她确实是够聪明的。

司汤达心里明白,自己长得不好看,于是就决定用时髦而漂亮的服饰来加以弥补。他本来就是胖鼓鼓的,现在由于生活优裕,变得更加肥胖了;但他口袋里有钱,有漂亮的服饰支撑着他。他觉得,他现在已不再是个穷巴巴的龙骑兵了,要把那高贵的夫人弄到手,理应是有把握的。他于是决定在米兰逗留期间要让她成为他的情妇,但是她却不像他预料的那样顺从。他不得不大费一番周折,直到他将离开米兰去罗马之际,她才同意让他在一天的上午到她家里去。可以想象,他那天是怎样苦苦求爱的,而就在那天的日记里,他写道:

> 九月二十一日十一点半,我终于赢得盼望已久的胜利。

他还把那天的日期写在她的吊袜带上。和他当初向达鲁夫人求爱时一样,他那天也穿着条纹裤。

一八一二年,司汤达费了很大功夫才说服达鲁伯爵,把他从巴黎的那个闲职上调离,并给了他军粮部的现役军职。他随拿破仑的大军一起参加了远征俄国的灾难性战争。在从莫斯科撤退途中,他表现得很沉着,很能干,也很勇敢。一八一四年,拿破仑退位,他的仕途生涯也就到此结束。据他自己说,他当时拒绝了好几个重要职务,说他宁愿流放也不愿为波旁王朝①效劳;但事实并非如此,他不仅宣誓效忠波旁王朝,

---

① 拿破仑退位后,被推翻的波旁王朝复辟,大革命暂告失败。

第 三 章

还千方百计想到政府机构任职。只是这些努力没有成功,他才不得不去了米兰。他仍然有足够的钱住一套舒适的公寓,随意去歌剧院看看歌剧;但是他已失去以前的官位、声望和大笔大笔的钱。吉娜对他冷淡了。她对他说,她丈夫得知他又到了米兰之后一直妒性大发,她的其他爱慕者也都对她疑心重重。她请求他,为了她名誉,离开米兰。他清楚地知道,她是想和他分手,但是她越是想分手,他却越是热情高涨。为了重新得到她的爱,他终于想出了一个办法:他筹集了三千法郎,并把这笔钱给了她。她这才同意和他一起去威尼斯,不过要她的母亲、儿子以及一个中年银行职员和他们同行。在威尼斯,她还坚持要司汤达住到另一家旅馆里去,说是要顾全一点面子,而使他更为恼火的是,尽管他一再表示讨厌,那个银行职员却老是跟着他们。他真是不明白,那家伙有什么权利跟着他们。下面的话摘自他当时的日记,是用英语写的:

  她摆出一副样子,好像她到威尼斯来是给了我天大的面子。我真是愚蠢透了,用三千法郎来作这样的旅行。

但是十天以后,他却写道:

  我得到了她……不过她还和我谈到了经济上的安排。那是在昨天上午,绝不可能是错觉。政治把我的性欲都搞光了,我的精液一定都被抽到脑子里去了。

一八一五年六月十六日,拿破仑在滑铁卢战败。这年秋天,司汤达和吉娜一行回到米兰。司汤达住在偏僻的郊区,这是吉娜的安排。他若想和她幽会,就得在深夜里换几次马车,

在无人跟踪的情况下到她的住所,然后由一个侍女把他带进她的房间。但是不久之后,那个侍女可能是和女主人吵了架,也可能是被司汤达收买了,反正她向司汤达说出了事实真相,使司汤达大为恼怒。原来吉娜的丈夫根本没有妒忌,吉娜之所以要搞得那么神秘兮兮,只是为了防止司汤达遇到她的其他情人,说得准确一点,是遇到她的情人中的某一个,因为她有许多情人。那个侍女还让司汤达自己去证实她说的是真话;她第二天就把他藏在紧挨着吉娜房间的一个壁橱里。就在那里,他"透过一个钥匙孔,亲眼看见了她的背叛行为,就在距离只有三英尺的地方"。"你是不是以为,"司汤达后来说,"我会冲出壁橱,用匕首捅死那对男女?不,没有这回事……我只是像我进去时一样悄悄地溜出了壁橱,只想到这样的历险实在可笑。我嘲笑自己,鄙视那位夫人,同时为我能重新获得自由而觉得欣慰。"

三

一八二一年,司汤达由于和一些意大利爱国者①有联系而被奥匈帝国的警察当局逐出米兰。他到了巴黎,而且在以后的九年间大部分时间都住在那里。在这期间,他又有过一两次乏味的恋爱。他时常在一些清谈家的沙龙里消磨时光。他不再笨嘴笨舌,而是变得既机敏又刻薄,特别喜欢和八个或者十个人一起高谈阔论。他像许多健谈者一样,喜欢垄断谈话,喜欢自说自话,对意见不合的人,就毫不掩饰表示轻蔑。为了语出惊人,他多少有点放肆,常会说些淫秽和亵渎的话。

---

① "意大利爱国者"即指谋求意大利独立的革命党人,当时意大利受奥匈帝国统治。

第 三 章

有些不喜欢他的人说,他为了取悦和刺激听他说话的人,还常常滥用幽默。接着便发生了一八三〇年革命①,查理十世流亡国外,路易·菲利普登上王位。这时,司汤达已经把父亲留给他的那点微薄的财产差不多全花光了,于是他又恢复了原先的志向,要当一个伟大的作家。然而,他在文学上作出的努力既没有给他带来钱财,也没有给他带来名声。他的《论爱情》一书于一八二二年出版,十一年里只卖掉十七本。他曾想到政府部门谋个职位,但没有如愿。后来,随着政治形势的变化,他获得了到意大利的里雅斯特当领事的机会;但是由于他同情自由派,奥匈帝国拒绝他为领事。于是,他又被转派到教皇治下的奇维塔韦基亚城当领事。

领事工作相当轻松,他一有时间就外出旅行。他是个不知疲倦的旅游者。他在罗马找到不少知心朋友。对奇维塔韦基亚城,他反而觉得讨厌,因为他在那里孤身一人。在他五十一岁那年,他向一个年轻姑娘求婚。那个年轻姑娘的母亲是他的洗衣妇,父亲是受雇于领事馆的一个圣芳济派的修道士。然而,使他感到意外和屈辱的是,他的求婚竟被拒绝了。一八三六年,他说服外交大臣让别人来临时代理他的领事职务,他自己则到巴黎去任职三年。这时,他已是个肥胖的老人,脸很红,留着一把染过色的大胡子,头发也全脱光了,不得不戴上一顶紫褐色的大假发。他衣着仍然很时髦,就像他年轻时一样;不过,对他外套和裤子式样,人们总是议论纷纷,常使他很难堪。他仍然到处求爱,但几乎每次都被拒绝;他仍然去参加宴会,说起话来仍然那样滔滔不绝。最后,外交部责成他返回奇维塔韦基亚城续职。两年后,他在那里中风。恢复健康后,

---

① 一八三〇年"七月革命",复辟的波旁王朝被推翻,路易·菲利普登上王位,称为"七月王朝"。

他要求休假,到日内瓦去求教一位著名医生。后来,他从日内瓦到了巴黎,仍然像以前那样生活。一八四二年三月的一天,他出席了外交大臣的一个大型官方宴会。那天晚上,他沿着林荫道散步回住所,在路上再次中风。被送回住所后的第二天,他便去世了。

四

对于上述不加掩饰的事实,我们只要稍加思考就不难发现,由于司汤达一生都很动荡,他肯定拥有比其他作家都要丰富的人生经验。确实,他生活在一个社会和个人都发生巨大变化的历史时期,因而能获取广泛的人性知识;但他也只能在其个性所容的范围内获取,因为目光再敏锐的观察者,在观察同时代人时也要受自身个性的限制。他有许多局限,这是肯定的。当然,他有他的特点:他很机敏,容易动感情,有点怯懦,但富有天资,工作勤奋,而且具有卓越的创造力。他还是个很好相处的人。但是,他的性格缺陷也很严重:他抱有荒谬的偏见,而且常常想入非非;他很多疑,也很褊狭、苛刻,但又极不谨慎(因而也容易受骗),往往很自负,甚至极度虚荣;他耽于肉欲而且趣味粗俗,行为放荡却又缺乏激情。然而,我们之所以知道他有这些缺陷,又都是他自己告诉我们的。他不是职业作家,甚至连文人都算不上,但他不停地写,而且几乎一直在写他自己。他长年记日记,因而留下了大量的生活片段,而他记日记显然不是为了出版。他在五十多岁时写了一部自传(有五百页),但只写到他十七岁就不再往下写了。这部自传尽管到他去世时仍未改定,却是准备出版的。在那里,他往往自我拔高,还编造了许多他其实并未做过的事情,但整体上说,他还算诚实。他写到了许多细节,不少地方一再重复,冗长而沉闷,读起来味同嚼蜡,但我想,无论谁读完这部自传后都应该这样自问:如果要我像他一样率直地暴露自我,我能写得更好一点吗?

他去世时只有两家巴黎的报纸作了报道,看起来他是很快就会被人彻底遗忘的。好在他生前的两个老朋友努力促使一家大出版社出版了他的主要作品,否则的话,他很可能已经被人遗忘了。然而,尽管当时有影响的批评家圣伯甫专门为他写了两篇评论,公众却仍然对他不感兴趣。直到后来,在下一代人中间,他的作品才得到广泛阅读。他自己从不怀疑他的作品是会流芳百世的,但他预计要到一八八〇年甚至一九九〇年,人们才会对他的作品作出应有的评价。凡被同时代人忽视的作家,大多是这样来自我安慰的,都说后人会承认他们的成就。遗憾的是,如果真有这样的事,那也是极为罕见的。后人都很忙,而且粗心大意,他们即便想关心过去的文学,也往往只关心那些当初就已取得成功的作品。只有极小的可能,一个默默无闻的已故作家才会被人重新发现。对司汤达来说,他的幸运来自一位教授。那位教授其实并不出名,关于他的情形,人们除了知道他在法国高等师范学校讲课时曾热情赞扬过司汤达的作品,其他便一无所知了。凑巧的是,当初听课的学生中有一些聪明的年轻人——他们日后都出了大名——他们听那位教授如此赞扬司汤达,就去读他的作品了,结果发现他的作品中有许多东西和他们自己的想法不谋而合,于是就成了他的狂热的崇拜者。这些年轻人中最有才华的是希普里特·泰纳,多年后当他成为一个有影响的著名理论家时,他著文盛赞司汤达,称他为古今最伟大的心理学家。自那以来,人们便写了大量评论他的文章,以至到了今

天,他被普遍认为是十九世纪法国三大小说家之一①。

他的名声主要来自《论爱情》和两部长篇小说,其中《巴玛修道院》或许更有可读性味,人物形象也富有魅力,尤其是对滑铁卢战役的那段描写,可谓脍炙人口。但是,《红与黑》却更加激动人心,更有独创性,也更具深刻意义。正是由于这部小说,左拉②称司汤达为自然主义之父,而布尔热③和安德烈·纪德④则(不正确地)称他为心理小说的创始人。《红与黑》确实是一本令人惊叹的书。

五

司汤达对自己比对别人更感兴趣,他的小说中的主人公往往就是他自己。《红与黑》中的于连,就是司汤达很想、然而又无法成为的那种人。他让于连具有吸引女性的魅力,女人一见他就会神魂颠倒,这正是他自己一直热衷于做而又做不到的事情。他让于连一次次赢得女人的爱情,所用的正是那些他为自己设计、结果却总是失败的办法。他还说于连是个口若悬河的健谈者,不过他很明智地从不具体写到他是如何健谈的,只是断定他有这种才华。他把自己的记性、勇气、羞怯、自卑、野心、敏感、心计、多疑、虚荣、易怒等性格特点,以及肆行无忌和不知感恩的行为特征,全都给了于连。我觉得,从来没有哪个作家会像司汤达这样,在把自己的性格赋予人物的同时又描绘出这样一幅可憎、可鄙、可恶的人物肖像。

---

① 19世纪法国三大小说家,即:司汤达、巴尔扎克、福楼拜。
② 左拉,19世纪末、20世纪初法国小说家、自然主义倡导者。
③ 布尔热,19世纪末、20世纪初法国小说家。
④ 安德烈·纪德,19世纪末、20世纪初法国作家。

第三章

有一点很奇怪,那就是除了滑铁卢战役(他其实并未参加),司汤达好像从不采用他为拿破仑效劳时的生活经验作为小说题材。人们本以为,他至少是那些历史事件的目击者,是完全可以从中提炼出某些重要主题来的。为什么他不这样做呢?我们记起来了,当初他想写剧本时也是从自己看过的戏里面去寻找题材的;看来,司汤达生来就没有虚构故事的才能。《红与黑》里的故事情节,就是他从当时引起全社会轰动的一个刑事案件的有关报道中获取的。我在评论小说时一般都不谈小说的故事来源,不过关于这部小说,我想还是有必要简单介绍一下这方面的情况。司汤达借用的是这样一个案件:一个名叫安东尼·伯尔岱的神学院学生,先是在一个叫M.米舒的人家里当家庭教师,后来又到另一个叫M.德·高尔东的人家里当牧师。在米舒家里,他企图勾引或者说确实勾引了米舒太太,而在高尔东家里,他又勾引了高尔东的女儿。为此,他被主人辞退。他想回神学院,可是他名声太坏,没有一所神学院愿意接受他。他走投无路,就把怨恨发泄在米舒一家人身上,到教堂去向在那里做礼拜的米舒太太开了枪,然后自杀。但他的伤势并不致命,于是受到审判。在法庭上,他还想把罪责推到不幸的米舒太太身

《红与黑》

上,以此为自己开脱,但最后还是被判处死刑。

就是这个既丑恶又卑劣的刑事犯,吸引了司汤达。在他看来,伯尔岱的所作所为是一种"美好的罪恶",是一个具有反叛个性的人对社会所作的反抗。于是,他在小说中把那些受害者的身份拔高,以此使事件具有更重要的社会意义,同时他又把主人公于连写得比现实案件中的那个恶棍伯尔岱更聪明,更有个性,也更有勇气。当然,这个故事仍然是令人厌恶的,于连也仍然是个卑劣的家伙;但是,在司汤达笔下,他却显得非常生动,整部小说也富有深刻的含义。于连,一个出身于贫苦家庭的孩子,对那些出身于特权阶层的人充满嫉恨——他是个在各个时代都具有典型意义的人物。如果我们想对他有一个最初印象的话,那就只要看看司汤达对他的描写就行了:

> 他是一个十八岁到十九岁的少年,表面看来,文弱、清秀,面貌不同寻常。他的鼻子好像鹰嘴,两眼又大又黑。在宁静的时候,眼中射出火一般的光辉,又好像深思和探寻的样子,但是在一转瞬间,他的眼睛又流露出可怕的仇恨的表情。他的头发是深栗色的,垂得很低,只看得见一点儿额头,在他生气的时候,更显得他有的是坏性情。……他那细长匀称的身材使人感到的,与其说是活力,不如说是轻盈。

这不是一幅优美的画像,却是一幅出色的画像,因为它一开始就使读者对这个人物没有好感。小说家一般总希望读者能同情小说主人公,但司汤达由于是选择了一个恶棍作为小说主人公,就不得不从一开始起就留神,不能让读者过分同情

第三章

他。另一方面,他又必须使读者对人物感兴趣,所以又不能让读者过分厌恶他。因此,他就不厌其烦地详细描写于连的漂亮的眼睛、优雅的身材和精巧的双手,以此作为对刚才那一番描写的补充。他时不时地告诉读者,于连确实长得很漂亮,但他也从不忘记提醒读者注意到于连周围的人对他的反感,注意到所有的人——除了那些从未相信过他的人——其实对他都很怀疑。

德·瑞纳夫人,即于连所教的那几个孩子的母亲,则是一幅最难描绘的、优雅的性格画像。她是个好妻子、好母亲、好女人,她很迷人,有德行、为人真挚;小说中写到她对于连如何产生爱情,这爱情如何加强,她又如何感到恐惧和犹豫,以及她的爱情是如何变成炽热的激情的,所有这些描写都非常出色。她是小说中最动人的形象之一。出身高贵的玛蒂尔德·德·拉·莫勒却写得不可信。司汤达从来就没有对上流社会有过深入的了解,他并不知道受过良好教育的人会有怎样的行为举止。以为出身高贵的人总要摆出一副高贵的样子,那只是暴发户的理解。司汤达把德·拉·莫勒小姐的傲慢当作贵族气派来写,实在是粗俗不堪。她的许多行为都写得不合情理。

司汤达很讨厌那种由夏多布里昂①使之风行、后来又由数以百计的次等作家拼命加以模仿的华而不实的风格②。他只是尽可能朴素、准确地写下他非说不可的话,没有虚饰,没有华丽的辞藻,也没有那些形式化的赘语。他说(也许并不十分真实),他每次动笔写作前都要读一页《罗马法典》,以此保持用语的纯正。他从不跟随当时的流行写法,矫揉造作地描

---

① 夏多布里昂,19世纪法国早期浪漫派作家。
② 即浪漫主义风格。

写风景和其他装饰物。他出色地运用一种冷静、明晰、节制的文体来增强故事的感染力,使之更加引人入胜。我觉得,于连在德·瑞纳家里和在神学院里的那些章节写得好得不可能再好了;不过,当场景改换成巴黎和德·拉·莫勒府邸时,我觉得,好像写得有点不可信。他要我接受的那些不真实的描写,同时要我相信的那些空洞无物的情节,超过了我所能容忍的程度。司汤达虽以现实主义风格著称,但不管怎样,他毕竟不可能完全不受时代潮流的影响。当时浪漫主义还方兴未艾。司汤达尽管有纯正的鉴赏力,对十八世纪的写实文学也很欣赏,但还是受到了浪漫主义的影响。他很赞赏意大利文艺复兴时期的那种无视道德的人,他们为了实现自己的野心和满足自己的欲望,或者为了荣誉和复仇,可以无所不用其极,即使为此犯罪也在所不惜。他崇尚他们所谓的坚强意志,崇尚他们对习俗的蔑视和对灵魂自由的追求,而正是这种对传统浪漫倾向的崇尚,使《红与黑》的后半部写得有点荒诞不经。

  正当于连使用伪装、欺骗和自我克制等手段将要实现他蓄谋已久的野心时,司汤达却犯了一个错误,一个大大的错误(我只能这么说)。他在前面告诉我们,于连是绝顶聪明和极端狡猾的,而到了后面,他为了使德·莫勒侯爵同意于连娶他的女儿,竟然让于连到德·瑞纳夫人那里去求取"品行鉴定书"。这可能吗?因为于连完全应该知道,德·瑞纳夫人曾受到过他的伤害,很可能非常恨他,因而她除了泄恨是不会为他做任何事情的;当然,也可能她仍然爱着他,但这样的话,她就更加不会帮助他去和另一个女人结婚了。我们知道,德·瑞纳夫人是个诚实的女人。于连也应该想到,她完全有可能如实地揭露他的种种丑行。实际上,她正是这样做的。她写了一封信,坦率地讲出了他的真实情况。他呢,既没有否认,也没有自我辩解（比如，说那完全是一个因被抛弃而愤怒的女人编造的），而是拿着手枪赶到她的住地，并向她开了枪。对此，司汤达没有作任何解释，所以我们只能把它理解为是于连的一时冲动。我们知道司汤达是很赞赏感情冲动的——他认为这是激情的表现——这没错；但问题是，我们从小说一开始就看到，于连的性格力量恰恰在于他有极强的自我克制能力。各种各样的感情如妒忌、仇恨、骄傲和虚荣，尽管他都有，但从来就没有支配过他，就连情欲——这种最强烈的感情——也从未胜过他一心想实现野心的阴谋。然而，在小说的紧要关头，于连却做出了一件使小说致命的事情；他的举动完全背离了他的性格。

司汤达是紧跟安东尼·伯尔岱的案情来构思《红与黑》的，毫无疑问他是一跟到底了。但是，他却没有注意到：第一，他已经把于连写成了一个和原型伯尔岱完全不同的人；第二，伯尔岱是认为米舒太太毁了他的前程，这才满怀怨恨地朝她开了枪，而于连对德·瑞纳夫人是不应该有这种怨恨的。如果说，德·瑞纳夫人确实使他实现其勃勃野心的希望落了空，那也只能怪他自己的愚蠢举动，而按他的性格，这样愚蠢的举动原本是不可能有的；因为他完全可以用自己拿手的方法加以应付，根本就没有必要造成这样一种简直令人费解的严重后果。然而，事实是，司汤达好像没有这方面的创造才能，他无法为这部小说设计出一个能使读者比较信服的结尾。

不过，话得说回来，世上毕竟没有一部小说是十全十美的，因为除小说家都有缺陷外，小说这一体裁本身也有缺陷。所以，不管怎么说，《红与黑》仍是一部非常出色的小说，你不妨一读，相信它一定会给你一种独特的享受。

第四章
巴尔扎克与《高老头》①

一

在所有为世界增添精神财富的伟大小说家中,我觉得最

---

① 《高老头》(Le Père Goriot),19世纪法国作家奥纳瑞·德·巴尔扎克(Honoré de Balzac 1799—1850)所著长篇小说。小说主题是:虚荣与溺爱者,终将自食苦果。主要情节是:在巴黎简陋的伏盖公寓,住着一群穷房客,其中有个高里奥老头,昔日的工厂主;还有一个来自外省的穷学生,名叫拉斯蒂涅。高里奥老头其实不是穷人,他曾在外省拥有一家面粉厂,但他很虚荣,一心想巴结贵族,并以与贵族沾亲带故为荣。所以,他设法让他的两个女儿都嫁给了巴黎的贵族。但由于妻子早亡,他溺爱女儿,于是就变卖了所有家产,跟着女儿搬到巴黎来住。然而他又觉得自己不配住在女儿家里,所以就住进了这个简陋的伏盖公寓,为的是省点钱。拉斯蒂涅则是个想出人头地的年轻人,因在巴黎有个远房姑妈,于是便到巴黎来闯荡。他也一心想结交贵族,以期混入上流社会。高里奥老头见此,似遇知己,便很自豪地把拉斯蒂涅介绍给了他的两个女儿——大女儿阿娜斯塔齐,罗斯托伯爵夫人;小女儿妲菲纳,纽沁根男爵夫人。为了巴结这两个贵夫人,拉斯蒂涅先后做了她们的情人。然他在和她们厮混的过程中却发现,她们其实很穷——大女儿阿娜斯塔齐的丈夫罗斯托伯爵是个破落贵族,根本没钱;小女儿妲菲纳的丈夫纽沁根男爵是个银行家,很有钱,但是个吝啬鬼,几乎一文钱也不会落到妻子手——但她们又要摆贵族排场,于是就不得不一次次到高里奥老头这儿来要钱,而高里奥老头出于对她们的溺爱,也一次次地满足她们。就这样,高里奥老头的钱渐渐被两个女儿榨干了。从此,就再也不见两个女儿来看望父亲。高里奥老头仍满怀希望等着女儿出现,但等来的却是旧病复发。他躺在床上,仍指望女儿会来看他,但她们迟迟没来。他病情危重,快要死了,拉斯蒂涅去通知她们,她们都说有事,抽不出空。没过几天,高里奥老头死了,两个女儿还是没来,而他又一文钱没留下,怎么安葬他?最后,还是拉斯蒂涅和他的同学凑了点钱,把可怜的高里奥老头安葬在一个最便宜的公墓里。

伟大的是巴尔扎克。他是个天才。有些作家是靠一两本书出名的,这或许是因为在他们的作品中有那么几本被证明具有持久的价值,或许是因为有那么几本书表现出了他们那种来自独特经历或者乖僻性格的灵感;但是,他们很快就智穷才尽了,即便再有作品,也是重复而已。伟大作家的特点就是作品丰富,而巴尔扎克的作品真可谓丰富得惊人。他表现了整整一个时代的生活,而他描写的领域则像他的祖国一样广阔。他具有极为渊博的人性知识,只有在少数几个方面才稍有欠缺,譬如他对贵族社会、城市工人和农民的了解,就不如对中产阶级如医生、律师、职员、记者、店主和乡村牧师来得熟悉。和所有小说家一样,他与其说善于表现德行,不如说更善于表现罪恶。他有精确细致的观察力,也有非同寻常的创造力。他创造的人物,其数量之多就令人惊叹。

不过,我可以肯定,他并不是一个很有趣的人。他的性格并不复杂,既没有令人困惑的矛盾,也没有难言的微妙之处。事实上,他是个极其单纯的人。我甚至都说不上他是否聪明;他的思想是平庸而肤浅的。然而,他却具有一种非凡的创造才能。他就像一种自然力,譬如,像一场汹涌的洪水冲垮堤岸,把所有的一切统统淹没;或者,像一阵咆哮的飓风,刮过宁静的乡村,也刮过喧哗的城市。作为一个为整个社会画肖像的画家,他的与众不同在于他不仅像所有小说家(除了纯粹写惊险故事的小说家)那样观察人与人的相互关系,还特别注重观察人与社会的相互关系。

大多数小说家往往只取一小批人——有时只有两三个人——加以描写,好像是用放大镜把他们放大了。这样做当然会产生较强烈的效果;不幸的是,也常常会有一种人为的虚假感。一个人不仅有个人生活,同时还要和别人一起生活;在

个人生活中,他总是扮演主角,但和别人相处时,他的角色可能很重要,也可能微不足道。你去理发店理发,也许是小事一桩,但也可能成为你或者理发师一生中的一个转折点。对于万花筒般的生活,对于生活中的混乱、误解和产生重大后果的种种偶然因素,巴尔扎克不仅心领神会,而且有能力把它们生动而逼真地描绘出来。我想,他是第一个注意到人们的经济情况在生活中的重要性的小说家。他并不满足于说金钱是万恶之源;因为他发现,人类行为的主要动力恰恰来自对金钱的渴望和贪婪。在他的小说中,一个个人物都迷恋于金钱,永远是金钱。他们追求的目标,就是过骄奢淫逸的生活,拥有漂亮的住宅、漂亮的马匹和漂亮的情妇;为了获取他们希求的东西,一切有用的手段都被认为是正当的。这样的生活目标当然很庸俗无聊,遗憾的是,我们这个时代和巴尔扎克的时代相比,情况也差不多。

　　巴尔扎克年过三十就已成名,如果你在那时碰到他,你会看到这样一个人:矮个子,微微发胖,双肩很宽,胸脯很厚,因而看上去并不显得矮小;脖子像公牛一样粗而且很白,但脸是红红的,总是带着微笑的厚嘴唇也是红红的,和白白的脖子适成对照;笔挺的鼻子上有两个大大的鼻孔,额头很高;一头浓密的黑头发就像狮子的鬃毛,不过是往后梳的;有着金色瞳孔的棕色眼睛炯炯有神,很有一点魅力,因而也掩饰掉了一点他的粗俗相貌。他的表情愉快开朗,随和乐观。他精力充沛,如果你和他在一起,会觉得精神爽快。接下去,你可能会注意到他那双好看的手。这是他很引以为自豪的。它们就像主教的手,小小的,白皙而肥胖,指甲是玫瑰色的。如果你是在晚上碰到他的,那你会看到他穿着有金纽扣的蓝色上衣、白色细麻布内衣、黑裤子和白背心,脚上穿着黑色透孔丝袜和漆皮鞋,

第四章

手上戴着黄手套。不过,要是你在白天碰到他,那一定会觉得很惊讶,因为他这时穿着一件皱巴巴的旧上衣,裤子上泥迹斑斑,皮鞋也没擦过,头上还戴着一顶破旧的帽子。

他的同时代人都认为,他在这一时期还十分天真稚气,招人喜爱。乔治·桑①曾说,他笃实得几近羞怯,自信得几近吹牛,很豪爽,也很温厚,但有点古怪,不喝酒,工作起来毫无节制,既容易动情感又很理智,既讲究实际又时常耽于幻想,既轻信又多疑,既平易近人又令人费解。

巴尔扎克

二

巴尔扎克的祖上是农民,原姓巴尔沙,但他父亲是个颇有手段的律师,在大革命后平步青云,于是便改姓巴尔扎克②。这个老巴尔扎克和一个女继承人③结了婚,他们四个孩子中最大的一个、即未来的小说家奥诺雷·巴尔扎克,于一七九九年出生在图尔,当时老巴尔扎克正在那里的一家医院里当管理员。奥诺雷·巴尔扎克在学校里调皮捣蛋了几年后,就被父亲送到巴黎,并在那里进了一家律师事务所;三年后,他通

---

① 乔治·桑,笔名,原名阿曼蒂娜-奥萝尔-露茜·杜班,19世纪法国女作家,巴尔扎克的朋友。
② 巴尔沙是典型的平民姓氏,巴尔扎克则是贵族姓氏,法国历史上曾有过巴尔扎克家族。
③ 女继承人:即有遗产继承的女人。

过了律师考试,父母建议他把律师作为终身职业,但他公然违抗。他的理想是当个作家。为此家里爆发了一场可怕的争吵。最后,虽然母亲继续反对(他后来一直不喜欢他母亲,因为她太严厉,也太讲求实际),父亲却作出了让步,答应给他一次机会。于是,他开始独自生活。父亲给他的津贴只够勉强糊口,但他决心要试试运气。

他做的第一件事是写了一部关于克伦威尔①的悲剧。他把剧本念给全家人听,他们一致认为这个剧本一钱不值。他于是就把剧本寄给一位教授。教授的评语是,写这个剧本的人可以做其他任何事情,就是不要去搞创作。他又气愤又失望,但他下定决心:既然当不成悲剧诗人,就当小说家。他写了两三本小说,显然是学着瓦尔特·司各特②、安·雷特克利夫③和拜伦④的作品写的,而这时家里却对他作出决定,认为他的写作尝试已告失败,要他马上搭乘公共马车回家。老巴尔扎克此时已经退休,全家正住在离巴黎不远的一个叫维巴利西的小镇上。

他有个朋友,一个三流作家,前来看他,并怂恿他继续写小说。于是,他又写了起来。这样,一连串粗制滥造的东西从他笔下源源而出,有的是他独自写的,有的是和人合写的,还用了各种各样的假名。没人知道他在一八二一年到一八二五年之间到底写了多少本书。有的权威人士声称有五十本之多。这些书大多是历史小说,因为在当时,司各特的名声正如日中天,他显然是想借此赶时髦。不过,尽管他写的这些东西

---

① 克伦威尔,17世纪英国政治家、军事家、宗教领袖。17世纪英国清教革命迫使国王退位,建立共和国,克伦威尔任共和国"护国公",相当于现在的总统。
② 瓦尔特·司各特,18世纪末、19世纪初英国历史小说家。
③ 安·雷特克利夫,18世纪末、19世纪初英国哥特小说家。
④ 拜伦,18世纪末、19世纪初英国浪漫派诗人。

第 四 章

价值甚微,对他自己却很有用处:它们使他懂得了写小说必须要迅速转换情节才能把读者吸引住,必须采用人们最关心的那些主题,即爱情、财富、荣誉和生命。也许,它们还使他懂得(他的性格也使他意识到这一点),要使读者喜欢他的作品,他自己必须要有激情,不管他的激情多么浅薄、多么轻浮、多么矫揉造作,但只要有足够强烈的激情,读者总不免会有所感动的。

当巴尔扎克和家里人一起住在维巴利西镇时,邻居伯尔尼夫人和他很熟。她四十五岁,父亲是一个曾为玛丽·安托内万特①服务过的德国音乐家,丈夫多病易怒。她和丈夫生有八个孩子,还有一个私生子。她和巴尔扎克不久就成了朋友,后来又一度成为他的情妇,不过直到她十四年后去世,她始终是他的朋友。这是一种很奇怪的关系:他像爱情妇一样爱她,同时也从她那里接受他没能从母亲那里得到的抚爱;她不仅是他的情妇,也是他的忠实朋友,只要他需要,她总是无私地给他以忠告、鼓励、帮助和钟爱。

这件风流韵事在镇上引起了流言蜚语,老巴尔扎克夫人当然竭力反对自己的儿子去和一个跟他母亲差不多年纪的女人纠缠不清。再说,他写的书几乎没有收益,她还为他的前途担忧。这时,有个朋友建议他去经商,他觉得这想法不错。伯尔尼夫人慷慨相助,给了他四万五千法郎(当时约合九千美元,相当于现在的三万美元),他找了两个合伙人,就搞起出版、印刷和铸字业务来了。但他毫无经商的才能,只会胡乱花钱,甚至把他个人付给裁缝、鞋匠、珠宝商乃至洗衣工的钱也记在公司账上。这样不出三年,公司就停业清理了,欠下的五

---

① 玛丽·安托内万特,法国国王路易十六的王后。

万法郎的债,最后也只能由他母亲来偿还。不过,这段灾难性的经历却使他掌握了不少商业上的特殊知识,也懂得了不少人情世故。这对于他往后的小说创作来说是十分重要的。

三

经商失败后,巴尔扎克去了布列塔尼①的一个朋友那里。他的第一部严肃作品、也是他第一次署上真名的作品《舒昂党人》的素材,就是那里获得的。当时他正好三十岁,就从那时起一直到他去世为止,大约在二十一年间他几乎没有停止过创作。他写出的长、中、短篇小说数量惊人。每年,他都要写一至两部长篇小说、十几个中短篇小说。此外,他还写了许多剧本,这些剧本中的有一些从未被人接受,其余的也大多是可悲的失败之作。有一个时期,他还办了一份报纸,每周出两次,而且大部分稿件都由他自己撰写。

他非常喜欢记笔记,无论到哪里,身边总带着笔记本,只要遇上可能对他有用的事情,或者他自己头脑里产生了某种想法,或者听到别人的某种有趣的看法,他就把它记下来。他在故事中若要写到某种场景,只要有可能,他都要去作实地考察,有时不惜作长途旅行去看一看他要描绘的某条街道或者某所房子。我发现,他虽然像所有的小说家一样以自己熟悉的人作为模特儿,但总要在他们身上发挥自己的想象力,所以他的人物实际上是他的想象的产物。他对人物的名字十分讲究,常常为此绞尽脑汁,因为他觉得,人物的名字是和他们的性格及外貌息息相关的。

---

① 布列塔尼:法国西部的一个地区。

第四章

在写作时,他的生活很有规律,而且洁身自好。晚饭后不久,他就上床睡觉,到半夜一点由仆人把他叫醒。起床后,他穿上洁白的长袍(因为他相信,穿着干净的衣服对创作有利),然后就点起蜡烛,一边喝黑咖啡提神,一边用鹅毛笔疾书。到早晨七点,他放下笔去洗澡,然后躺下休息。大约在八点和九点之间,出版商把校样送来并从他那里取走部分手稿;这之后,他又开始工作,一直到中午。吃过一些煮鸡蛋、喝过一些水之后,他又喝大量的黑咖啡;接着,他继续工作到六点才吃晚饭。晚饭很简单,不过他总要喝一点伏芙列酒。若有朋友来访,大多也在这个时候,他和他们聊上一会后,就上床睡觉了。

他不是那种要把一切都考虑周全后才肯动笔的作家。他总是先写出粗略的草稿,然后在草稿上修改,往往增删得很多,甚至变换章节顺序,所以最后交给出版商的手稿总是涂改得难以辨认。等排出校样后,他仍然把它看作是未完成的手稿,还要在上面修改,不仅会增删词语、句子和段落,甚至会增删某些章节。经他改动过的校样再次排出后,他又要在上面修改。这之后,他才同意付印,但仍有附加条件,就是等书出版后,他还有可能要作进一步的修订。由于他一再修改校样,出版商就得增加开支,因此他和出版商之间经常发生争吵。

他长期和出版商或者编辑打交道,这方面的情况当然是很单调乏味的,不过我还是想尽量简短地谈几句,因为这和他的生活以及创作都有直接关系。他是不大讲商业信用的,经常为了预支稿费向某个出版商保证,在某某日期一定交出一部小说稿,然而当他把小说稿匆匆赶写出来之后,往往把自己作过的保证丢到一边,去找另一个出版商谈价钱了。由于他

不信守合同,他经常受到起诉,结果是他必须加倍赔偿。为了筹集赔偿费,他不得不到处借债,因为预支给他的稿费早被他用得一干二净了。只要和出版商签订了出书合同(有时虽签了合同,但他根本就没动笔)并得到大笔的预支稿费,他就马上搬进宽敞的住宅,花钱装修,甚至还要买一辆轻便马车和两匹马。他很热衷于布置房间,往往把自己的住处布置得富丽堂皇、庸俗不堪。他曾雇用过一个马夫、一个厨师和一个男仆,不仅为自己买了许多衣服,还要为马夫买号衣;他曾购入大批餐具,餐具上还要有贵族纹章,尽管这纹章根本不属于他,是属于历史上一个姓巴尔扎克的贵族世家的。他不仅僭取了这个贵族姓氏,自称有贵族血统,还在自己的姓氏前加上了贵族专用的冠词"德"。

为了支付奢华生活的费用,他还向妹妹、朋友和出版商借钱,而他签署的借据总是不断地展期。他债台高筑,却仍然不停地购买瓷器、家具、绘画、雕像和珠宝;他要印刷商用昂贵的摩洛哥羊皮装订他的书;他买了许多手杖,其中有一支上还镶有绿宝石。有一次他要举行宴会,不惜叫人把整个餐厅重新布置一下。我顺便说一下,他在独自用餐时吃得并不多,但在宴会上,胃口却大得出奇。有一个出版商说,他曾在一次宴会上亲眼看见巴尔扎克吃了一百个牡蛎、十二块炸肉排、一只鸭、一对鹧鸪、一条箬鳎鱼、几道甜点心和十几只梨。所以,不足为怪,他很快就成了一个大腹便便的胖子。

有时,由于债主逼债逼得太紧,他就只好把许多东西抵押出去;在他的住处,不时会有估价人进进出出——他们是奉债主之命来扣押、估价和拍卖他的家具的。他真是不可救药,借了钱还不知节制地、愚不可及地不断购进各种各样没用的东西。他是个不知耻的借债人,然而,出于对他的天才的钦佩,他的朋友都对他非常慷慨。通常,女人是不愿借钱给人的,但巴尔扎克自有办法从她们那儿借到钱。一个男子汉去向女人借钱总有失风度,巴尔扎克却不以为然,也从不为此感到丝毫内疚。

四

我们还记得,当初他经商失败后,是他母亲用自己为数不多的积蓄为他还清债务的;后来,由于给两个女儿办了嫁妆,他母亲剩下的唯一财产就是她买下的那幢房子了。最后,当她发现自己急需用钱而又一筹莫展时,就只好写信向她儿子求救。安德烈·比利①在他的《巴尔扎克传》里曾引用过这封信,现在我把它翻译出来:

> 我收到你的最后一封信是一八三四年十一月。信中你同意从一八三五年四月一日起每季度给我两百法郎付房租和女仆的工资。你知道,我不能过穷困的生活;你声名显赫,生活豪华,和我们的境况相比,真有天壤之别。你作出过允诺,我想这是你自愿承担的。现在已经是一八三七年四月,就是说你欠了我两年。你本应给我一千六百法郎,可你只在去年十一月给了我五百法郎,样子就像是冷冰冰的慈善施舍。奥诺雷,我这两年的生活就像一场噩梦,我的钱都用完了。我知道你会说你没有能力支援我,但我用房子作抵押所借的钱贬值了,现在我再也无法筹款,我所有值钱的东西都已典当出去;我已到了这

---

① 安德烈·比利,法国传记作家。

等田地,只好对你说:"给我面包,我的儿子。"我已经几个星期只吃面包了,那也是我那好女婿送给我的;但是,奥诺雷,不能老这样下去;既然你有能力作各种费钱的长途旅行,既花了钱又丢了面子——你回来后由于没能信守协议,你在这里的名声很不好——我一想到这些,心都要碎了!我的儿子,既然你能为自己付得起……情妇、镶嵌宝石的手杖、戒指、银器、家具,你母亲要求你遵守自己的诺言也不为过。我不到最后一刻是不会这样做的,现在这个时刻到了……

他对这封信的回答是:"我想,您最好来一次巴黎,让我们谈上个把小时。"

对此,我们有什么可说呢?他的传记作家说,天才有自己的权利,巴尔扎克的道德是不能用普通标准来衡量的。这是看法问题。我认为,最好承认他是个极端自私、不讲道德,同时又不够坦率的人。对他的大肆挥霍,人们的最好辩护是:他天生乐观,深信自己他的作品能赚到大钱(有一个时期他确实赚了不少);此外,他对生活中的偶然机会充满幻想,相信自己一定会有这样的机会大发横财。然而,每当他真的去从事某种投机事业时,结果总是债上加债。说实话,他要是真的很有节制、很有心计而且很俭朴的话,也就成不了这样一个作家了。他是个爱炫耀的人,喜欢奢华,不可能不花钱。他像头牛似的苦干,拼命写作,想挣钱还清债务。不幸的是,还没等他还清旧债,他又借上了新债。

有一个有趣的事实很值得注意,那就是:他只有在债务的压力下才能专心致志地写作。他一直写到脸色发白,疲惫不堪,而在这种情况下写出来的恰恰是他最好的作品;反之,如果有人能创造奇迹,使他不再身陷困境——即估价人不再打扰他,出版商不再起诉他——那么,他的创作活力很可能就会枯竭,再也写不出什么东西来了。

五

和任何成功一样,巴尔扎克在文学上的成功也给他带来了新朋友;他充沛的精力和欢快的情绪使他在巴黎各大沙龙中成了受人欢迎的座上宾。卡斯特利侯爵夫人是为他的声望所吸引的一位贵妇人,她的父亲是公爵,她的舅舅也是公爵,而且还是英国国王的直系后裔。她用假名给他写信,他回了信;她再次写信时透露了自己的身份。他去拜访她;他们的关系日益密切,不久他就每天都去看她。她肤色白皙,金发,长得花容月貌。他对她爱慕之至。他洒上香水,每天戴上新的黄手套;但这无济于事。他变得急躁不安,开始怀疑她只是在逗弄他。确实,她需要的是一个崇拜者,而不是一个情人。有一个聪明而且声名显赫的年轻人拜倒在她脚下,她当然万分得意,但她并不想做他的情妇。

她由她叔父费茨·詹姆斯公爵陪同前往意大利,途中在日内瓦稍作逗留,这时发生了危机。到底发生了什么,其实谁也不知道。巴尔扎克是和侯爵夫人一起去作这次短途旅行的,回来时他神情沮丧。这不难料想,他向她提出最后要求,而她断然拒绝了。他深感屈辱,既痛苦又愤慨,觉得上了大当,便独自返回巴黎。然而,他的小说家不是白当的;他的每次经历,甚至最丢脸的经历,最后都会成为他磨子里的面粉;卡斯特利侯爵夫人从此以后就出现在他的小说中,而且成了那种最轻佻、最放荡、最恶毒的贵族女性的典型。

就在巴尔扎克徒劳地追求卡斯特利侯爵夫人的同时,他收到一封来自敖德萨①的信。信写得热情洋溢,署名却是"一个外国女人"。过了一段时间,第二封有着同样署名的信又寄来了。于是,巴尔扎克就在一份可发行到俄国去的法文报纸上登了这样一条启事:"巴尔扎克先生已收到寄给他的信件,但直至今日仍不知该往何处复信,对此他深表遗憾。"写信的人是艾芙琳娜·韩斯卡夫人,一个家财万贯的波兰贵妇人。她三十二岁,已婚,丈夫的年龄比她大得多。她生过五个孩子,活下来的却只有一个女儿。她看到巴尔扎克的启事后,就着手安排,然后写信告诉他,如果他想给她写信的话,可以写给敖德萨的一个书商,由他转交给她。

这封信激发了巴尔扎克一生中最大的热情。他们开始相互通信,而且信的内容日趋亲昵。巴尔扎克用当时流行的那种夸张的笔调向她披露自己内心的情感,她则报之以同情和爱怜。她住在乌克兰一座巨大的城堡里,周围有五万公顷良田,然而她生性富于幻想,对单调的家庭生活深感厌倦。她崇拜这位作家,对他本人也产生了兴趣。他们相互通信几年后,韩斯卡夫人和她年老的丈夫一起带着女儿、家庭教师和一大群仆人前往瑞士纽夏尔特旅行;事前巴尔扎克已受到邀请,要他去纽夏尔特和她会面。他们的第一次见面很有点浪漫色彩。他到了他们约好的那个公园,只见一位夫人坐在长椅上读着一本书。她的一块手帕掉落到地上,他过去帮她捡起来,这时他发现她手里拿着的书正是他写的。他和她说话,原来她就是他要见的女人。

她是个漂亮华贵的妇人,体态丰腴,容貌娇媚,眼睛里秋波荡漾,还有一头秀发和一张可爱的小嘴;他呢,身体肥胖,脸

---

① 敖德萨:乌克兰南部城市。

第四章

色通红,看上去简直像个屠夫。这使她不免吃了一惊:难道那些热情洋溢而富有诗意的信,就是这个男人写的?好在他炯炯有神的眼神和充沛的精力使她十分喜欢。他很快就成了她的情人。过了几个星期,他必须返回巴黎。分手时他们约定,初冬时节再到日内瓦会面。他在圣诞节前抵达日内瓦,在那里和她一起度过了六个星期。在这期间,他还写了《德·朗日公爵夫人》。在这部作品中,他把卡斯特利夫人作为模特儿,大大地发泄一通心中的怨气。

回到巴黎后,他和一个叫吉多蓬妮·维斯孔蒂的伯爵夫人偶尔相遇。她是个碧眼金发、妖娆妩媚的英国女人,丈夫懒散而无能,她对他的不忠已是出了名的。巴尔扎克一下子就被这个女人迷住了。在他眼里,她是那样的温柔可爱。不久之后,就有好事者把他们的风流韵事登上了小报的头版,所以此时正在维也纳的韩斯卡夫人很快得知巴尔扎克已另有新欢。她写信痛责他,并宣布准备回乌克兰去,从此不再见他。这对他来说就如晴天霹雳,因为他一直算计着,等她丈夫一死,他就和她结婚,从而拥有她的百万家产。他借了两千法郎匆匆赶到维也纳去,想和她言归于好。他一路上自称是德·巴尔扎克侯爵,行李上印的是假纹章,还带了个贴身男仆,这就大大增加了旅途费用,因为他有此身份就不能讨价还价,给各种小费也得出手大方。所以,他到达维也纳时,已身无分文。韩斯卡夫人见了他更是大加责备,他只好百般辩解,想方设法消除她的怀疑,平息她的怒气。三个星期后,她回乌克兰去了。此后的八年间,他们一直没有见面。

六

巴尔扎克一回到巴黎,马上又投入了吉多蓬妮·维斯孔

蒂伯爵夫人的怀抱。为了她,他比先前更加奢侈无度。他因欠债而被拘捕,她付了一大笔钱才使他免于入狱。从那时起,每当他手头拮据时,她就不时地资助他。一八三六年,他的第一个情妇伯尔尼夫人去世。他悲痛欲绝,说她是他爱过的唯一的女人;但别人却说,她是唯一爱过他的女人。同年,碧眼金发的维斯孔蒂伯爵夫人告诉他,她怀孕了,孩子是他的。当这个孩子出生时,她的老好人丈夫说:"嗯,我知道夫人想要个私生子。这回她总算如愿了。"

顺便说一句,这位风流成性的伟大小说家和他的几个情妇总共生过四个孩子,一个男孩和三个女孩。他对这些孩子看来都毫无兴趣。他的情妇,除了上述几个,当然还有很多,但我只想提一下其中的一个叫爱琳娜·德·弗莱特的寡妇,因为她和卡斯特利侯爵夫人以及韩斯卡夫人一样,开始也是他的崇拜者。说来有点奇怪,他的五次主要恋爱事件中有三次都是这样开始的。他的恋爱往往有始无终,原因大概也就在于此。因为当一个女人被一个男人的名气所吸引时,她更多的是想从他们的艳遇获得好处,而不大会有真正的爱情,也不会有任何无私、崇高的感情。爱琳娜就是这样一个受过挫折、却又好出风头的女人,她抓住这一机会满足了自己虚荣心。她和巴尔扎克风流一场,不久便不欢而散了,原因好像是巴尔扎克向她借了一万法郎,为此两人发生了争执。

巴尔扎克久久期盼着的时刻终于到了。韩斯卡先生于一八四二年去世。他的梦想终于要成真了!他终于要成为富翁了!他终于将摆脱那些还不清的债务了!艾芙琳娜通知他,她丈夫已经去世。然而,紧接着的一封信却告诉他,她不打算和他结婚,因为她不能宽恕他的不忠行为,也不能容忍他的挥霍习性和他的债务。他绝望了。他想到,在维也纳时她曾对

第 四 章

他说,她并不期望他在肉体上对她忠实,只要占有他的心。是的,她一直占有着他的心。他对她的言而无信感到愤愤不平。最后,他得出结论,只有见到她,才能重新赢得她。于是,经过几次通信,尽管她仍很勉强,他还是动身到圣彼得堡去了——当时她正住在那里。那时他四十三岁,她四十二岁,都到了发福的中年。他的估计不错,和他在一起,她就变得顺从多了。他们重叙旧情,又成了一对情人。她又答应和他结婚了。

但是,直到七年后,她才真正履行诺言。传记作家对此都大感不解:她为什么要犹豫那么长时间?其实,理由不难找到:她是位贵妇人,以自己的高贵门第而自豪;她可能觉得,当初做一个名作家的情妇是一回事,现在要做一个粗俗的暴发户的妻子则是另一回事。再说,她的家庭也一定会出于门户之见竭力阻止她去缔结这样一桩婚姻。她还有一个尚未出嫁的女儿,她不能不考虑女儿往后的社会地位和境况。还有,巴尔扎克的挥霍无度是出了名的,她当然要担心他在婚后会把她的财产挥霍一空。她完全知道,他一直在觊觎她的钱财,若和他结婚,他就不只是在她的钱包里掏一下,而是要把双手伸进来大把大把地抓取了。她非常富有,她自己也很奢侈,但为自己的享乐花钱和把钱给别人去挥霍,毕竟是不同的。

然而,真正使人奇怪的倒不是她拖了那么长时间才和巴尔扎克结婚,而是她最后还是和他结了婚。在这期间,他们经常会面,其结果是她怀孕了。他当然感到高兴,不是因为有了孩子,而是因为他觉得自己终于占了上风。于是,他要求她马上和他结婚,但她仍下不了决心,就写信告诉他,为了节省开支,她准备回乌克兰去生孩子,结婚的事等孩子生下来之后再说。但孩子生下来就死了。这事发生在一八四五年,也可能是一八四六年。反正到一八五○年,她终于嫁给了他。他去

乌克兰和她一起度过了冬天,婚礼也是在那里举行的。

为什么她最终同意了呢?也许是这样的:巴尔扎克因长期从事艰苦的写作,本来很健壮的身体渐渐变得虚弱,后来在很短的时间里,他的健康状况就恶化了。就在他去乌克兰的那年冬天,他病得非常厉害,虽然后来病情有所好转,但情况很明显,他活不长了。也许就是出于对一个垂死的人产生了怜悯之情,她才同意和他结婚。尽管这个人不忠实,但他毕竟真心诚意地爱了她这么多年。再说,她是个虔诚的信徒,很可能她的忏悔神父曾劝过她,要她把这种有背习俗的状况合法化。总之,她和他结了婚,一起返回巴黎。他用她的钱买下一幢住宅,布置得非常豪华。她把巨大家产都给了她女儿,自己只留下一笔为数不多的年金。对此,巴尔扎克或许感到很失望,但他至少没有表现出来。

说来令人痛惜,经过这么多年的等待,巴尔扎克终于实现自己的梦想,然而婚姻却并不美满。艾芙琳娜没有使他得到幸福。他再次病倒,而且一病不起。他于一八五〇年八月十七日去世。艾芙琳娜悲痛欲绝,在给朋友的信中说,她已无所留恋,只想到另一个世界去和丈夫会面。然而,她不久就有了情人,是一个叫桑·奇古的画家,此人长得丑陋,绰号叫"灰虱",而且显然不是一个好画家。

七

乔治·桑曾不无道理地说过,巴尔扎克写的每一本书,实际上都是一部巨著里的一页,倘若去掉某一页,这部巨著就不再完美了。一八三三年,巴尔扎克萌发了一个想法,就是把自己所有的作品合为一部著作,取名《人间喜剧》。当这个念头

第四章

闪过脑海时,他跑去见他的妹妹。"祝贺我吧,"他高喊道,"因为我显然已经踏上成为天才的道路了。"他是这样描述自己内心想法的:

> 法国的社会生活是属于史学家的,而我只要做一名书记员,通过列举大量的善恶、汇集重要的情感事实、刻画各色人物、选取社会生活中的主要事件、集相似之人的特点于一身创造类型,或许我就可以书写被众多史学家所遗忘的历史,也就是风俗史。

这一计划可谓雄心勃勃,他在世的时候并未完成。其遗著中的某些篇幅,虽说必不可少,却显然不如其他部分来得有趣。撰写如此一部皇皇巨著,这也在所难免。不过,在巴尔扎克几乎所有的小说当中,总有那么两三个为单纯而原始的欲念所左右的人物显得异常醒目突出。他的才能就体现在对这些人物的刻画上,而当他处理稍显复杂的人物时,就略逊一筹了。在他所有的小说中,几乎都有深刻有力的场景描写,其中几部还有引人入胜的故事情节。

巴尔扎克留下了大量作品,我们很难说哪一部是最具代表性的。不过,出于几方面的原因,我还是选择了《高老头》作为他的代表作。这部小说的故事,从头到尾都趣味盎然。巴尔扎克在有些小说中常常会中断故事去发各种各样的议论,但《高老头》总的来说没有这种缺陷。人物的思想是通过人物自身的言语和行动客观地表现出来的。此外,《高老头》的构思也相当巧妙,小说中的两条线索令人信服地相互交织在一起:一条是高老头的父爱线索,表现出他对两个忘恩负义的女儿的一片痴情;另一条是拉斯蒂涅的闯荡线索,表现出他想

《高老头》

在灯红酒绿的巴黎一显身手的勃勃野心。

《高老头》的有趣之处还在于,巴尔扎克在这里首次使用了他那种独特的方法,就是让同一个人物在几部小说中反复出现。要这样做是很困难的,因为你必须把人物塑造得足以吸引读者,使他们渴望了解那个人物往后的经历。在这方面,巴尔扎克异乎寻常地获得了成功。就拿我来说吧,当我读着这部小说时,就非常想了解某些人物的将来,譬如拉斯蒂涅,由于我对他的将来深感兴趣,读的时候也就特别有味。这种方法很有用,可以节省作家的创造力。不过,我觉得巴尔扎克并不是出于这样的考虑才采用这种方法的,因为他无须节省创造力,他的创造力几乎是无穷无尽的。我认为,他是觉得这样可以使他的人物显得更为真实,因为在现实生活中就是这样的:我们熟悉的人,也就是我们反复见到人。此外,更重要的是,他觉得这样有利于他把全部作品编织成一个包罗万象的整体,因为他想描写的不仅仅是一小批人或者某个阶层的人,甚至都不是一个社会,而是整整一个时代,或者说,一种文明。显然,他和他的同胞们一样,抱有一种错误观念,即认为:不管遇到怎样的灾难,法国永远是世界的中心。也许,就是出于这一观念,他很自信地认为自己有能力创造一个丰富多彩的世界,也有能力赋予这个世界以生命,使它活生生地展现出来。

不过,这就要涉及整个《人间喜剧》了,而我只想谈谈《高老头》。我相信,巴尔扎克是第一个用公寓作为故事背景的小说家。在他之后,人们就经常这样做了,因为这样可以使小说家很方便地把各样身世不同的人物放到一起来描写。但我不知道,还有谁曾在自己的作品中能像《高老头》那样成功地运用这种背景。

巴尔扎克的小说开始时总是进展得很慢。他一开始总要详细描写故事发生的那个地方。他显然偏爱这种环境描写,所以他告诉你的总比你想知道的要多;他好像从来没有学会只说必须说的话而不说不必要的话。接着,他还要把人物的外貌、脾气、出身、习惯和缺点都告诉你,在这之后,他才开始讲故事。他在人物身上置入了他自己的活跃个性,因而他们并不像现实生活的人那样真实;他们是用浓郁的色调描绘出来的,很显眼,但有时会显得过于花哨,而且紧张、兴奋得不同寻常;尽管如此,他们却是活生生的,很容易使人信以为真。我想,之所以会这样,是因为巴尔扎克自己对他们也是信以为真的。譬如,在他的好几部小说中都出现过一个叫皮尔训的聪明能干的医生,他在临终时就喊着这个人物的名字:"快把皮尔训叫来!皮尔训会救我的!"

还有一点也值得注意,那就是我们在《高老头》中初次遇见了巴尔扎克笔下的一个最令人毛骨悚然的人物——伏脱冷。这种类型的人物虽然已成俗套,但从未有人把他写得如此生动、如此真实。伏脱冷老谋深算、精力过人而且坚韧不拔,但值得注意的是,巴尔扎克在这部作品中一直没有泄露这个人物的秘密,只是巧妙地暗示出,在他身上有某种阴险邪恶的东西。他看上去既温和又慷慨,既健壮又聪明,而且还很有耐心；你不仅会同情他，而且会佩服他，然而又不可思议地会觉得他有点可怕。像小说中那个出生于外省、却野心勃勃地想在巴黎闯荡的年轻人拉斯蒂涅一样，你会被他强烈地吸引住；同时，你也会像拉斯蒂涅一样本能地感觉到不自在。伏脱冷虽然像是个情节剧里的人物，却是巴尔扎克的一个了不起的创造。

一般认为，巴尔扎克的文笔并不精美。他为人粗俗（其实粗俗也是他的天才的一部分，是不是？），文笔也很粗俗，往往写得冗长啰唆、矫揉造作而且经常用词不当。著名批评家埃米利·吉盖曾在一本专著中用整整一章的篇幅，专门讨论巴尔扎克在趣味、文笔和语法等方面的缺陷。确实，他的有些缺陷是相当明显的，即使没有高深的法语知识的人，也能一眼看出来。这实在令人惊讶。据说，查尔斯·狄更斯的英语文笔也不太好，而有个很有语言修养的俄国人曾告诉我说，托尔斯泰和陀思妥耶夫斯基的俄语文笔也不怎么样，往往写得很随意，很粗糙。世界上迄今最伟大的四位小说家，竟然在使用各自的语言时文笔都很糟糕，真是叫人瞠目结舌。看来，文笔精美并不是小说家应有的基本素养；更为重要的是要有充沛的精力、丰富的想象力、大胆的创造力、敏锐的观察力，以及对人性的关注、认识和理解。但不管怎么说，文笔精美总比文笔糟糕要好。

第五章
狄更斯与
《大卫·科波菲尔》①

一

查尔斯·狄更斯身材矮小，但相貌不凡，伦敦国立人物肖像陈列馆里有一幅他的画像，是麦克里斯②在狄更斯二十七岁时为他画的。画面上，狄更斯坐在书桌边的一把豪华靠椅里，一只细巧的手优雅地搁在一份手稿上。他衣着讲究，还戴着宽大的缎制领饰。他有一头棕褐色的卷发，鬓角很长，飘垂在脸的两边，刚好遮住双耳，看上去很潇洒。他脸形稍长，脸色有些苍白，

---

① 《大卫·科波菲尔》(*David Cop perfield*)，19世纪英国作家查尔斯·狄更斯(Charles Dickens 1812—1870)所著长篇小说。小说主题是：人间纵有苦难，纵有残忍与欺诈，但也总有仁慈与爱情。主要情节是：大卫·科波菲尔一来到人间，就没有了父亲，他在母亲及女仆辟果提的照顾下长大。继父摩德斯视其为累赘，将大卫送到辟果提的哥哥家里，和他收养的两个孤儿爱弥丽和海穆一起生活。母亲去世后，生性怪僻但心地善良的贝西姨婆收留了大卫，出资供他上学深造。这期间，大卫与律师威克菲尔的女儿艾格妮丝结下情谊。中学毕业后，大卫在斯本罗律师事务所任见习生，看到了卑鄙小人西普在金钱诱惑下一步步堕落，终入法网。其时，已与海穆订婚的爱弥丽经受不住金钱的诱惑，与一个阔少爷私奔了。不久，大卫与斯本罗律师的女儿朵拉结婚，可惜婚后生活并不幸福。后来，爱弥丽被抛弃了，海穆也死了，爱弥丽怀念海穆，终身未再嫁。大卫成了作家，朵拉因病离开人世，满怀悲痛的大卫出国旅行。这期间，艾格妮丝始终支持着他。大卫回到英国后，与艾格妮丝结为夫妻，与贝西姨婆和辟果提幸福地生活在一起。

② 麦克里斯，19世纪英国肖像画家。

狄更斯

但目光炯炯,加上一副沉思默想的神情,其年轻大作家形象正合崇拜者们的心意。他时常摆出一副纨绔子弟或者说追求时髦的派头。他年轻时喜欢穿花哨的天鹅绒上衣,戴艳丽的领饰和白色的礼帽。遗憾的是,他从来也没有获得过他自己预想的效果。他的这副打扮让人觉得古怪,甚至有点惊讶,因为他的服饰实在和他的为人太不相符。

他的祖父威廉·狄更斯早先是查斯特尔市议员约翰·克罗尔家里的仆人,娶了一个女仆为妻,最后又成了管家。老威廉有两个儿子,小威廉与约翰。不过,我们现在只对约翰感兴趣,因为他既是英国最伟大的小说家的父亲,又是他儿子笔下最出色的人物形象——米考伯先生的原型。约翰刚出生,老威廉就死了。他们的母亲仍在克罗尔家里当女仆,一直干了三十五年,而且还当上了女管家。此后,主人为她提供养老金,而在她当管家期间,主人还出钱让她的两个儿子受到了教育。小儿子约翰经主人推荐在军需处得到一个职位后,很快就认识了一个同事,不久又和这个同事的妹妹伊丽莎白·巴鲁结了婚。在人们眼里,约翰是个穿着入时、总喜欢摆弄怀表的小公务员。他看来很喜欢喝酒,因为他曾卷入过一宗贩酒案,为此还在狱中度过了一段时间。他婚后不久便负债累累,而且仍不停地到处向人借钱。

他们的第二个孩子——查尔斯·狄更斯,于一八一二年

第 五 章

出生在普特希镇。两年后,约翰被调往伦敦。他们一家在伦敦住了三年后,又迁往查特姆。就是在查特姆,小查尔斯开始上学读书。他父亲有一些藏书,虽然数量不多,但其中倒有像《汤姆·琼斯》①《威克菲牧师传》②《吉尔·布拉斯》③《堂吉诃德》④《蓝登传》⑤和《小癞子》⑥这样的好书。这些书,小查尔斯不止读过一遍,至于它们对他的巨大影响,我们可以从他后来的小说创作中分明看出。

小查尔斯在学校读书读到十五岁后,就到一家法律事务所去当了见习生。但他在那里只干了几个星期,父亲就把他送到另一家法律事务所,在那里他当上了一名周薪十五先令的小职员。他在业余时间学习速记,仅用了十八个月他就在民法博士会长老法庭谋到了速记员的职位。二十岁时,他又获得议会速记员资格,同时作为一家报纸的记者专门报道下议院的情况。他常坐在旁听席上,被认为是一名"又快又好的速记员"。这时,他爱上了银行经理的女儿玛丽亚·比德奈尔,一个多情而轻浮的姑娘。很可能,是她先对查尔斯·狄更斯调情的。他们的关系甚至到了很亲密的程度,她仍然没有把它当一回事。她只是喜欢被人恭维,喜欢有个情人陪她玩玩,根本就没有考虑过要嫁给这个一文不名的查尔斯·狄更斯。所以,不到两年,他们的恋爱就告吹了。两人还一本正经地互相退还了礼物。狄更斯非常伤心,因为他是真心爱玛丽

---

① 《汤姆·琼斯》:18世纪英国小说家菲尔丁的长篇小说。
② 《威克菲牧师传》:18世纪英国小说家哥尔斯密的长篇小说。
③ 《吉尔·布拉斯》:18世纪法国小说家勒萨日的长篇小说。
④ 《堂吉诃德》:16世纪西班牙作家塞万提斯的长篇骑士小说。
⑤ 《蓝登传》:18世纪英国小说家斯摩莱特的长篇小说。
⑥ 《小癞子》:原名《托美思河的小拉撒路》,16世纪中期西班牙流浪汉小说,作者不详。

亚的。后来,在《大卫·科波菲尔》里,玛丽亚就成了大卫的"孩儿妻"朵拉。在狄更斯刚完成这部小说时,就有一个女友问过他,他是否真的"非常、非常爱她"。他回答说:"世上没有一个女人,也很少有男人,能理解这种爱究竟有多深。"他们分手许多年后才相见,玛丽亚·比德奈尔和狄更斯夫妇一起吃了一顿饭。但是今非昔比,此时狄更斯已是大名鼎鼎的小说家,玛丽亚则成了一个肥胖、平庸、笨拙的家庭主妇。于是,她又被狄更斯写进小说,成了《小杜丽》中的芙洛拉·费因钦。

二十二岁时,查尔斯·狄更斯每周已经能挣到五英镑五先令。为了离报社近一点,他搬到河滨街附近的一条很脏的小路上去住。很快他就觉得不满意了,于是便在弗涅伏尔客栈租下一间不带家具的房间。不幸的是,还没等他安置好家具,他父亲又因债务而入狱。为了维持父亲的狱中生活,他不得不解囊相助。父亲一时出不了狱,他找了一处便宜的房子把全家安顿下来,他自己则和由他抚养的弟弟弗雷德里希一起住在弗涅伏尔客栈四楼的一间后房里。"由于他为人坦率、慷慨大方,而且遇事总能逢凶化吉,因此在他家里,以及后来又在他妻子家里,便形成了这样一种习惯,那就是没出息的人总找他资助,还要他帮忙谋取职位。"(引自恩娜·波普-亨奈希的《查尔斯·狄更斯》)

二

他在下议院的旁听席上工作了大约一年后,开始写一组描写伦敦生活的随笔。第一篇作品发表在《月刊》杂志上,后来又在《晨报》上陆续发表作品。他虽然没有得到多少稿费,但开始引起人们的注意。当时,英国有一种风气,人们喜欢看

第 五 章

一些表现奇闻逸事的小说。这类小说大多发表在一先令一份的月刊上，往往还配上有趣的插图。因此，出版商经常约请一些稍有名气的作家和画家撰文配画。这就是今天仍受大众欢迎的报纸滑稽栏目的早期形式。有一天，查普曼·豪尔出版公司的一个合伙人找到狄更斯，请他为一位名画家画的一组描写一家体育爱好者俱乐部的连环画配上文字。他答应每月付十四英镑，杂志发行时再外加少许酬金。狄更斯开始说他根本不懂体育，无法撰写这样的稿子，但后来由于"酬金的诱惑力太大，他终于没能抵挡住"。虽然我不能说《匹克威克外传》就是这样产生的，但我至少可以说，这部名作就是在这样一种不寻常的情况下产生的。狄更斯最初的五篇连载故事发表后并不怎么成功，但是当山姆·维勒在故事里出现后，杂志发行量便一下子上升了。后来，这些故事汇集成书出版，大受读者欢迎，狄更斯一举成名，当时他才二十二岁。尽管批评界对他仍持保留态度，但他声誉鹊起，读者对他推崇备至。当时的《评论季刊》曾对他作过这样的预测："根本无须天才也能预知他的命运——他像火箭一样升上天，将像棍子一样栽下来。"确实，纵观狄更斯的整个创作生涯，我们处处可以发现这种情况：大众读他的作品读得如醉如痴，批评家则一味地吹毛求疵。看来，当时的批评界也像现在一样浅薄。

一八三六年，就在连载小说《匹克威克外传》的第一篇发表前几天，狄更斯和凯特·霍格斯结了婚。他的岳父乔治·霍格斯是他在报社工作时的同事，有六个儿子和八个女儿。女儿们个个长得娇小而丰满，碧眼金发，脸色红润。大女儿凯特是当时唯一已到结婚年龄的姑娘，也许就是出于这个原因，狄更斯才娶了她，而没有娶她妹妹中的某一个。他们度过短暂的蜜月后，便在弗尼伏尔客栈住下，并邀请凯特的妹妹——

十六岁的玛丽·霍格斯——和他们同住。玛丽活泼可爱,狄更斯渐渐爱上了她,尤其是当凯特因怀孕而不在他身边时,他更是整日与玛丽相伴。这时,他已得到撰写另一部长篇小说即《奥列佛·退斯特》的合同,但在他动笔写这部新作的同时,他仍要继续写按月连载的《匹克威克外传》。于是,他就把每月的时间一分为二,上半个月写《奥列佛·退斯特》,下半个月写《匹克威克外传》。绝大多数小说家都需全神贯注地创作一部作品,根本不可能有什么余暇再去考虑第二部作品,但狄更斯却能毫不费劲地跳来跳去,同时创作两部作品。他的这种特殊才能,确实是大多数小说家所没有的。

三

凯特生下了孩子,她一直想多生几个孩子,而此时,他们已搬出客栈,迁居到了道蒂大街。玛丽也越长越可爱了。五月的一个夜晚,狄更斯带着凯特和玛丽一起去看戏。戏演得很精彩,回家途中三个人都很兴奋。不料,玛丽却突然病倒了。虽然很快就请来了医生,但没过几个小时,她就死了。狄更斯从她手上取下一枚戒指戴在自己手上,此后他就一直戴着这枚戒指,直到去世。玛丽的死使他悲痛欲绝。他曾在日记中这样写道:"假如她——这样一个活泼、可爱、迷人的朋友,这样一个我过去不曾、将来也不会遇到的、能和我分担忧愁而且能理解我种种情感的人——还能活在我们身边,我愿意为这种欢乐而放弃我的一切。然而,她去了。我恳求仁慈的上帝,让我与她同去吧!"他还打算,自己死后就葬在玛丽的旁边。

玛丽之死引起的悲恸,使再次怀孕的凯特不幸流产。等

第 五 章

她康复后,狄更斯和她一起到国外作了一次短暂的旅行,以使自己从痛苦中解脱出来。到了六月底,他总算恢复过来,甚至又可以和其他年轻女子逗乐了。

成就卓著的文学家的生活,并不一定都是饶有趣味的。狄更斯的生活往往是按某种模式进行的。他的职业要求他每天工作若干小时,而且还得有一套适合于他的工作程序。他时常要和那些文学界、艺术界的上流人物应酬,还要和那些贵妇人交际。他要出席别人的宴会,自己也要设宴回请。他要外出旅行,要在公开场合亮相。大体说来,这就是狄更斯的生活模式,尽管他的幸运和成功几乎没有哪个作家能与之相比。

他生来喜欢戏剧,实际上他还曾认真考虑过是否要去当一名演员。他背诵台词,还专门向一个演员请教发声法。他时常对着镜子练习上台、坐下和鞠躬等舞台动作,而这方面的造诣,确实使他在出入上流社会时得益匪浅。尽管喜欢吹毛求疵的人总嫌他衣着花哨、举止粗俗,但是他的相貌和眼神、横溢的才华和充沛的精力,还有爽朗的笑声,不管怎么说,总是富有魅力。许许多多的人恭维他、奉承他,但他的头脑还算清醒,从未被人弄得飘飘然。

使人觉得奇怪的倒是,他虽然有敏锐的观察力,后来对上流社会的语言也相当熟悉,但是在他的小说中却从来没有成功地塑造出任何真实可信的、属于上流社会的人物。他描写牧师和医生,显然不及他描写律师及其助手那样真实,那样生动。这是因为,早年他在律师事务所当小职员,以及后来在民法博士院当速记时,甚至在他穷苦的童年时代,他就非常熟悉律师之类的人了。如此看来,小说家似乎只有把自己从小熟悉的人作为原型,才有可能创造出鲜明的人物形象。我们常会感觉到,自己在童年和少年时代度过的一年,似乎要比成年

之后度过的一年来得丰富多彩；我们也常常会把自己熟悉的那些人看作是整个世界。对于那些人，我们本来是可以彻底了解他们的内心的，只是后来不知怎么搞的，我们只了解了他们一些表面的东西。这对于一般人来说是无所谓的，但对于小说家来说，却至关重要。狄更斯就遇到了这样一种不利情况，那就是他有时不得不进入某个不属于他的世界。他对那里的生活不甚了了，那里的一切都和他自己熟悉的世界截然不同，于是他便失去了汲取创作灵感的源泉。有幸的是，他对自己早年丰富多彩的生活有深切感受，他可以在后来所遇到的男男女女中进行选择，只挑选某些人物，用他自己独特的方式加以处理。

他是个非常勤奋的作家，时常是一部作品尚未完成，第二部作品就已经动手写了。他一边写作，一边还要密切关注读者对杂志的反应，因为他的大部分小说最初都是在杂志上连载的。人们对他的《马丁·朱述尔维特》为什么会在美国出版一直很感兴趣。殊不知，这部小说最初也是在英国的一份杂志上连载的，只是后来狄更斯得知杂志销量下跌，读者对他的这部连载小说不像以前那样感兴趣了，他才考虑把小说拿到美国去出版。他不属于那种把作品畅销视为不光彩的作家。他的勤奋多产没有使他筋疲力尽。除了写作，他还创办并主持了三份周刊，同时又以极大的热情从事其他爱好。他可以毫不费劲地一天步行二十英里；他骑马、跳舞，还喜欢各种各样的玩耍。他在业余剧团演戏，甚至变魔术给孩子们看。他出席宴会，到处演讲，还慷慨大方地设宴招待客人。

有了钱，狄更斯一家便立刻搬进伦敦豪华区的一幢住宅，还从大商行定购了成套家具，精心布置客厅和卧室。地板上铺着厚厚的地毯，窗前垂挂着绣花的帷帘。他雇用了一个手

第 五 章

艺不错的厨师,还雇用了三个女仆和一个男仆。他和妻子各有一辆自备马车,家里经常是晚宴不断,高朋满座。他的奢侈铺张,曾使托马斯·卡莱尔①的夫人感到震惊,甚至连杰弗里爵士到他家赴宴后,也在给朋友科克彭的信中说:"这样的晚宴,对于一个刚刚富起来而且有家有室的人来说,实在是太铺张浪费了。"所有这一切,都需要大笔大笔的钱。除此之外,狄更斯还有其他开销:他的父亲和一些亲属的生活全都由他负担,而且还得长期负担下去。老约翰②生性浪荡,在他的所作所为中,最使他这个出了名的儿子感到难堪的事情,就是他老是用儿子的名义向人借钱,甚至偷偷地把儿子的手迹和手稿拿去卖掉。狄更斯不久便得出结论:除非让那些人统统搬出伦敦,否则他将永远不得安宁。于是,他不管他们怎样抱怨,在靠近艾塞克斯的奥芬顿镇上找了一幢房子,要他们搬到那里去住。与此同时,他创办了一份名为《汉佛瑞少爷之钟》的刊物,其部分目的就是想挣钱来对付家里的大笔开销。为了给刊物打开销路,他开始写《老古玩店》并在刊物上连载。小说大获成功,一时间人人都在谈论它,连康奈尔、柯勒律治、杰弗里勋爵和卡莱尔这样的大文人也被这部小说的哀婉伤感之情所打动。甚至远在纽约,人们都聚集在码头上等着装有这份刊物的客轮进港,而且当客轮徐徐靠岸时,他们就迫不及待地大声喊:"小耐儿有没有死?"

一八四二年,狄更斯夫妇去美国访问,临行前他们把四个孩子交托给凯特的妹妹乔治娜照看。虽然迄今为止,还没有哪个英国作家能像狄更斯那样生前就声名远扬,但是他的美国之行却并不尽如人意。这是因为,那时的美国人对欧洲人

---

① 托马斯·卡莱尔,19世纪英国著名历史学家、作家。
② 老约翰,即约翰·狄更斯,查尔斯·狄更斯的父亲。

仍时时抱有戒心,尤其是对任何批评美国的言论都极为敏感。他们的新闻界和出版界肆无忌惮地侵犯"新闻人物"的隐私权。当时的美国新闻媒介固然也把外国著名人士的来访视为好事,但是只要他们不愿像动物园里的猴子那样被人耍弄而稍稍表示不满,马上就会被说成是自以为是、自高自大。美国的言论自由是不能伤害他人感情或者有损他人利益的。在那里,人人有权表达自己的观点,但前提是不反对别人的观点。对这些情况,狄更斯一无所知,于是就不免出错。美国当时还没有加入国际版权公约,所以不仅英国作家的作品在那里得不到保护,而且使美国自己的作家也受到损害,因为出版商大肆出版无须支付稿酬的英国作品,需付稿酬的美国作品就不太愿意出版了。狄更斯在欢迎他的宴会上发表演说时,便提出了这一问题。他这样做显然是不明智的。他的演说随即引起一片哗然,报纸上干脆把他说成是个"唯利是图的小人,毫无绅士风度"。尽管他处处仍有崇拜者簇拥,在费城还花了足足两小时和那些前来向他致敬的崇拜者一一握手;尽管那些争着想从他那儿得到纪念品的崇拜者把他身上的新大衣撕成了碎片,但是就他个人形象而言,这次访问并不算成功。因为虽有许多人为他英俊的外貌和充沛的活力所吸引,但仍有为数不少的人认为他缺乏男子气,认为他的服饰、戒指和钻石别针俗不可耐,甚至认为他举止粗俗,有欠修养。不过,他在那里还是结识了一些朋友,而且后来一直和他们保持着很好的关系。

四

在美国度过了繁忙而使人筋疲力尽的四个多月后,狄更斯夫妇回到英国。孩子们在姨妈乔治娜的照顾下生活得很

第 五 章

好。疲惫不堪的狄更斯夫妇恳求乔治娜和他们同住,帮助他们料理家务。乔治娜此时十六岁,刚好和玛丽初到弗尼伏尔客栈时一样年龄。她和玛丽长得很像,所以从某种意义上说,她是又一个玛丽。凯特这时又在盘算着生孩子了。乔治娜长得娇小可爱而且和蔼可亲,她还善于模仿别人的动作,常把狄更斯逗得捧腹大笑。于是乎,"一直思念着玛丽并把这种思念看得就像自己的'心脏搏动'一样重要的狄更斯,从乔治娜身上看到了玛丽的身影,他发现时光似乎在倒流,便更加觉得'过去与现在是难以分割的'"。(引自恩娜·波普-亨奈希的《查尔斯·狄更斯》)

狄更斯曾忍受过长期的贫困,所以一旦有了钱,他就想过过豪华的生活。但不久,他便发现自己已经债台高筑了。他决定把住宅租出去,自己到意大利去住,因为那里的生活比较省钱。他在意大利度过了一年,大部分时间住在热那亚。他饱览了意大利半岛的旖旎风光。但是,由于想使自己在精神上更为充实,他一直专心致志地读书,再加上他不自觉地总会显露出岛国人的褊狭性格,所以他并没有结交意大利朋友,始终只是个典型的英国旅居者。不过,尽管如此,他还是结识了一位旅居热那亚的瑞士贵妇人,即德·拉·赫伊夫人,并和她友情甚笃。这位夫人的丈夫是瑞士银行家,她当时似乎正为自己的妄想症而苦恼。狄更斯一直对催眠术颇有兴趣,于是便向她保证,只要给她施用催眠术,便能解除她的苦恼。他们天天见面,甚至一天两次,说是为了施用催眠术。对此,凯特深感不安。在他们旅行时,德·拉·赫伊夫人处处跟随着狄更斯一家。后来,狄更斯的催眠术终于使德·拉·赫伊夫人恢复了健康,而凯特,直到他们一家回到英国后才如释重负。

凯特是个性情温和、气质忧郁的女人。她很固执,既不喜欢跟随丈夫旅行和赴宴,也不喜欢作为女主人在家里设宴待客。她既没有迷人的姿色,又显得笨手笨脚。所以,那些常与狄更斯交往的名流要人很快就发现,要和乏味的狄更斯夫人打交道实在是件令人讨厌的事。有些人甚至认为她是个废物。确实,做名人的妻子不容易,除非她足够老练或者富有幽默感,否则就难以胜任。凯特既不善于交际,又没有幽默感。她生来就不是那种性格的女人。但是,如果她非常爱自己丈夫的话,这些也算不了什么。不幸的是,凯特似乎从未真正爱过狄更斯。早在他们订婚期间,狄更斯就在信中抱怨过她的冷漠。她之所以嫁给他,原因大概就是女人总得嫁人,也可能因为她是八个女儿中最年长的,父母便把第一个求婚者安排给她了。总之,她善良、文雅、娇弱,却没有必要的修养和才能与丈夫的显赫地位相匹配。

与此同时,乔治娜在狄更斯家里占据了玛丽曾占据过的位置。随着时间的推移,狄更斯越来越离不开她了。他们一起长时间地散步,一起商量他的写作计划。她还充当他的秘书。国外生活的惬意和便宜使狄更斯尝到了甜头,他就开始较长时间地在国外逗留。乔治娜曾随他们一家去过意大利,后来又去了瑞士洛桑、法国的布伦港和巴黎。有一次,他们计划在巴黎住一段时间,于是她便单独和狄更斯一起先到巴黎找了一套公寓住下,等他们把一切安排就绪后再通知凯特,让她带着孩子离开英国。还有,在凯特怀孕期间,乔治娜总是随狄更斯一起外出旅行或者参加宴会,家里设宴招待客人,也由她代替凯特主持家宴。有人可能会以为,凯特对此一定会很不高兴。其实不然,她从未流露过任何不满情绪。

五

　　岁月转眼即逝,到一八五七年,查尔斯·狄更斯年满四十五岁,此时他已成为英国最有声望的作家,同时又是享有盛誉的社会改革家。在公众眼里,他的生活富有戏剧性。他的孩子也已长大成人。这时,发生了一件意想不到的事。他喜欢演戏,有时为慈善事业义演,经常在一些戏中担任业余演员。这一年,他应邀到曼彻斯特去演出《结冰的深渊》。这出戏是维基·柯林斯①在他的帮助下编写的,曾为女王陛下夫妇和比利时国王演出过,而且大获成功。狄更斯扮演剧中一个富有自我牺牲精神的北极探险者,为此他还蓄起了胡子。他非常喜欢这一角色,因而他的表演极富感情,使许多观众感动得泪流纵横。后来他同意在曼彻斯特重演这出戏,但他决定把过去由他女儿扮演的角色改由职业演员来演,因为他认为他的女儿不适合在大剧院里演出。于是,一个名叫爱伦·泰尔兰的年轻女演员便应聘前来。狄更斯曾在几个月前看过她演的《亚特兰大》。在她登台前,狄更斯曾去化妆室看她,发现她在哭,原因是她在演出时必须露出大腿。她的羞涩和矜持吸引了狄更斯。

　　爱伦·泰尔兰当时年仅十八,身材娇小,容貌秀丽,有一双碧蓝的眼睛。排演在狄更斯家里进行,由他亲自担任导演。在排演过程中,爱伦充满敬慕之情的举止和急于讨好他的样子使狄更斯非常得意,所以排演尚未结束,他便深深地爱上了她。他从商店订购一条项链送给她,不料商店却把项链误送

---

① 维基·柯林斯,英国作家,狄更斯的好友。

到了他妻子手里,于是夫妻间不免闹起风波。最后,好像是狄更斯容忍了妻子的怒气,因为她毕竟是无辜的受害者。在像他们这样的婚姻关系中,这也是丈夫用以平息风波的最佳方式。那出戏上演了,狄更斯的表演精彩之极。

由于凯特从未使他感到过满意,现在又迷恋上了爱伦·泰尔兰,狄更斯越来越无法忍受妻子的弱点。他写道:"她温存、随和,但无论怎样我都没法使她理解我。"他开始想到,他们的结合从根本上说就是不合适的。他曾对约翰·福斯特①说:"问题的关键在于,不该那么年轻就结婚,现在时间过去了,情况却没有好转。"他的感情在变化,而她却依然停留在原地。狄更斯相当自信地认为,自己是没有什么地方需要自责的。他觉得可以自我安慰的是,他是一个好父亲,对孩子是尽心尽责的。这么想,倒有点像彼克斯涅夫②的处世态度。他其实并不想生育太多孩子,之所以会有那么多孩子,完全是凯特一人的主张。不过,他对幼儿还是很喜欢的,只是当他们长大后,他便不感兴趣了。大多数男孩到一定年龄,就被他送往国外。

这一时期,他喜怒无常,性情烦躁,除了乔治娜,他对任何人都要发脾气。最后,他决定和凯特分居。但是,由于他的社会地位,他又担心家庭关系的破裂一旦公开,很可能会招来种种谣言。这样的担心是完全可以理解的,因为多年来他一直在大肆宣扬家庭幸福。他比任何人都热衷于在圣诞节撰文颂扬纯真、和谐、美好的家庭生活。有人给了他一些建议:第一种是他和凯特各住各的房间,但凯特仍作为女主人主持家宴,并陪他出入各种公开场合;第二种建议是他住到盖茨山庄(他

---

① 19世纪英国评论家。
② 狄更斯小说中的人物。

第 五 章

新近买下的一幢别墅)去,凯特留在伦敦;第三种建议是让凯特住到国外去。但是,所有这些建议都遭到凯特的反对。最后,他们还是决定彻底分居。凯特独自住在坎顿镇附近的一所住宅里,每年能得到六百英镑的津贴。稍后,他们的长子查理去那里和母亲同住。

这样的安排实在令人惊讶。人们总觉得奇怪,为什么凯特会同意丈夫把自己逐出家门,为什么她会同意离开自己的孩子?她明明知道狄更斯和爱伦·泰尔兰有恋情,这样的把柄在手,是完全可以由她来提出种种条件的。也许是她太老实了,也许是她确实有点愚笨;也有可能,就如某些人解释的,狄更斯神奇地使妻子相信自己有点精神失常,从而"使他的妻子觉得,自己最好是离开这个家"。不过,一般认为最可靠的解释是她酗酒。对此,我虽无十分把握,但相信这是真的。她很可能已变成了酒鬼。否则,乔治娜为什么要去掌管家务、照料孩子?为什么母亲离开家,孩子们依然留在家里?为什么乔治娜后来会这样写道——"可怜的凯特无法照看子女,这事已成公开的秘密"?看来,事情是比较清楚的。让长子查理去和他母亲同住,其原因或许就是为了监视她,不让她过度酗酒。

狄更斯名声太大,关于他的隐私,难免会有流言蜚语。他的朋友在私下里说他处理家庭事务有欠考虑,对他怀有敌意的人则到处散播种种无稽之谈。流言蜚语甚至传到了国外。但是,出人意料的是,人们传说的情妇不是爱伦·泰尔兰,而是乔治娜。狄更斯很愤怒,他相信所有的流言蜚语都出自霍格斯家,也就是凯特和乔治娜的家。于是,他逼迫他们声明他和他的妻妹之间没有任何可受指责的事情,并威胁说,如果他们不加以澄清的话,他就把凯特撵出家,而且分文不给。霍格斯一家为此足

足用了两星期时间考虑对策。使他们犹豫不决的是：要是狄更斯真那么做的话，凯特能不能态度强硬地去寻求法律支持？如果不想让事情发展到这一步，那么唯一可行的办法就是承认错误在凯特一边，而这又是他们最不愿意的。

在这场风波中，乔治娜是谜一样的人物。外面谣传纷纷，狄更斯觉得只有他自己出面，才能向大众解释清楚他与妻子分居的缘由。他写了一封公开信，先在《纽约论坛报》上发表，后来又由各家报纸转载。他在公开信中提到乔治娜时说："说实话，世界上再也找不到比她更纯洁、更完美无缺的人了。"当然，他这么说的目的是要否认他和乔治娜之间有不正当关系，这很可能是真话。也许，乔治娜是爱他的；她在狄更斯去世后编辑他的部分书信时，把狄更斯对凯特的赞扬之词统统删掉了，可见她对姐姐一直存有嫉妒心。不过，在当时，丈夫即使与亡妻的姐妹结婚，也被教会和当局认为是乱伦。所以，乔治娜虽然在狄更斯家里住了十五年之久，却很可能从未想过要和姐夫建立任何超出兄妹之情的关系。更何况，狄更斯又一心爱着爱伦·泰尔兰。或许，乔治娜觉得自己能得到一位名人的信任并能完全支配他，也可以满足了。令人困惑的倒是，她在盖茨山庄为狄更斯操持家务时，竟然会欢迎爱伦·泰尔兰到山庄做客，还和她交了朋友。

狄更斯曾以查尔斯·特林海姆的名义在帕克海姆附近为爱伦租了一幢房子。不久前，到那幢房子去参观的人还被带到一棵大树前，因为据说作家"特林海姆先生"生前很喜欢坐在这棵树下。狄更斯去世前，爱伦就一直住在那里。她还为他生了一个儿子。从盖茨山庄到帕克海姆不远，狄更斯经常到那里去和爱伦共度良宵。他们还一起去过一次巴黎。

在分居期间，狄更斯仍为公众朗诵他的作品，为此他走遍了英伦三岛,而且再次访问美国。他充分发挥他的表演才能,每次朗诵都大获成功。不幸的是,由于到处奔波,他被弄得筋疲力尽。人们开始注意到,这个四十多岁的男人看上去已俨然像个老人,而他的活动还不仅仅是朗诵自己的作品;在和妻子分居后直到他去世的十二年间,狄更斯完成了三部长篇小说,还创办了一份相当成功的杂志《一年四季》。因此,他的健康每况愈下,这也是必然的。医生要他注意休息和静养,但公众的掌声又使他兴奋不已。于是,他不顾一切地坚持要作巡回朗诵表演。就在巡回途中,他病倒了,不得不放弃后面几场朗诵会。他回到盖茨山庄,坐下来写他的长篇小说《艾德温·德鲁德》。但是,为了补偿朗诵会组织者因他缩减场次而遭受的损失,他又答应在伦敦安排十二场朗诵会。那是在一八七〇年一月,圣詹姆斯教堂里人山人海,每当他入场和退场时,观众都站起来向他欢呼。朗诵会终于结束,他又回到盖茨山庄,继续写他的《艾德温·德鲁德》。六月里的一天,在吃晚饭时,乔治娜(她和他同住在盖茨山庄)发现他脸色不对。"哦,你得躺下休息!"她对他说。"好,就躺在地上吧!"他回答说。这是他说的最后一句话,说完他就顺着她的胳膊滑下去,躺在地上。乔治娜随即派人到伦敦去把他的两个女儿找来。第二天,这个能干而有主见的女人又派狄更斯的女儿凯蒂去通知她母亲,然后再把爱伦·泰尔兰带到盖茨山庄来。又过了一天,也就是在一八七〇年六月九日,他去世了。他的遗体被安葬在威斯特敏斯特教堂的名人墓园里。

六

在以上关于狄更斯的生平叙述中,我没有提到他在社会改革方面所作出的卓有成效的努力,也没有提到他对穷人、对被压迫者的同情和帮助。我尽可能地只谈到他的私人生活,因为在我看来,只有当你很想了解他的私人生活时,你才会怀着极大的兴趣去读那本我向你推荐的书——《大卫·科波菲尔》;因为在很大程度上,它是一部自传。不过,狄更斯毕竟是在写小说,而不是在写自传。他确实从自己的生活中汲取了许多素材,但也仅仅是汲取素材而已,其他一切都来自他丰富的想象力。就如我已经说过的,米考伯先生和朵拉的原型分别是他父亲和他的第一个情人玛丽亚。至于玛丽·贝德耐儿和艾格妮丝的原型,一部分是他心目中的理想人物玛丽·霍格斯,一部分是玛丽的妹妹乔治娜·霍格斯。大卫·科波菲尔十岁时被继父送去当童工,这和狄更斯自己被父亲送去做见习生很相像,而且大卫也像他自己一样,觉得和那些比自己社会地位还要低的同龄孩子混在一起,是一种"屈尊"和"降格"。

大卫·科波菲尔自述自己的故事,这是小说家常用的结构方式。这种方式有优点,也有缺点。优点之一是,它迫使叙述者自始至终紧跟自己的叙述线索,也就是说,他只能叙述他亲眼所见、亲耳所闻或者亲身所行的事情。狄更斯的小说往往情节很复杂,读者的兴

《大卫·科波菲尔》

趣经常会被引向和故事进程不相干的人物或事件,而采用这种结构便可予以避免(在《大卫·科波菲尔》里,唯一离题的地方是对斯特朗博士和他的妻子、岳母以及妻子的侄子的关系所作的叙述,这些叙述其实和大卫的故事毫不相干,而且还叙述得相当冗长啰唆)。另一个优点是,可以增强故事的真实感,使你的同情心和叙述者的同情心融为一体。当然,你可以赞同他,也可以不赞同他,但不管怎样,你的注意力一直集中到他身上,结果便赢得了你的同情。

这种结构的一个缺点是,由于叙述者就是小说主人公,所以他只能毫不谦虚地向你叙述他自己是如何英俊,如何有魅力。当他叙述到自己的鲁莽行为或者当女主人公已爱上他(这时读者已看得清清楚楚)而他还蒙在鼓里时,他会显得傻里傻气,而他又往往表现得很自负。还有一个更大的缺点是,相对于叙述者即主人公所叙述的其他人物,叙述者自身的形象往往会显得苍白无力。这一缺点是采用这种结构的小说家都无法完全避免的。我经常自问,为什么会产生这种结果?所能找到的唯一解释是:由于主人公就是叙述者本人,所以当他叙述到自己时,他是从内部来塑造自身形象的,他会不自觉地表现出种种混乱、怯懦或者犹豫情绪,这无疑是不利于形象塑造的;而当他叙述到其他人物时,他是从外部观察他们的,他可以凭借自己的想象力来描写他们,而当这种描写又是出自像狄更斯这样才华出众的作家之手时,他们身上最重要的戏剧性特征、他们的个性乃至于怪癖,都会被表现得淋漓尽致,因而他们的形象生动而鲜明,使叙述者的自画像反而相形见绌了。

狄更斯尽了最大努力想激起读者对主人公的同情。但是,说实话,大卫为寻找贝西姨婆而出逃,在奔往多维尔海港时的那段表现他孤注一掷心情的著名描写,实在是过于夸张了。读者不能不感到惊讶,这个小男孩竟然会愚蠢到这种地步,竟然会听凭别人哄骗他,损害他。因为不管怎么说,他毕竟在工厂干过几个月,在伦敦街头游荡过,还和米考伯一家同住过,替他们典卖过东西,甚至还去过马夏西监狱探监。读者不禁会想,既然说他是个聪明伶俐的孩子,那他在未成年时也多少应该懂得一点人情世故,有一点自卫能力吧。然而,大卫·科波菲尔却自始至终表现得窝窝囊囊。他一而再、再而三地让人欺骗和损害自己,似乎从来没有表示过想与此抗争的意愿。他对待朵拉的态度是那样软弱无能,在处理日常家务方面又那样缺乏常识,这些也是让人无法相信的。他还那样迟钝,甚至都猜不出艾格妮丝在爱他。小说结束时,狄更斯告诉我们,大卫成了小说家。这更让我们无法相信了。如果大卫真的在写小说,那么我想,他的小说一定更像是亨利·伍德夫人①写的,而决不会像是狄更斯写的。说来奇怪,大卫的创造者竟没有把自己充沛的活力和横溢的才华赋予他自己创造的人物。大卫全靠文雅俊美的外表吸引人;否则的话,他是不会像现在这样人见人爱的。他诚实、善良、为人正直,但他确实有点傻里傻气。他是这本书里最不生动的人物。

不过,这没有关系,因为书里还有其他人物,他们却是最生动、最丰满和最具个性的。这些人物虽不十分真实,但富有生气。像米考伯、辟提果、巴基斯、特拉德尔斯、贝西·特洛伍德、狄克先生以及尤利亚·希普和他母亲这样的人,在生活中是没有的;他们只是狄更斯丰富想象力的奇异产物。然而,他们却被表现得那样生动、那样协调、那样逼真,简直叫你不可

---

① 亨利·伍德夫人,19世纪英国三流小说家。

第五章

能不相信他们。他们虽表现得有点夸张,却仍然不失其真。你一旦认识他们,便再也不可能忘记他们。他们中最出色的,当然是米考伯先生。他是绝不会让你感到失望的。狄更斯最后让米考伯先生在澳大利亚成了一名可敬的官员,但有些批评家认为,这个人物应该自始至终保持他那种浑浑噩噩的"今朝有酒今朝醉"的个性。我对这样的苛责并不以为然。澳大利亚是个人烟稀少的国家,而米考伯先生相貌堂堂,受过教育,而且又极有口才,我不明白,像他这样一个具有那么多优点的人,为什么就不能在那里谋到一官半职?不过,我却不太相信他真能揭穿尤利亚·希普的诡计,因为他没有足够的心计和耐心。

只要有利于故事的发展,狄更斯就会毫不犹豫地使用巧合,从不过多地考虑必然性。现代小说家却不同,他们为了表现事物的必然性,不得不把情节叙述得充分可信,而且还要尽可能地逼真。不过,当时的读者都很愿意相信那些在现实生活中根本不可能发生的故事情节。这恰恰是狄更斯的拿手好戏。他讲述故事的技巧是那样高超,以至于到了今天,我们还会相信这些故事。《大卫·科波菲尔》里充满了巧合。譬如,斯提福兹返回英国时,他搭乘的船在雅茅兹海滩遇险,这时为什么偏偏是大卫而不是别人正好到那里去看望朋友?其实,只要狄更斯愿意,凭他的技巧是完全可以避免使用这类不合理情节的。但是,他还是这样写了,因为他认为这样可以为他提供机会来描写一个惊心动魄的场面。

尽管和狄更斯以前的小说相比,《大卫·科波菲尔》里的戏剧性事件并不多,但是其中有些人物,譬如尤利亚·希普,仍有一种通常被认为低级趣味的闹剧人物的意味。当然,不管怎么说,这个人物总体上是刻画得很有力的,是个令人恐惧

的人物。还譬如,有个次要人物,即斯提福兹的仆人,他那种神秘、阴险的特点也写得过于可怕。在我看来,这类人物中最让人难以理解的是洛莎·达特尔。这个人物可以说是小说中的一大败笔。我发现狄更斯的本意是想让这个人物在故事中发挥更大作用的,只是他后来没能做到。他之所以没能按原意去做,我猜想(当然没有多少根据)原因是他担心那样会冒犯读者。我曾自问,要是斯提福兹不是洛莎·达特尔的情人,那会怎样?要是她对他的仇恨中并没有掺杂那种饥渴的、疯狂的爱,那又会怎样?但是,如果这样的话,我又弄不明白还有什么原因可使她那么残忍地对待小爱弥丽?——顺便插一句,我认为小爱弥丽是个影子式的人物,她仅仅起到了一点她能起到的作用而已。

狄更斯曾写道:"在我所有的作品中,我最喜欢就是这部作品。就像许多慈祥的父母一样,我也有自己偏爱的孩子,他就叫大卫·科波菲尔。"作家对自己的作品往往不能作出正确判断,但这是个例外。狄更斯的判断是正确的。马修·阿诺德①和罗斯金②都认为《大卫·科波菲尔》是他的最佳作品。对他们的看法,我想我们是会同意的。既然如此,这也就是作家本人、批评家和读者的一致看法。

---

① 马修·阿诺德,19世纪英国诗人、批评家、教育家。
② 罗斯金,19世纪英国艺术鉴赏家、评论家。

第六章
福楼拜与《包法利夫人》①

一

古斯塔夫·福楼拜是个极不寻常的人,法国人说他是天才。不过,"天才"一词现在常被滥用。《牛津词典》把这个词定义为一种天生的非凡能力,即有能力进行富有想象力的创造,或者具有独创性的思考、发明和发现;同时认为,和一般有才能的人相比,天才在更大程度上是靠天生的洞察力或者说直觉能力,而不是靠有意识的努力取得成就的。根据这一标准,任何时代都不大可能产生三到四个以上的天才。某个作曲家写出了悦耳动听的乐曲,某个剧作家写出了形象生动的

---

① 《包法利夫人》(*Madame Bovary*),19 世纪法国作家古斯塔夫·福楼拜(Gustave Flaubert, 1821—1880)所著长篇小说。小说主题是:沉溺于幻想而无视现实者,可笑可悲。主要情节是:爱玛是个喜欢读浪漫小说的乡村姑娘,还受过点贵族教育,所以当她嫁给乡村医生包法利后,对土头土脑的丈夫很不以为然,一心想学贵族夫人,奢华而浪漫。为了奢华,她到处找人借钱;为了浪漫,她先后找了两个情人:一个是见习律师莱昂,一个是小庄园主罗多尔夫。然而,爱玛幻想中的这两个浪漫情人,其实是现实中的两个庸俗男人,结果使爱玛大失所望。更为要命的是,爱玛为了奢华,借了许多高利贷,时间一久,利上加利,她积债如山。她去找两个情人,想让他们帮她还债,但他们根本不是浪漫故事里的救美英雄,而是两个怯弱而自私的男人;他们用各种借口推诿,不肯为她掏一文钱。最后,爱玛走投无路,服毒自尽。爱玛死后,为了还清她的债务,她丈夫包法利医生失去全部家产,痛苦不堪,而当他偶然发现妻子生前还曾和两个男人通奸时,终于承受不住打击,溘然去世。

喜剧,或者某个画家画出了富有魅力的图画,我们就说他是天才,那是在降低天才一词的标准。他们的作品当然很好,他们本人也可能具有不寻常的才能,但天才却要比他们高一层次。如果硬要我说二十世纪有没有天才,阿尔伯特·爱因斯坦大概是我唯一能想到的名字。十九世纪的天才可能要多一点,但福楼拜是否属于这样一个具有特殊才能的人,读者只要牢记《牛津词典》上的定义,等读完我这篇文章后便自会作出判断。

有一点是毫无疑问的,那就是福楼拜写出了典型的现实主义小说,并直接或者间接地影响了后来的小说创作。譬如,托马斯·曼①写《布登勃洛克一家》、阿诺德·班内特②写《老妇人的故事》以及西奥多·德莱塞③写《嘉莉妹妹》,其实都是步福楼拜的后尘。福楼拜以几近狂热的勤奋献身于文学创作,像他这样的作家可谓绝无仅有。他不仅像大多数作家一样把文学当作头等大事,还把它看作是一件无所不包的事情,既可以修养身心,又可以充实阅历。对他来说,生命的目的不是活着,而是写作。他为了实现自己的创作抱负,不惜牺牲各方面的生活;和他相比,那些把自己关在小屋里侍奉上帝的修道士也算不上全心全意。

一个作家写出怎样的作品,取决于他是怎样一个人。我们之所以希望了解优秀作家的生平,原因也就在于此。就福楼拜而言,这一点尤为重要。他的父亲是一家医院的院长,和妻子一起住在里昂,福楼拜于一八二一年出生在那里。这是个幸福的、受人尊敬的富裕家庭。福楼拜像他那种家庭的法

---

① 托马斯·曼,20世纪德国小说家,曾获获贝尔文学奖。
② 阿诺德·班内特,20世纪英国小说家。
③ 西奥多·德莱塞,20世纪美国小说家。

第 六 章

国孩子一样长大;他进了学校,和其他孩子一样读书、做功课。他没做什么,只是读了不少课外的书。他感情丰富,耽于幻想,而且像其他孩子一样常常感到孤独。这种孤独感,在有些敏感的人身上甚至会保持终生。

"我十岁就进了中学,"他后来写道,"而且很快就对所有的人都感到深深的厌恶。"这不是随便说说的,他确实有这种感觉。他年轻时就是个厌世者。那时,正是浪漫主义鼎盛时期,厌世情绪十分流行;他有一个同学开枪射穿了自己的头,另一个同学则用领带上吊自杀。但是,福楼拜有一个舒适的家庭,有慈爱而宽容的父母,有非常喜欢他的姐姐,还有许多亲密朋友,我们不明白他为什么会觉得生活无法忍受,还那么厌恶周围的人。他发育良好,身体健康而且强壮。他少年时代就写了一些短篇小说,这些短篇小说就像是浪漫主义的大杂烩,其中的厌世情绪很容易被看作是当时流行的一种文学装饰。不过,福楼拜的厌世情绪并不是装出来的,也不是因为受了外界的影响;他生来就是个悲观厌世的人。如果要问为什么,那就要深入研究他整个精神世界的变化情况了。

二

福楼拜十五岁时,发生了一件后来影响他一生的事。他们全家到特鲁维尔去避暑,那时特鲁维尔还是一个偏僻的海边小镇,只有一家旅馆。在那里,他们遇到了一个叫莫里斯·施莱辛格的音乐出版商(他有时也做一点投机生意)和他的妻子。关于后者,福楼拜后来对她作了这样的描绘:

> 她是个高高的浅黑皮肤的女人,一头漂亮的黑发一

缕缕地垂到肩头；鼻子是希腊式的，两眼燃烧着炽热的光；眉毛细长，美妙地弯成弓形；皮肤油亮，好像有一层金色的薄雾；身材苗条而优雅，在她浅黑而带紫色的脖子上曲折地分布着一条条浅蓝色的静脉血管。她的嘴唇上有一层细微难察的汗毛，给她脸带来一种刚毅的男性活力，从而使那些皮肤白皙的美人相形见绌。她说话很慢，声调抑扬顿挫，柔和而富有音乐感。

我把其中的 pourpre 一词译成"紫色"时①，觉得颇费踌躇，因为这颜色似乎并不好看，但也只能这么翻译。我估计，福楼拜想到的大概是龙沙②曾在那首最著名的诗里用过这个词，而没有想到用这个词来形容一位夫人的脖子到底会给人怎样的印象③。

他发疯似的爱上这位夫人。她当时二十六岁，正在喂养一个婴儿。但他很羞怯，要不是她丈夫热情好客，喜欢交朋友，他甚至都不敢主动去和她说话。莫里斯·施莱辛格邀请十五岁的福楼拜一起去骑马。有一次，他还和施莱辛格夫妇一起乘船游玩。他和艾莉莎（这是她的名字）并排而坐，肩膀相触；她的裙摆还盖住了他的手。她用低沉悦耳的声音和他说话，而他却处在一片迷乱之中，根本就没听清她说了些什么。夏天过后，施莱辛格夫妇离开了特鲁维尔，福楼拜一家也回到了里昂。他继续去上学。但他已陷入他一生中最重要、也最持久的一场恋爱。两年后，他再访特鲁维尔，得知她也去了那里，但已经走了。这时他十七岁。他似乎觉得，他过去是因为

---

① 这段文字的原文是法文，毛姆将其译成了英文。
② 龙沙，16世纪法国大诗人。
③ 福楼拜以用词精确而著称，这里暗示他早年也曾用词不当。

第 六 章

太幼稚,所以不能真正爱她;现在则不同了,正怀着一个男人的渴求在爱着她。由于她不在眼前,他的爱欲变得更加强烈。他回到家里,继续写那本他已经开了头的书——《对一位夫人的回忆》,其中讲述的,就是他在那年夏天是如何爱上艾莉莎·施莱辛格的。

他十九岁从学校毕业时,父亲为了奖励他,让他和一个叫克洛盖尔的医生一起到比利牛斯山和科西嘉岛去旅游。他那时已完全成熟,据他的同时代人描述,他是个高个子,但他其实只有五英尺十英寸①高,若在加利福尼亚或者得克萨斯②,这样身高的男人可能还会被认为是矮个子。他身材瘦长,体形优美,黑睫毛下有一对像海水一样蓝的大眼睛,一头漂亮的长发披到肩膀。一个当时认识他的女人四十年后说,他那时英俊得就像一尊希腊神像。从科西嘉岛回到法国,两个旅行者在马赛停留。一天早上,福楼拜外出洗澡回来,看见旅馆的院子里坐着一个年轻的夫人,神情慵懒性感,很吸引人。他便主动去和她交谈。她叫厄拉莉·福柯,丈夫是法属圭亚那的一个官员,她在马赛是等她丈夫来接她。她和福楼拜一起度过了那个夜晚。按福楼拜后来对这次艳遇的描绘,那个夜晚就像雪原上的日落一样妙不可言。他离开马赛后,再也没有看过她。这是他的初次性爱经验,他一生都铭记在心。

在这段插曲之后不久,他去巴黎攻读法律,这不是因为他想当律师,而是因为他不得不选择某种职业。但是他讨厌巴黎,讨厌法律教科书,讨厌大学生活。他对同学们的平庸、装模作样和市侩气嗤之以鼻。就在这段时间里,他写了一部名

---

① 五英尺十英寸,约 1.78 米。
② 加利福尼亚和得克萨斯在 19 世纪以放牧业为主,那里的牛仔大多身材高大。

为《十一月》的中篇小说,描述他和厄拉莉·福柯的那次艳遇,但他的女主人公却有点像艾莉莎·施莱辛格,有一双闪亮的眼睛和高高扬起的弯眉毛,嘴唇上也有一层淡淡的汗毛,只有脖子不一样,是雪白滚圆的。

他去了施莱辛格的办公处,又和他们夫妇俩联系上了。那个出版商还请他去参加每星期三在他家里举行的聚会。艾莉莎还是像以前一样迷人。她当初看见福楼拜时,他还是个笨拙的大孩子,现在他已是一个男子汉,殷勤、漂亮而且充满热情。不久,她就发现他在爱她。他呢,很快就成了他们夫妇俩的亲密朋友,每星期三都要和他们一起用餐。他们还一起去短途旅行。但是,福楼拜还是像以前一样羞怯,久久没有勇气向艾莉莎表白他的爱情。当他终于向她表白时,她虽然没有像他担心的那样生气,但却拒绝做他的情妇。她的经历真是有点古怪,人人都以为她是莫里斯·施莱辛格的妻子,其实不然;她的丈夫是一个叫埃米尔·朱岱的人,几年前他在经济上陷入困境,面临别人的起诉,于是他们的朋友施莱辛格提出,他愿意出钱帮助他摆脱困境,条件是他必须离开法国并放弃妻子。他同意了,施莱辛格便开始和艾莉莎同居。当时法国还没有离婚法,所以在朱岱于一八四〇年去世之前,他们一直没有结婚。据说,尽管朱岱远在异国他乡,后来又死了,艾莉莎却始终爱着他。也许,正是这种昔日的夫妻感情,再加上她对那个不仅和她同居、还和她一起生儿育女的男人的忠诚感,才使她犹犹豫豫,不敢接受福楼拜的爱慕之情。然而,福楼拜却得很执着,他想方设法要她去他的寓所和他幽会。最后,她总算答应了,还和他约好了时间。那天,他焦躁不安地在寓所等她,等待着自己长期的爱慕之情最终得到报偿。但是,她没有来。

第六章

三

一八四四年,发生了一件后果严重的事情。那天晚上,福楼拜和哥哥一起离开他们的母亲拥有的一幢房子(他们已在那里住了一段时间),坐马车返回里昂。他哥哥比他年长九岁,选择了父亲的职业。忽然,没有任何预兆,福楼拜"只觉得眼前一片亮光,然后一阵眩晕,像一块石头一样滚到了马车的地板上"。等他恢复知觉时,发现自己浑身是血,原来他哥哥已经把他背进附近一幢房子,正在给他放血①。他被送回里昂后,父亲又给他放了一次血。他开始服用缬草和槐蓝,脖子上还系着一根泄液线;他不能抽烟和喝酒,也不能吃肉②。有一段时间,他经常会浑身痉挛。他的视觉和听觉出现异症,往往会在一阵惊厥后失去知觉。他身体虚弱不堪,神经却处于极度紧张的状态。他的病好像非常怪,不同的医生有不同的看法。有人直截了当地说他有癫痫症,他的朋友们也都这么认为。但是,他的侄女后来在她的《回忆录》中却对此避而不谈。勒内·杜麦斯尼尔先生——他是医生,曾写过一本关于福楼拜的重要著作——则认为,他得的不是癫痫症,而是一种他称之为"癔想性痉挛"的病。我想,他之所以这么说,大概是因为他觉得,如果承认一个杰出作家是癫痫症病人,他的作品价值多少是要受到影响的。

他家里人对他的病也许并不感到意外。据说,福楼拜自

---

① 放血疗法在欧洲使用了几百年,到19世纪还在用,现已证明是不科学的。
② 其实,这些草药和"泄液线",还有忌烟、忌酒、忌肉,根本不能治愈癫痫症,可见当时欧洲的医学也还很原始。

己就曾对莫泊桑①说,他在十二岁时就出现过视听上的幻觉。他十九岁那年外出旅行,就由一个医生陪同;此外,他父亲曾为他制订过一个特别治疗方案,其中有一条就是要经常改变环境,所以很可能他在十九岁时就已经患有某种精神疾病。从少年时代起,他就对自己周围的人感到厌恶。这种让人难以理解的厌世情绪,会不会就是他的怪病引起的呢?尽管在那时他的神经系统可能还没有受到明显影响,但会不会是一种预兆呢?不管怎样,他现在必须面对的事实是,他患上了一种可怕的疾病;这种病反复无常,何时发作根本不可预料。为此,他必须改变生活方式。于是,他决定放弃法律学业——我想,这是他求之不得的——同时决定,永远不结婚。

一八四五年,他父亲去世。两个月后,他亲爱的姐姐卡罗琳生下一个女儿后也不幸去世。他和他姐姐从小形影不离,她在婚前是他最亲密的伙伴。他父亲在去世前不久,曾在塞纳河畔购置了房产,那是一幢有两百年历史的名叫"克鲁瓦塞"的石结构楼房,前面有一个露天平台,还有一个面朝塞纳河的凉亭。他守寡的母亲和他弟弟古斯塔夫带着卡罗琳留下的小婴儿住在那里。他哥哥阿谢尔已经成家,和他父亲一样是个外科医生,而且就在里昂的那家医院里接替了父亲的职务。后来,福楼拜也住进了"克鲁瓦塞",而且一直把它当作自己的家。他很早就开始断断续续地写作,现在他既然有病在身,不能像大多数男人那样生活,便决心把自己的一生献给文学事业。他在底楼有一间很大的书房,窗子外面是一个花园,再往前就是塞纳河。他养成了一种井井有条的生活习惯:十点起床,读信、看报;十一点吃午饭,然后到平台上散步或者坐

---

① 莫泊桑,法国小说家、福楼拜的学生。

第六章

在凉亭里看书；一点开始写作，直到七点钟，接着到花园里散步，回去来后继续写作到深夜。除了一两个朋友，他不和任何人交往。他时而邀请朋友到"克鲁瓦塞"来住几天，一起讨论他的作品。他没有任何娱乐活动。

但是，他也意识到，写作是需要有生活体验的，不能过十足的隐士生活。因此，他决定每年到巴黎去住上三四个月。他在那里不仅渐渐出了名，还结识许多才学之士。在我的印象中，人们好像更多的是佩服他，而不是喜欢他。朋友们发现他非常敏感，容易发怒，受不了别人的批评，所以他们都很注意，尽量不去冒犯他，因为无论谁这样做，他都会大光其火。但是，对别人的作品，他却是个苛刻的批评家，而且有一种作家的通病，那就是：凡是他自己做不到的事情，都被认为是不值得做的。而在另一方面，别人对他的作品所作的任何批评，他都愤怒地把它们归结为嫉妒、恶意或者愚蠢。在这一方面，他和许多杰出的作家差不多。对于靠卖文为生和花钱买名声的文人，他都无法容忍。他认为，钱对于艺术来说是无用的；艺术家一谈到钱，就降低了自己的身份。当然，他是很容易长期保持这种非功利的高雅姿态的，因为他生来就有一大笔财产，从来不缺钱。

下面这件事或许是预料之中的。一八四六年，他在巴黎逗留期间，在雕塑家普拉迪耶的工作室里遇见了一个名叫露易丝·高莱特的女诗人，她丈夫伊普里特·高莱特是音乐教授。她的情人是著名哲学家维克多·古赞。她属于文人圈子里常见的那种人，以为和名人拉拉扯扯足以代替自己的才能。实际上，她借助自己的美貌已经在文学界捞到了不少好处。她家里的沙龙经常有一些著名人物光临，而她则以缪斯[①]自

---

① 缪斯：古希腊神话中的文艺女神。

居。她有一头秀丽的卷发,披挂在她的圆脸蛋两边;她说起话来富有表情,声音清脆而甜蜜。不到一个月,福楼拜就成了她的情人——当然,并没有取代那位哲学家,那是她的正式情人。此外,我说福楼拜成了她的情人,也是指精神上的情人,因为福楼拜长期禁欲,加上他容易激动,或者说,羞怯,他那时已丧失了性能力。他回到"克鲁瓦塞"后就给露易丝·高莱特写了一封情书。这样的情书他后来又写了许多,都写得非常奇怪,我看没有一个情人是会这样写情书的。尽管如此,那个"缪斯"倒是爱他的,但她既苛刻又忌妒。他呢,正好相反,既不苛刻也不忌妒。我想,我不说你也猜得出,他之所以要成为这个公众注目的漂亮女人的情人,只是为了满足自己的虚荣心而已。但是,就像许多做白日梦的人一样,他是生活在自己的幻想中的。他很快就觉得事情并不像他想象那样,便不由得感到悲哀。他发现自己在"克鲁瓦塞"比在巴黎更爱那个"缪斯",而且在情书中就这么对她说了。她要他住到巴黎去,他说他离不开母亲。她要求他经常去巴黎,或者去芒特,因为他们难得见面;但他说,他要有充足的理由才能离开"克鲁瓦塞"。她于是愤怒地问:"难道你受到的监护比一个姑娘还要多?"她要到"克鲁瓦塞"来和他相会,而这样的建议,是他无论如何也不会同意的。

"你的爱不是爱,"她在信中对他说,"总之,爱在你的生活中没有什么地位。"对此,他回答说:"你想知道我是否爱你?好吧,我说,我爱你就像我能爱的那样多;也就是说,爱情对我而言不是第一位的,而是第二位的。"他确实有点傻乎乎,竟要求露易丝·高莱特通过一个住在卡耶纳的朋友帮他查明厄拉莉·福柯(即那个在马赛和他一夜风流的女人)的情况,甚至还要求她把一封信转交给她。她对他的这种要求表示愤怒,

第六章

而他对她的愤怒觉得惊讶。他后来越来越离谱了,竟在情书中向她描述自己怎样和妓女交往,还说他对她们有一种嗜好,而且经常能在她们身上满足这种嗜好,等等。这毫不足怪,对于自己的性能力,男人总喜欢自诩,甚至不惜为此撒下弥天大谎。于是,我就问自己:他这样夸耀自己的性能力,是不是正好说明他在这方面有欠缺?我们虽然不知道他那种使身体虚弱、使精神沮丧的怪病究竟发作过几次,但我们知道他一直在服用镇静药物;所以我想,他之所以这样犹犹豫豫地不愿和露易丝·高莱特见面,很可能就是因为他觉得自己毫无性欲——请想想,他当时还不到三十岁!

这样的所谓恋爱,持续了九个月。一八四九年,福楼拜和马克西姆·杜·冈一起到中东去旅游,两人游历了埃及、巴勒斯坦、叙利亚和希腊,到一八五一年春天才回法国。福楼拜仍和露易丝·高莱特有联系,和以前一样忙于写情书,但他们的语言却变得越来越尖刻。她继续施加压力,要他去巴黎或者让她来"克鲁瓦塞";他继续找各种理由,既不去巴黎,也不让她来"克鲁瓦塞"。最后,到一八五四年,他写信告诉她,他们最好还是分手算了。她心急慌忙地擅自赶到"克鲁瓦塞",又被他粗暴地赶了回去。这是福楼拜一生中的最后一次恋爱,其中文学多于生活,戏剧性的表演多于真正的男女激情。福楼拜唯一真心实意爱过的女人是艾莉莎·施莱辛格,而她由于丈夫的投机生意失败,已经随丈夫和孩子一起迁出了巴黎。福楼拜有二十年没和她见面。现在,两人都今非昔比了:她瘦了许多,皮肤枯黑,头发却花白了;他则胖了许多,留起了胡子,为了掩饰秃顶,还戴着一顶黑帽子。他们见过一次面,然后又各奔东西。一八七一年,莫里斯·施莱辛格去世,福楼拜——在爱了三十五年后——给艾莉莎写了第一封情书。他

没有像通常那样称呼她"亲爱的夫人",而是称她为"我过去和将来永远爱的人"。她有事不得不去巴黎,他们在那里相会过一次。后来在"克鲁瓦塞"又见过一次面。那以后,据人们现在所知,他们再也没有见过面。

四

就在去中东旅游的途中,福楼拜开始构思一部小说,而且要把这部小说当作新的起点。那就是《包法利夫人》。他是怎么会想到写这部小说的,也有一个有趣的故事。当初他到意大利旅游,在热那亚买到一幅画,即布律盖勒的《圣安东尼的诱惑》。这幅画使他深受感动。回到法国后,他又买了一幅由卡洛制作的同一题材的版画,还读了许多有关圣安东尼的材料。然后,他便根据那两幅画给他的启发,开始写一部小说,题目也叫《圣安东尼的诱惑》。手稿完成后,他把两个亲密朋友请到"克鲁瓦塞",把小说读给他们听。他读了四天,每天下午读四小时,晚上读四小时。他们预先约好,在整部小说读完之前,谁也不发表意见。到第四天深夜,福楼拜读完结尾后,用拳头猛敲一下书桌,问:"怎么样?"一个朋友回答说:"我想你最好还是把它扔到火炉里去,从此不再提它。"真是个毁灭性的打击!第二天,那个朋友想缓和一下自己的批评方式,便对他说:"你为什么不写写德拉马尔的故事呢?"福楼拜一听,跳了起来,满脸红光地说:"是啊,为什么不呢?"德拉马尔是里昂他父亲任职的那家医院里的一个实习医生,关于他的故事,在当地可谓尽人皆知。德拉马尔后来在里昂附近的一个小镇上开了家私人诊所,不久他的妻子——一个比他大好几岁的寡妇——死了,他便娶了邻近一个农夫的女儿。那女人既年

第 六 章

轻又漂亮,既奢侈又淫荡。她很快就对乏味的丈夫感到烦腻了,便接二连三地找男人通奸。由于爱打扮、滥花钱,她债台高筑而又毫无希望偿还,最后只好服毒自杀。福楼拜几乎全盘采用了这个不光彩的小故事。

他开始写《包法利夫人》时,年已三十,还没有出版过一部真正的作品。因为除了《圣安东尼的诱惑》,他早先写的东西严格地说都属于自传性质,也就是他自己的恋爱经历的小说化表现。而他现在的目标不仅是真实,还要客观。他决心客观地叙述真实的事物,不带任何倾向性或者先入之见,也就是他自己不以任何方式介入叙述。他决心阐明他必须阐明的事实,揭示他必须揭示的人物性格,而在这过程中,他不发表任何个人意见,对人物不褒也不贬。即使他同情某个人物,也不直接表露出来;即使某个人物的愚蠢使他恼怒,或者某个人物的卑劣使他愤慨,也决不让读者看出他的恼怒或者愤慨。他正是这么做的;所以,我想,有许多读者之所以会觉得这部小说有点冷冰冰,原因大概就在于此。因为他刻意追求客观,小说中没有任何让人觉得温馨的东西。想得到温馨也许是人性的一种弱点,但我总觉得,小说家在让读者产生某种感情的同时,若能让读者知道他本人也在和他们一起分享这种感情,这对于读者来说是一种莫大的安慰。

实际上,和任何小说家一样,福楼拜追求客观的努力同样不会完全成功,因为要使小说绝对客观是不可能的。小说家应该让人物自己解释自己,而且要尽可能地把人物的行为描写成人物性格的自然结果,这当然没错;如果小说家出面来指点你如何赞美主人公的魅力或者如何憎恨反面人物的恶行,如果他一味地说教或者不着边际地东拉西扯,如果他一边对你说故事,一边又在故事中充当某种角色,那你很可能会觉得

讨厌。但是，不管怎样，小说家直接介入小说，这仍然不失为小说的一种叙述方式，而且是许多非常杰出的小说家都使用的方式；我们可以说这种方式有时会不合时宜，但不能说它是绝对行不通的。那些想避免这样做的小说家，其实也只能在表面上把自己的个性排除在小说之外，因为不管他是否愿意，他在选择主题、选择人物性格和选择叙述角度时，都不可避免地要显露出自己的个性。我们知道，福楼拜是个悲观主义者；我们又知道，他不能容忍愚蠢；他对市侩气、凡夫俗子和日常琐事恨之入骨；他没有怜悯心，也没有慈爱心；他成年以后一直过着病人的生活，同时又为自己的疾病觉得羞耻；他很神经质，总是处于烦躁不安的状态中；他极端褊狭；他是个害怕成为浪漫主义者的浪漫主义者；他因为没有自己极想有的性能力，便着迷于包法利夫人的肮脏故事，就如有些人受了委屈会到阴沟里去打滚。他其实并没有把他的个性完全排除在小说之外，当他决定写德拉马尔的故事而不是别的故事时，他已经显露了自己的个性；当他把故事中的那些人物设计成现在这个样子时，他又显露了自己的个性。在这部长达五百页的小说中，随着情节的发展，他向我们描述了许多人物，绝大多数是不可救药的人——不是卑劣，就是平庸；不是愚蠢，就是粗鲁。确实，世上有很多这样的人，但并非所有人都是如此。我们很难想象，在一个市镇上（尽管它很小），竟然一个明智、善良而乐于助人的人也找不到。

不管怎样，福楼拜经过反复琢磨，最终在这部小说中描写了一群庸俗不堪的人物，并且根据他们的庸俗本性和庸俗环境，设计出一连串相应事件。但是，他这样做势必会产生这样的后果，那就是：读者很可能会对这些乏味的人物不感兴趣，因为他不得不讲述的那些事情，其本身都很沉闷。那么，他是

第 六 章

如何解决这个问题的呢？我放到后面再谈。现在，我先来判断一下，他在哪些方面成功地实现了自己的意图。

我首先要指出的是，他以一种完美的技巧刻画了人物性格。他们的真实性令人信服。我们一见到他们就会接受他们，好像他们是这个世界上的活生生的人，就用他们自己的双脚站在我们面前。我们会觉得，有关他们的一切都是理所当然的，就像我们在生活中遇到的管道修理工、杂货铺老板和医生

《包法利夫人》

一样。我们很容易忘记，他们其实是小说中的人物。譬如，郝麦就是一个和米考伯先生①类似的幽默形象。法国人熟悉这个人物，就像英国人熟悉米考伯先生。他们信任他，就像我们不太信任米考伯先生；因为他和米考伯先生截然不同，是个彻头彻尾的"好好先生"。

但是，我却怎么也无法使自己相信，爱玛·包法利是个农夫的女儿。确实，她和世上的男男女女一样，有各种私欲。有人曾问福楼拜，爱玛的原型是谁。福楼拜回答说："包法利夫人就是我。"确实，我们每个人都有可笑的幻想，幻想自己是富裕的、漂亮的、成功的，就像浪漫传奇中的男女主人公。但是，

---

① 米考伯先生，狄更斯小说《大卫·科波菲尔》中的一个夸夸其谈而又非常风趣的人物。

我们大多数人也许是因为太明智了、太胆小了或者太不善于冒险了;所以,总是幻想归幻想,行为却不会受太大影响。包法利夫人则不然,她不仅时时刻刻生活在幻想中,就连她的美貌也不是人间所能找到的;而发生在她身上的事情,其实并不具有福楼拜所追求的必然性。当她对第一个情人感到失望后,她得了脑膜炎,这场病持续了四十三天,差一点把她带到死神面前。这尽管是小说家一直都喜欢用的手法,即用某种疾病把某个人物暂时搁置起来,但据我所知,脑膜炎在福楼拜那个时代却是一种连医生都不太熟悉的疾病。所以,我想,福楼拜用这种疾病来折磨包法利夫人,如果是想让她生一场既痛苦又费钱的病以示训诫的话,那么他实际上并没有达到多少训诫效果。还有包法利医生的死,就其本身而言,也没有达到这一目的。他的死仅仅使读者觉得,作者想结束这本书了。

我们都知道,福楼拜和他的出版商曾受到过指控,因为《包法利夫人》被认为是一本不道德的书。我读过当时的检察官和辩护律师在法庭上的发言记录。检察官还当众读了小说中的一些他认为是色情的章节。这些章节在今天看来只会使人一笑置之,因为和当代小说中那些习以为常的性描写相比,它们似乎还嫌太拘束。然而,在当时(一八五七年),检察官确实非常震惊,认为这些章节写得太淫秽了。对此,辩护律师辩解说,这些章节是小说情节所必须的,这部小说总的道德倾向是好的,因为包法利夫人尽管行为放荡,但她最后还是受到了惩罚。法官接受了辩护律师的看法,便宣判被告无罪。然而,当时好像没有人想到,包法利夫人之所以受到惩罚①,其实并不是因为她通奸,而是因为她无力偿还债务。当然,关于她的

---

① 即她不得不自杀。

第 六 章

债务,写得也有问题。法国农民生来就有经济头脑,福楼拜既然告诉我们说爱玛·包法利是农民的女儿,那就没有理由不让她在情人之间成功周旋,从而设法把债务还清。

我希望你不要因为我说的这些话,认为我是在对一部不朽的杰作吹毛求疵。我只是想说,福楼拜没有完全达到他想要达到的目的,原因是他想要达到的目的,本来就是不可能完全达到的。一部小说,就是一连串事件的叙述,小说家通过叙述事件,塑造出活生生的人物形象,以此吸引读者。小说从来都不是生活的拷贝。譬如,小说中的人物对话,就不能完全照搬人们在现实生活中的交谈,它必须加以概括,或者说,提炼出某些基本要素,从而使它具有现实生活中所没有的明晰性和扼要性。也就是说,为了适应小说家的意图和吸引读者的注意,现实生活中的事物到了小说中必须加以变形。在现实生活中,有许多事情是互不相干的,有许多事情是重复出现的,然而在小说中,不相干的事情必须避免,重复的事情必须舍去。还有那些在现实生活中被时间隔开、彼此没有直接关系的事情,以及那些好像是偶然的、又好像是必然的事情,在小说中也必须重新加以处理①。所以,没有一部小说是完全和现实生活一模一样的,总有一些事情是现实生活中不可能发生的;然而,只要小说家想方设法把这些事情说得似乎是会发生的,读者就会稀里糊涂地相信它们是现实生活中可能发生的。小说家从来就不可能提供现实生活的文学摹本,即便是现实主义小说家,也只是为你勾画一幅尽可能和现实生活相像的图画而已。你一旦相信了他,他就成功了。

在这方面,福楼拜确实很成功。《包法利夫人》给人极其

---

① 即小说中不能出现像现实生活中那样毫不相干的事情,也不能出现说不清、道不明的事情。

真实的印象,而之所以如此,我想不仅是因为其中的人物极其逼真,同时也因为福楼拜凭借其特别敏锐的观察力,以一种罕见的准确性使每一个细节都显得极其逼真,而且必不可少。这部小说的结构也非常出色。小说主人公是爱玛·包法利,但小说一开始却是写她的丈夫包法利医生的早年生活和第一次结婚,最后又以他的精神崩溃和死亡作为结束。有些评论家认为这是缺点,我却认为这是福楼拜有意设计的,也就是把爱玛的故事镶嵌在她丈夫的故事里,就像把一幅画镶嵌在画框里一样。我相信,福楼拜一定觉得这样做不仅能使爱玛的故事更具真实性,同时又能使整部作品具有艺术上的完整性。如果这真是他有意设计的,那么,要不是小说的结尾写得有点匆忙和草率,这一设计意图本会显示得更为明确。

小说中有一个地方,我发现评论家至今还未谈到过,现在我提请你注意一下,因为这是福楼拜写作技巧的一个极好例证。爱玛结婚后的最初几个月,是在一个叫道特的村庄里度过的,她非常厌烦那里的一切,但为了情节的平衡,福楼拜又不能把这段时间一语带过,而是必须用相当的篇幅和细节来描写爱玛在那里的生活。这确实很难写,因为你要写到的事情,既要使爱玛厌烦,却又不能使读者也厌烦。然而,福楼拜写得很成功,他让你读到那一大段描写时不但不厌烦,而且还觉得很有趣。我曾好奇地想,他究竟是怎么做到的;于是就把那一大段描写重读了一遍。我发现,他在那里描写了一连串非常琐碎的事情,但没有一件是重复的,每一件都很新鲜;而正因为你读到的都是新鲜事,你自然也就不会厌烦;与此同时,由于这些事情都很琐碎,而且描写得平平淡淡,你又确实会直观地、自然而然地体会到爱玛的厌烦情绪。包法利夫妇离开道特后,就住到了永镇。小说中对永镇的那段描写,有点游离于情节,但也仅此一段,其他对乡村或市镇的描写都紧扣情节,而且写得很逼真。此外,福楼拜还善于在人物的活动过程中介绍人物,因而就像我们在现实生活中一样,是一点一点地了解某人的真实性格、生活方式和家庭背景的。

我在前面说过,福楼拜自己也知道,要写一部关于庸人的小说,很可能会使人觉得枯燥乏味。但他决心要写出一部艺术作品。他认为只有用精准的文笔才能把琐碎之事和平庸之人写得津津有味。我不知道世上是否有天生的文体家,至少福楼拜不是。他那些在他去世后才出版的早期作品,显然都写得啰里啰唆;在他写的那些信件中,不仅没有任何迹象表明他是语言天才,倒有不少语法错误。然而,就在他写了《包法利夫人》之后,他成了法国最了不起的文体家。当然,像我这样的一个外国人,即使精通法语,充其量也只能对此作出一种不太精确的判断;如果我想翻译《包法利夫人》这部作品,那十有八九也会疏忽许多细微之处,因为很明显,原作精妙贴切的用语和富有韵味的音乐感,是根本翻译不出来的。尽管如此,我仍觉得把福楼拜想要达到的目的和他用来达到目的的方法告诉读者,是很有必要的,因为从他的写作实践中,任何国家的小说家都可以学到不少东西。

布封①有一句格言:"要想写得好,必须感觉得好,思考得好,讲述得好。"福楼拜就以此自勉。他认为,要形容一件东西,只有一个词最贴切,不可能有两个同样贴切的词,所以用词就必须像于套一样要正正好好合适。他立志写一种既畅达又精确、既简洁又多变的散文。他要把散文写得像韵文一

---

① 布封,18世纪法国博物学家、作家。

样有韵律、有节奏、有乐感,同时又不失散文的本色。只要有助于达到上述效果,他不仅经常使用日常口语,只要有必要,就是粗俗的俚语,他也同样使用。所有这一切,他都做得精益求精,有人甚至认为他做得太过分了。譬如,他曾说:"当我在一个句子里发现有地方读上去不上口或者有地方重复时,我就知道这个句子一定写错了。"他在同一页上避免两次使用同一个词。这未免有点可笑。如果一个词在两个地方都很贴切,那就应该用,另找同义词或者婉转说法未必就好。他尽量要把句子写得(像乔治·穆尔①在其后期作品中那样)韵味十足,而且尽量要有韵律变化。他有一种特殊才能,就是用词准确的同时又能感知语音效果,能使他写出来的句子给人以快速或者缓慢、倦怠或者紧张的感觉;事实上,他可以通过这种方法表达任何情绪状态。不过,即便我有足够的知识,也没有足够篇幅来详细谈论福楼拜文体的特殊性。我接着要想说的是,他是如何成为文体大师的。

主要是靠勤奋。每当他想写一部小说时,他总是先阅读可能找到的所有相关材料,并做大量札记。在开始写作前,他要大略地概括出小说的主要内容,然后拟出提纲,再照着提纲一边推敲一边写,写完一部分后就加以修改、删减,甚至重写,直到取得他预想的效果为止。这些做完后,他就走到书房外面的平台上,大声诵读他刚写好的那些句子,因为他确信,如果某个句子听上去不顺耳,或者读起来有点拗口,那么这个句子一定是什么地方有毛病。于是,他就会回到书房重写这一句,直到他觉得满意为止。他曾在一封给朋友的信里说:"整个星期一和星期二,我都在推敲两行文

---

① 乔治·穆尔,19世纪末、20世纪初英国小说家。

字。"这当然不是说他在两天里只写了两行字,很可能写了十几页;他的意思是,他用了两天时间,终于写出了两行他自己觉得很满意的文字。无怪乎,他用了四年又七个月的时间,才完成《包法利夫人》。

五

好了,该说的我都说了。继《包法利夫人》之后,福楼拜写了《萨朗波》,但一般认为这是一部失败之作。然后,他把他多年前写的另一部小说即《情感教育》改写了一遍,因为他对这部小说一直不满意。在这部小说中,他再次描写了他和艾莉莎·施莱辛格的爱情。这部作品尽管在法国被许多著名批评家认为是他的杰作,但外国人若去读它的话,肯定会觉得很乏味,因为其中写到的许多事情都是外国人不感兴趣的,尤其是在今天。这之后,他又第三次重写《圣安东尼的诱惑》。

福楼拜

说来也真有点奇怪,像他这样一个才华出众的小说家,有那么高超的写作技巧,却那么缺少构思新作品的冲动。他总是一次次地重新捡起那些从他年轻时起就一直困扰着他的旧主题,好像只有当他用最精确的方式把它们表达出来之后,他的灵魂才能最终得到解脱似的。

随着时光的流逝,他的外甥女卡罗琳出嫁了。他仍和母亲一起住在"克鲁瓦塞"。后来,他母亲也去世了。一八七〇年,法国战败①,卡罗琳的丈夫在经济上陷入困境。为了使这对年轻夫妇免于破产,福楼拜拿出了自己的全部财产,只留下那幢他无法舍弃的旧房子。当初在他富有之时,他对金钱总是抱着蔑视的态度,现在由于他的无私,他已使自己落到了贫困的边缘。他不能不为此担忧,于是已有十年未发的旧病又开始经常发作。他现在无论是去巴黎,还是出去吃饭,都要莫泊桑陪他去②,然后再把他送回来。在他的一生中,虽然在情场上总是失意,但在社交场上,他总有几个忠实而热心的知交,而随着这些知交一个个去世,他的晚年也就变得越来越孤独了。他很少离开"克鲁瓦塞",但烟抽得很多,酒也喝得不少。

他生前最后出版的是一部包括三个短篇小说的短篇集。与此同时,他正在写一部名叫《布法与白居谢》的长篇小说,打算最后再嘲笑一下那些愚蠢的庸人。为写这部作品,他以他惯有的谨慎和勤奋翻阅了一千五百本书,从中获取他认为必要的材料。他计划写两部,而且第一部已行将完成。但是,到了一八八〇年五月八日,那天上午十一点钟,女仆把午餐送到他书房里去,发现他躺在沙发上,嘴里正说着胡话。女仆赶紧去把医生叫来,但医生也帮不了什么忙了。不到一小时,他便溘然去世了。

他去世后又过了一年,他的老朋友马克西姆·杜·冈独自到巴登去度假。一天,他外出打猎,不知不觉走到了一家叫"伊累诺"的疯人院门口。这时大门正开着,病人们在作每天的例行散步。他们排成两行,两个两个地并排从大门口走出

---

① 指普鲁士和法国的战争,即"普法战争"。
② 莫泊桑是福楼拜的学生。此时福楼拜约50岁,莫泊桑约20岁。

来。其中有个女病人忽然走到杜·冈面前向他鞠躬。杜·冈这才看清,那个女病人原来是艾莉莎·施莱辛格——福楼拜生前爱得那么热烈、那么持久而又那么徒劳的女人。

第七章
麦尔维尔与《白鲸》①

一

我读了雷蒙德·威弗的《赫尔曼·麦尔维尔：神秘水手》、刘易斯·曼福德的《赫尔曼·麦尔维尔》、查尔斯·安德森的《麦尔维尔在南海》，以及威廉·埃勒瑞·塞奇威克的《赫尔曼·麦尔维尔：思想悲剧》。不管怎样，我觉得这些书还是使我对赫尔曼·麦尔维尔有了更多了解。雷蒙德·威弗说，在一九一九年麦尔维尔诞生一百周年纪念时，有位"轻率的评论家"写道："由于某种奇怪的、不知确切原因的内心经历，改变了赫尔曼·麦尔维尔的写作风格和人生观。"我不知道雷蒙

---

① 《白鲸》（Moby Dic），19 世纪美国作家赫尔曼·麦尔维尔（Herman Melville, 1819—1891）所著长篇小说。小说主题是：自然的狂暴和人性的狂暴，孰是孰非？主要情节是：捕鲸船船长亚哈遭遇一头绰号"莫比·狄克"的凶猛白鲸，被咬掉一条腿。从此，亚哈性情大变，认定莫比·狄克是世间一切邪恶和痛苦的代表，发誓要追杀这头白鲸。为了实现这一目标，亚哈不惜违反捕鲸业的行规，不顾大自然的一次次警告和船员的反对，搜遍全球最蛮荒的海域。终于，他和他的宿敌莫比·狄克狭路相逢。莫比·狄克有着魔鬼般的狡诈和神话般的力量，普通人是无法战胜的，然而疯狂的亚哈却向不可战胜的对象发起注定要失败的挑战。在他心中，这头白鲸不仅是在海水中游动的巨兽，也是在他血脉里游动的恶魔，他必须将其除掉。所以，当他找到莫比·狄克后，便紧追不放。三天后，他终于射出鱼叉，击中莫比·狄克，但他的船也被莫比·狄克撞破，带着他和全体船员沉入海底。只有一人幸运逃脱，回来讲述亚哈和莫比·狄克的故事。

第 七 章

德·威弗为什么要说这位不知名的评论家"轻率",其实他说到的正是研究赫尔曼·麦尔维尔的学者遇到的一个疑题。为解释这一疑题,人们仔细研究他生平中的每个鲜为人知的细节,研究他留存的所有信件和所有书籍(其中有一些还非常艰涩难懂),想从中发现有用的线索。不过,关于这一难题,我们还是放到后面再说,先来看看这些传记作家为我们提供的一些事实——浅显的、非常浅显的事实,一点也不复杂。

赫尔曼·麦尔维尔生于一八一九年,父亲艾伦·麦尔维尔和母亲玛丽亚都来自有名望的家庭。艾伦·麦尔维尔很有教养,而且到过许多地方,见识颇广;玛丽亚举止优雅,受过很好的家教,而且笃信宗教。婚后最初五年,他们住在奥伯尼,后来移居到纽约。艾伦·麦尔维尔是个进口法国服装的商人,一度在纽约的生意做得很兴旺。赫尔曼·麦尔维尔出生于纽约,是八个孩子中的第三个。一八三〇年,艾伦·麦尔维尔厄运临头,不得不举家迁回奥伯尼,而且两年后,他就在那儿去世了。据说,当时他已经破产,而且神经错乱。他没有留下任何遗产。赫尔曼·麦尔维尔一八三四年毕业于奥伯尼男子中学,先在纽约州立银行做杂务;后来,即一八三五年,他去了坎斯沃尔特,在他哥哥的皮货店里帮忙。第二年,他去匹兹费尔德,到叔叔的农场里干活,又在塞克斯区的一所小学教过一学期书。十七岁时,也就是一八三八年,他去当了一名水手。关于他为什么会去当水手,有不少人说了不少原因;但我觉得很奇怪,除了他自己说的那个原因,为什么还要去找别的原因。他说:"我对自己的未来有过好几种设想,但都令人遗憾地不能实现,而我又焦急地想找到工作,加上我天生喜欢漂泊不定的生活,所以我就下了决心,去当一名周游四海的水手。"他干过不少行当,都一事无成;就我们所了解的情况来

看,他母亲很可能当面对他表示过不满。所以,他去当水手,就像许多离开家庭的年轻人一样,是因为在家里过得不舒服。麦尔维尔是个古怪的人,但这件事很正常,我们没必要去猜测他有什么古怪的动机。

他到了纽约港,浑身湿淋淋的,裤子上打了补丁,上衣口袋里一分钱也没有,手里只拿着一支猎枪;这还是他哥哥给他的,称没钱时可以把枪卖掉。他穿过纽约市区,到他哥哥的一个朋友家过了一夜。第二天,这个朋友陪他一起到码头上。稍一打听,就找到一艘准备开往利物浦的船①。于是,麦尔维尔应募到这艘船上做侍役,每月工资三美元。关于这次往返利物浦航行,他在十二年后的一部名为《雷德伯恩》的小说中作了描述。在他看来,写这本书只是为了赚一点稿费而已;其实,这本书写得很好,通篇用老式英语写成,简洁明快,故事朴质真实、生动有趣,是他最具可读性的作品之一。

此后三年他的情况如何,我们知之甚少。我们所知道的仅仅是,他在几个地方教过书,其中有纽约州的格林布什,他在那儿教书的报酬是每季度六美元,外加伙食。还有就是,他在这三年间为几家地方报纸写过不少文章,但现在能找到的只有没几篇。从这几篇看,他的这类文章可能都写得索然无味,只是从中可以看出他读过不少书。也就是说,从这类文章中就可以看出他后来一辈子都没有改变的文风,那就是喜欢引经据典,莫明其妙地引用神话故事、历史典故、传奇人物,以及各个时代的各式各样的诗人、作家。就如雷蒙德·威弗所说:"他漫不经心地一页一页往下写,时而引用莎士比亚、拜伦、弥尔顿、柯勒律治,时而引用切斯特菲尔德,时而提到普罗

---

① 显然,麦尔维尔做的是临时水手,即和船东签约,做单一航程或往返航程。

第七章

米修斯、灰姑娘,时而提到穆罕默德、克莱奥佩特拉,时而提到圣母玛利亚,时而又提到美第奇、穆斯林。"

不管怎么说,麦尔维尔是个喜欢冒险的人;他就是无法忍受任何平庸,尤其是平平淡淡的日常生活。他其实并不喜欢当水手,只是想借此漂洋过海罢了。一八四一年,他登上驶往太平洋的"阿库斯奈特号"捕鲸船,从纽拜德福特出发了。船上的水手全都粗鲁、野蛮,既无文化,又无教养;只有一个叫理查德·托贝亚斯·格林的十七岁小伙子是个例外。关于这个小伙子,麦尔维尔后来写道:"托贝①长得很英俊,身穿蓝色水手服和帆布裤,是甲板上最健美的水手;他身材虽不高大,但身姿矫健。热带的太阳把他天生黝黑的皮肤晒得更加黑了,一头黑得发亮的长发披散着,一双又黑又大的眼睛更是目光闪闪。"

航行十三个月后,"阿库斯奈特号"停泊在玛奇萨斯的努库希瓦岛旁边。这时,两个年轻人已经对捕鲸船上的恶劣环境和船长的指手画脚厌恶透了,决定离船逃跑。他们在水手服里塞满烟草、饼干和印花布后(这些可以和土人交换食物),便上了岸。他们艰难地走了好几天,到了泰比人居住的山谷,并在那里受到还算友好的接待。麦尔维尔在途中就扭伤了脚,一直是忍着痛行走。所以到山谷后不久,托贝就一个人出去找药,为麦尔维尔治疗脚上的伤痛。他们想尽快离开,因为他们曾听人说过,泰比人有吃人肉的风俗,所以他们自然想到,长时间和泰比人在一起,实在太危险了。然而,托贝竟一去而不复返,很久以后才得知,他一到附近的港口就被绑架到了另一艘捕鲸船上。麦尔维尔呢,据他自己说,他在山谷里一

---

① "托贝"是托贝亚斯的昵称。

直住了四个月,有吃有喝,还和一个名叫弗娅威的泰比姑娘交了朋友,一起游泳、划船;因此,除了担心自己会不会被泰比人吃掉,他这段时间过得还是很不错的。后来,又有一艘捕鲸船到了努库希瓦岛。船长偶然听说有名水手在泰比人那里,而他船上正有水手逃跑,于是就派了岛上几个和泰比人有仇的土人去找。还是据麦尔维尔自己说,那些土人找到了他,但他不愿意跟他们走,于是就打了起来;最后,他用船钩杀死一个土人后,逃跑了。

不过,他后来还是上了一艘船,一艘叫"朱莉娅号"的船。这艘船上的情形比"阿库斯奈特号"还要糟糕。航行到帕比特时,水手们全体哗变,被押到一艘法国军舰上,戴上手铐脚镣关了五天;然后又在帕比特法庭受审,被关进当地的监狱。"朱莉娅号"重新招募一批水手后就启航了。这批被关押的水手不久之后也被释放。这批水手中,有一名原本是个江湖郎中,麦尔维尔叫他"长腿鬼郎中"。他们俩结伴,划船到了附近的埃弥奥岛。他们靠打短工为生,在两家种植园里挖土豆。麦尔维尔在马萨诸塞为叔叔干活时就不喜欢干这种活,如今他更不愿意长期在波利尼西亚的热带阳光下挖土豆。于是,他和长腿鬼郎中一起过漂泊不定的生活,在各处的土人那儿谋生。最后,他和长腿鬼郎中分手,并到了一艘名叫"莱维森号"的捕鲸船上。他恳请船长收留他,又当起了水手。这样,他随这艘船到了檀香山。他在檀香山做过什么事,就不得而知了。据说,他在那儿谋到了一份职员工作,不知是真是假。后来的事,我们知道,他受雇于美国军舰"合众国号",当一名普通水手;一年后军舰回到美国,他即被解雇。

至此,我们已经讲到一八四四年,麦尔维尔二十五岁。他年轻时的照片一张也没有,但根据他中年时的照片可以想象,

第七章

二十几岁时的他,是个身材高大而匀称、体格强壮而矫健的年轻人,眼睛不大,鼻梁笔挺,一头鬈发。他回到家,发现母亲和姐姐已住到奥伯尼郊区的岚欣伯格了。住在坎斯沃尔特的哥哥已关掉皮货店,成了一名律师,还参与政治;老二艾伦也是律师,住在纽约;小弟弟汤姆当时还只十几岁,不久后也像他一样出海历险去了。他发现周围的人对他很感兴趣,把他视为"和食人生番一起生活过的人";有人很想知道他的经历,他也很乐意讲给他们听;他们怂恿他写书,他也真的写了。他过去曾写过一些东西,但并不成功,只是赚了一点稿费。现在,他根据自己在努库希瓦岛上的经历写了一本书,取名为《泰比》。原本在坎斯沃尔特开皮货店的哥哥,现已成了美国驻伦敦特使的秘书,帮他把书稿交给了出版商约翰·默里。默里接受了书稿,不久便由威莱·普特南出版公司在美国出版。此书出版后读者反应不错,于是他信心大增,

麦尔维尔

又根据自己在南太平洋的经历写了一本书,取名《奥穆》,并于一八四七年出版。

就在这一年,麦尔维尔和首席法官肖恩的独生女伊丽莎白·肖恩结婚。他们两家本是世交。婚后他们移居纽约,就住在第4街103号他父亲艾伦·麦尔维尔原来的房子里,和他们同住的还有妹妹奥格丝塔、弗妮和海伦。这三个女孩为什么要离开母亲,离开岚欣伯格,原因不得而知。麦尔维尔在

那里专心从事写作。一八四九年,也就是婚后两年,他在儿子马尔科姆出生后几个月又去横渡大西洋,但这次不是当水手,而是以访客的身份到伦敦去会见出版商,商讨《白外套》的出版事宜,还有他妻子和他同行。《白外套》是根据他在"合众国号"军舰上的经历写成的。他们在伦敦办完事,又到了巴黎,到了布鲁塞尔,再沿着莱茵河一路畅游。不过,在他妻子后来写的回忆录中,却是干巴巴地说到这次旅行:"一八四九年夏天,我们在纽约。他写《雷德伯恩》和《白外套》。当年秋天,我们去英国,打算出版这两本书。因为思念家乡,我们在那儿没有逗留多久,很快就回来了,有些名人邀请我们,譬如勒特兰公爵邀请我们到他的贝尔福城堡去住上一周,看看他的牧场,我们也没去。回国后我们去了匹兹费尔德。一八五○年夏天我们就住在那儿;秋天,也就是同年十月,我们全家都搬到了阿罗海德。"阿罗海德是麦尔维尔在匹兹费尔德的一个农庄的名字。这个农庄是他用他岳父即首席法官肖恩借给他的钱买下的,他和他妻子、孩子,还有他的几个妹妹,后来就住在那儿。至于他在那儿的生活,他妻子在她的日记中仍是那么干巴巴地写道:"他写《白鲸》不太顺利,今天他坐在书桌前,坐了四五个小时,一个字也没写。傍晚时他骑马出去遛遛——早上起得很早,先去散散步,再回来吃早饭——有时劈劈柴,也算是锻炼身体。现在是一八五三年春天,我们为他的健康担忧。"

麦尔维尔携家人搬到阿罗海德后,发现霍桑①就住在附近。对这位年长的作家②,麦尔维尔怀有一种像女学生似的爱慕之情。这种感情很可能使这位深居简出、不苟言笑的长

---

① 纳撒尼尔·霍桑,美国小说家,著有《红字》《福谷传奇》等。
② 霍桑比麦尔维尔大15岁,当时麦尔维尔31岁,霍桑已46岁。

第七章

者坐立不安。麦尔维尔不仅写一封封热情洋溢的信给霍桑——譬如,信中说:"我深感有幸结识您,这使我生而心满意足,死而无怨无悔。""认识您,我深受教诲,胜过《圣经》百倍。"——还经常晚上骑马到莱奴克斯庄园去拜访霍桑,和他谈论"上帝、未来,以及其他深奥难解的问题",这很可能使霍桑心里厌烦而又不好说。他们交谈时,霍桑夫人就在一旁做针线。她在写给母亲的信中这样说到麦尔维尔:"我不能不说他是个很好的人……一个诚恳、热情的人,一个正直、聪明的人,一个有生活经历的人;他很坦诚,也很有礼貌,像个谦谦君子……他看事情很有眼力,而我很惊讶,他的眼睛并不大,也不深沉。他好像一切都能看透;我真不明白,凭他那双小小的眼睛,他是怎么做到的。他的眼光一点也不锐利,很平常。他鼻子笔挺,很英俊,嘴也富有表情。他长得很高,很挺直,很有点潇洒大度的男子汉样子。但他说话时却会眉飞色舞,又是摆手,又是点头,一副忘乎所以的样子。这好像不太优雅,但也不算过分。再说一分钟以后,他那副忘乎所以的样子就会变成一副沉思默想的样子,会从我不喜欢的那双小眼睛里流露一种执拗、忧郁的神情,同时又使你觉得他好像对什么事情都很有把握。他会懒洋洋地看你一眼,但很奇怪,他的目光又很有力;他其实并没有怎么注视你,但你会被他的目光吸引。"

后来,霍桑夫妇离开了莱奴克斯庄园,他们的交往也就到此结束。在他们的交往中,麦尔维尔显然很热情、很真诚,而霍桑显然不怎么热情,或许还有点窘迫。麦尔维尔把他的《白鲸》题献给霍桑。霍桑读完这本书后写了封信给麦尔维尔,这封信已经遗失,但从麦尔维尔的回信中可以看出,他似乎早料到霍桑不会喜欢这本书。其实,公众也不喜欢,评论家也不喜欢。他继《白鲸》之后写的《皮埃尔》遭遇更惨,不但被鄙视,还

受攻击。看来,他要靠写作挣钱是不行了,但他除了妻子,还有两个儿子、两个女儿,大概还有三个妹妹,需要他供养。从他的信件中可以看出,他觉得耕种土地、经营农庄,就像他在匹兹费尔德为叔叔割草、在埃弥奥为种植园主挖土豆一样,是他不得已才做的事情。确实,他一点也不喜欢这样的体力活:"看我这双手——一手掌上有四个水泡,全是前两天握锄头种地弄出来的。今天下雨,地里的事情全部暂停,真不错……"一个农夫有这么一双娇嫩的手,是不会有好收成的。

　　看来,是他的做首席法官的岳父在定期接济他们一家。老人厚道、明智,所以有人猜测,是他建议麦尔维尔另谋生路。他曾东找西托,想给麦尔维尔谋个领事职位,但没有成功;无奈,麦尔维尔只好继续靠写作挣钱。他生了病,又要岳父解囊相助。一八五六年,他再次出国,这次是去君士坦丁堡、巴勒斯坦、希腊和意大利;回国后,他总算靠讲学有了一点收入。一八六〇年,他作了一生中最后一次海上旅行。当时,他弟弟汤姆正经营一艘叫"流星号"的货船,从事和中国的贸易。麦尔维尔乘上这艘船,先到了旧金山。但不知是他对弟弟不满呢,还是弟弟对他不满,反正不知什么原因,他并没有像我们想象的那样历险精神不减当年,一鼓作气直奔远东,而是在旧金山上了岸,由陆路返回了。这之后,是他岳父去世,他们一家因此而过了好几年相当贫困拮据的生活。一八六三年,他们决定搬离阿罗海德。他们把阿罗海德卖给有钱的哥哥艾伦,并从他手里买下纽约的一幢房子;房款不够,还向银行借了一笔钱。就在纽约东26街104号这幢房子里,麦尔维尔度过了他的余生。

　　据雷蒙德·威弗说,此时的麦尔维尔只要能赚到一百美元稿费,就已经是大喜事了。一八六六年,他在海关谋到一个外勤稽查员的职位,家境才有所好转。然而,第二年,大儿子马尔科姆在房间里开枪打死了自己;是失手,还是自杀,后来一直没有搞清楚。二儿子斯坦威克又离家出走,一去杳无音讯。家里一片昏暗。此后二十年,麦尔维尔一直在海关做事,职位很低,薪水不高;后来他妻子继承了她哥哥塞缪尔的一笔遗产,他就辞职不干了。一八七八年,由他哥哥资助,他自费出版了两万多行的长诗《克莱尔》。去世前不久,他还写了,或者说改写了中篇小说《比利·巴德》。他于一八九一年七十二岁时去世,随即就被世人遗忘了。

二

以上这些关于麦尔维尔的生平事实,就是传记作者为我们提供的,但显然太简略了,遗漏了不少东西。他们说到马尔科姆的死和斯坦威克的出走,寥寥几句,好像这是两件无关紧要的事情。譬如,马尔科姆死于枪下时十八岁,麦尔维尔夫人肯定会和她的兄弟们有书信来往,谈到此事;可是却不见这些书信,我们只能假设被人藏起来了。此外,麦尔维尔的名声确实在一八六七年已大不如前,但他终究是有点名气的,而且还健在;所以不难料想,这件事一定会引起报界的注意,而且会对此事有所披露。他儿子究竟是怎么死的,难道没有人刨根究底?如果是自杀,原因何在?还有,斯坦威克为什么要出走?家里究竟发生了什么事,使他作出如此反应?而且,他出走后为何会杳无音讯?鉴于后来在麦尔维尔的葬礼上只见到麦尔维尔夫人和两个女儿,人们不免猜测,斯坦威克很可能早就死了。就我们所知,麦尔维尔夫人是个慈爱的母亲,但奇怪的是——还是就我们所知——儿子出走,她竟然没有做过任

何努力,设法去找他,或者,至少设法和他取得联系。有资料表明,麦尔维尔晚年宠爱外孙和外孙女,但他对女儿是否也这样呢,那就难说了。刘易斯·曼福德写的《赫尔曼·麦尔维尔》一书应该说还是比较真实可信的;他在书中说,麦尔维尔在子女眼里简直可憎可悲,是个脾气暴躁、毫无耐心的父亲,还常常刻薄地数落他们。"只要一提起父亲,他的一个女儿就会痛苦地直摇头……家里连下一餐的面包都没有了,他却用仅有的十美元去买了一幅蹩脚的版画或一个粗糙的小雕像,都这种时候了,谁还要那种东西?"他有时似乎也想使他们开心,和他们说说笑话,只是他们并不领情;而更为经常的倒是,你似乎会觉得,他会喝得酩酊大醉回到家,稍不称心就大发脾气,甚至动手打人。当然,关于后面这一点我必须马上声明,并没有具体证据来加以证明。但是,即便如此,即便没有具体证据来证明他是这样一种人,我们仍有充分理由认定,他是个自私、懒散、对家庭不太负责任的人。

一个写《泰比》和《奥穆》的人,变成了一个写《白鲸》和《皮埃尔》的人,而这时,他的年龄还刚刚三十出头。这样的变化,到底是什么原因造成的呢?且听我慢慢道来。我觉得,《奥穆》比《泰比》读起来更容易一点。在这本书里,麦尔维尔如实地描述了他在埃弥奥岛上的经历,事实是怎样的,他也就怎样写。《泰比》则不然,描述他在努库希瓦岛上的经历时,夹杂着虚构的内容。据查尔斯·安德森说,麦尔维尔在努库希瓦岛上其实只待了一个月,并非他谎称的四个月;再则他前往泰比人的山谷途中,也不像他描述的那样险象环生;还有泰比人吃人肉之类的说法,也是夸大的;至于他最后侥幸脱险的故事,更是纯属虚构:"……脱险的那一幕写得过于浪漫,令人难以置信,显然是草率写成的,旨在把自己写成英雄,而不顾及逻

第七章

辑上的合理性。"不过,也不必过于责难麦尔维尔;我们知道,他曾许多次在许多人面前讲述过他的这次经历,而且我们也都知道,每讲一次,他总要想把事情讲得更动听一些,于是就免不了添油加醋。这样一来,等到他要用这次经历来写一部小说时,他就犹豫了,要是如实描述那些其实并不怎么惊险的事情,会不会对读者没有吸引力?于是,他就把《泰比》写得像个大杂烩,加入了许多他从历代游记作品中读来的东西,还加入了许多他自己想象的东西。对此,查尔斯·安德森先生也许过于细心了,他告诉我们,麦尔维尔有时会一字不改地直接抄袭某部游记作品中的某个段落,甚至连错误的地方也没有改正。我想,大概就是这个缘故吧,这本书读起来确实有点不太流畅。不过,无论是《泰比》,还是《奥穆》,总体上都是用当时流行的老式英语写成的,而且写得还算不错。只是,相比通俗词语,麦尔维尔更喜欢使用古雅的书面语;譬如,说到建筑物,他不说"房子",而喜欢说"屋宇";就是说到一间茅屋就在另一间茅屋旁边,他也不说它们"紧挨",而是说它们"毗邻";他不像多数人那样说"疲劳",而是说"倦怠";他不说"动了感情",而总是说"情有所动"。

尽管如此,这两本书的作者形象仍清晰可见;你不用多费力就能看出,他是个刚毅、勇敢的年轻人;热情、爽朗,虽不勤奋,也不懒惰;心情愉快、为人和善、乐于助人、无忧无虑。他和同龄的年轻人一样,看到美艳的波利尼西亚少女会神魂颠倒。倘若这样的少女自己找上门来,他更不会拒之门外,否则岂不成了不寻常的怪事?要说不寻常,他倒也有一点,那就是他不寻常地喜爱自然景色,而一般年轻人对自然景色是不在乎的,往往视而不见。他却对大海、天空、群山情有独钟,而且还会津津有味地将其描绘出来。此外,还有一点或许也和一

般二十多岁的水手不同,那就是他喜欢思考,而且他自己也知道这一点。"我生来喜欢思考,"他后来写道,"在航海途中,我常常会半夜里走到甲板上,裹紧上衣,独自坐在那儿思考。"

然而,正是这样一个年轻人,竟然写了出像《皮埃尔》这样的书,竟然变成了一个极度的悲观论者。这如何解释呢?到底是什么原因,使这个平实开朗、写《泰比》的年轻人,变成了一个阴郁怪异、写《白鲸》的中年人?也许,在如今这个关注性意识的时代,我们可以找到某种和性有关的原因来解释这一奇怪的现象。

麦尔维尔写《泰比》和《奥穆》,是在和伊丽莎白·肖恩结婚之前。结婚后第一年,他写了《玛地》。这本书一开始也是很平直地讲述他的海上经历,但到了后面,就变得稀奇古怪了,而且写得很长,我觉得很乏味。关于这本书的主题,我觉得雷蒙德·威弗作了很好的概括,他说:"《玛地》所要表达的,就是对一种既神圣又神秘的性欢悦的追寻。这种性欢悦,是麦尔维尔在他向伊丽莎白·肖恩求爱期间所幻想的;是他因受恋母情结的压抑而又性欲冲动时所幻想的;是他和伊丽莎白·肖恩结婚后在床上所幻想的……《玛地》追寻一种业已丧失的魔力,而来自欢乐岛的(乌鲁尼亚)少女叶娜,就代表了这一魔力。为了寻找叶娜,他们(书中的人物)跨洋渡海,寻遍了整个文明世界;虽然他们对什么事情都会高谈阔论,甚至还会谈论国际政治,但就是找不到叶娜。"

如果有人想猜测,就会称这个怪异的故事是麦尔维尔对婚姻表示失望的一个迹象。关于麦尔维尔夫人伊丽莎白·肖恩,现在只能靠仅存的一些书信来想象她是怎样一个人,而她却不是一个特别喜欢写信的人,所以在这些书信中,她并没有把自己完全表现出来。但不管怎么说,从这些信件中至少可以看出,她是爱丈夫的。她可能没多少见识,只是一个规规矩

第七章

矩的女人,但她并不愚笨,也不粗俗。她对贫困从无怨言。显然,她对丈夫的变化感到困惑,对他不惜毁坏《泰比》和《奥穆》为他带来的声誉感到遗憾,但她始终信任丈夫,始终对丈夫抱有崇敬之情。她不是能言善辩的才女,而是温情贤惠的妻子。

那么,他爱她吗?他在求婚期间可能写过的信,一封也没有保留下来。他和她结了婚,但男人并不一定是为了爱才结婚的。也可能是他过够了漂泊不定的生活,想安定下来。这个怪人最初所做的怪事,就是他虽然自称"天生喜欢漂泊不定的生活",实际上他在年轻时第一次航海去利物浦和在南海生活了三年后,就没有什么历险欲望了。他以后的航海只不过是旅游而已。他之所以结婚,也可能是因为家里人和亲朋好友都认为他应该结婚了;也可能是因为他有某种不良嗜好①,想借结婚来把它改掉。谁说得清呢?刘易斯·曼福德说:"他和伊丽莎白在一起从不觉得幸福,而离开伊丽莎白,也不觉得幸福。"还说,他在航海途中思念妻子并非出于夫妻感情,而是想把"因长期分居而压抑的性欲"尽快发泄掉。这也没什么稀奇,这样的男人多得是:妻子在身边时不怎么样,离开了妻子就想念妻子;和妻子同房时不怎么样,想到要和妻子同房时却激动万分。我想,他婚后一次次去航海,可能是他忍受不了婚姻生活的束缚,也可能是他婚前对妻子的期望过高,婚后有点失望。但是,不管怎样,他始终和她维持着夫妻关系。她为他生育了四个孩子,而就我们所知,他至少对她是忠诚的,从未有过出轨行为。

我在本文不必评论《皮埃尔》,这是一本荒诞不经的书。当然,其中也有意味深长的地方。这本书是麦尔维尔在精神痛苦的情况下写的。他很亢奋,时而会写出富有激情的段落,

---

① 某种不良嗜好:暗示麦尔维尔有同性恋倾向。

但总体上说,这本书情节不合理,主题不成立,对话也写得一点不真实。这本书简直就像是一个十四岁的女学生写出来的,而且是一个神经不正常的女学生写的一部最胡思乱想的小说。确实,这本书给人这样一种印象:作者有神经病,至少是严重神经衰弱。不过,这样的书倒是精神分析学家的宝贝。我很乐意把它留给他们去分析。

同样,麦尔维尔从巴勒斯坦和意大利回国后,开过一个有关古罗马雕刻的讲座。他竟然专门选了一座题名为《阿波罗·贝尔弗蒂》的古罗马雕像加以评论。对此,我很想知道,精神分析学家又会怎么说呢?这座塑像制作得很呆板,毫无艺术灵感,唯一引人注目的是它雕了一个英俊少年。麦尔维尔很欣赏男性美——这个我在前面已经说到过,就是那个给他深刻印象的年轻小伙子托贝,他们两人还一起逃离了"阿库斯奈特号"捕鲸船。实际上,麦尔维尔在《泰比》中不止一次提到这个小伙子,说他体形如何匀称,等等。我们还应该记得,他十七岁时航海去利物浦,并在那儿结交了一个名叫哈里·伯尔顿的小伙子。后来他在《雷德伯恩》中这样描写这个小伙子:"他是那种身材娇小、体形匀称的人,卷曲的头发,细嫩的肌肤,好像是从蚕茧里长出来的。他的肤色白里透红,像女孩子似的,脚也是小小的。一双手小而白,一双眼睛大而黑,有女性之美。他朗诵诗歌,嗓音清脆,犹如竖琴。"有人对这两个小伙子为何要匆匆赶赴伦敦表示怀疑;这段情节读上去确实很别扭。有人甚至怀疑哈里·伯尔顿是否真有其人;如果没有,是麦尔维尔虚构出来仅为他的书添加一段插曲的话,那么像他这样一个男性气十足的人,竟然会虚构出这样一个疑似同性恋的角色,不是更奇怪了吗?

还有在"合众国号"军舰上,麦尔维尔的那个好友,杰克·

第七章

蔡斯，是个英国水手。关于这个人，他在《白外套》中写道："他高高的个头、健壮的体魄，眼睛大又亮，眉毛粗而长；栗褐色的胡须，浓而密。……他浑身上下有一种令人亲近的魅力。……谁不喜欢他，谁就应该承认自己是混蛋。"他还写道："亲爱的杰克，无论您此刻在何处的海浪上颠簸，请接受我对您最真挚的爱；无论您是在天涯，还是在海角，都愿上帝保佑您。"这些话洋溢着麦尔维尔很少有的温柔之情！他对这个水手如此一往情深，以至于他后来专门为他写了一部中篇小说，即《比利·巴德》。这部小说在他去世前三个月才正式写完。小说中连篇累牍地描写男主人公的惊人之美。正是他的美，使得船上没有一个人不喜欢他，然而也正是他的美，间接地使他处处倒霉、结局凄惨。

我不厌其烦地谈论麦尔维尔的这种古怪倾向，是因为这有可能是导致他婚后生活不愉快的原因；也就是说，很可能是性生活不和谐，导致了他的性格大变。所有关注他的人，对他的这种性格变化都觉得困惑不解。我想，这可能是因为他在这方面从来就是个正人君子，从未有过出格行为；但是，天知道一个男人内心会有怎样的欲念。这欲念可能连他自己也没有意识到；就是意识到了，也会竭力克制。也许，他根本就没有什么欲念（只不过有点想入非非，有点自我陶醉）；也许，他确实有某种欲念，而且在竭力克制。若是后者，那么结果就可能是，他没有屈从于这种欲念，但却不可避免地改变了他的性格。

由于他性格上的奇怪变化，有人认为，从写《泰比》的麦尔维尔变成写《白鲸》的麦尔维尔，即表明他在这过程中神经错乱了。对此，麦尔维尔的崇拜者当然会竭力否认，好像这是很不光彩的。其实，神经错乱是一种病，和感冒发热一样，既没有什么光彩，也没有什么不光彩。麦尔维尔确实有这种病的迹象，但据我所知，好像并没有真正发作过。有人认为，麦尔维尔在从岚欣伯格移居纽约的这段时间里,乱七八糟地读了许多书,所以就像堂吉诃德读了许多骑士书而变得疯疯癫癫,他也因为读了像托马斯·布朗爵士①写得那种书而变得神经错乱了。这种说法当然幼稚可笑,不会有人相信。只有到哪一天,有研究者发现了新的材料,这个谜或许才能解开。至于现在,我们仍无法真正解释清楚:一个普普通通的小说家,为什么会莫明其妙地变成了一个非同寻常的天才作家。

三

麦尔维尔读书没有系统性,读得很多、很杂。显然,他特别欣赏十七世纪的诗人和作家;因而有人认为,他是从他们那里读到了某些和他的怪癖不谋而合的东西。不过,他们对他的影响究竟是有害,还是有利,纯属个人看法问题。他早年没受过多少教育,像他这类作家,大多如此。他后来也没有因为有种种经历而变得更有文化。因为文化不像外套,可以拿来直接穿上;文化更像是养料,要慢慢吸收,才能培养出你的品性,就像食物慢慢地使孩子的身体长大。文化也不是华丽的装饰品,更不是用来卖弄和炫耀的,而是一种难能可贵的、可以使灵魂得以充实的工具。

罗伯特·路易斯·斯蒂文森②坚持说,麦尔维尔没有耳朵③。我觉得正相反,他的耳朵很灵敏。虽然他的单词拼写

---

① 托马斯·布朗爵士,17世纪英国医生、哲学家,写有《医生的宗教》《瓮葬》等,文辞华丽、论调怪异。
② 罗伯特·路易斯·斯蒂文森,19世纪英国"新浪漫主义"小说家、散文家,写有《金银岛》《新天方夜谭》等。
③ 没有耳朵:意即不懂音律,通常指写诗没有韵律,或者写出来的句子没有节奏。

第七章

有些古旧,语法有时也有点小毛病,但是他写出来的句子还是很有节奏感的,而且无论句子有多长,总能前后照应。他喜欢写格言式的短语,所用词语虽有浮华之嫌,但通常还不算太过做作,有时读起来还很典雅。因为有这种癖好,他时常会写出同义反复的词组;譬如,他会写出 umbrageous shade(幽深的阴影)这样的词组,其意思就是 shady shade(阴暗的阴影)。但不管怎样,这样的词组读起来还是很有韵味的。同样,我们还会读到像 hasty precipitancy(匆忙仓促)这样同义反复的词组,但只要想一想就会想起,弥尔顿①就曾这么写的。有时,麦尔维尔也会不同寻常地使用寻常词汇,并用这种方法产生新奇效果;譬如,他说 redundant hair(富余的毛发),你或许会想到少女嘴唇上的毛(多余的),而不至于想到小伙子的头发(那不会多余);但你查查词典,就会看到 redundant 一词第二种意思,是"丰茂的",而且弥尔顿(又是弥尔顿!)也写过 redundant hair(丰茂的毛发)。

此外,麦尔维尔还喜欢用古体词,那些只适用于诗歌的词。这个,我很难接受。他用 o'er 代替 over(在……之上),用 nigh 代替 near(附近),用 ere 代替 before(以前),还用 anon(立刻)和 eftsoons(不久),使文句散发出一种貌似芳香、其实是陈腐发霉的气味。用散文写作就应该使用平常的、实用的词语。不过,我认为他偏爱用第二人称单数②还是有点道理的。这种别扭的表达方式,据说现在已经被作家们弃之不用了。但我相信,麦尔维尔采用这种表达方式是有他的目的和想法的。可能是他认为这种表达方式会使他的书读起来比较亲切,像是在和读者对话,同时又使他的词句读起来有点像

---

① 弥尔顿,17 世纪英国大诗人,著有长诗《失乐园》《复乐园》等。
② 第二人称单数:即"你"。

诗句。

不过,所有这些,都是鸡毛蒜皮;不管人们怎么说,反正麦尔维尔写的英语绝对不是寻常的英语,而是一种风格独特的英语。这种风格,在《白鲸》一书中表现得最为突出。在一般情况下,这种风格固然有过分讲究辞藻之嫌,但在最好情况下,它给人以端庄、典雅、雄辩之感。在我看来,现在还没有哪个作家能有这种风格;它确实会使人想起托马斯·布朗爵士华丽的文辞和庄重的弥尔顿时代。在我结束这一话题之前,我还必须请读者注意:麦尔维尔在他讲究辞藻华丽的文句中又掺入了水手的语言和航海用语;这样一来,整部《白鲸》就像一部独一无二的交响乐,庄重的旋律中间杂着通俗的小曲,既有现实主义的严肃主题,又有清新浪漫的海洋气息。

四

《白鲸》是麦尔维尔的唯一可以和世界上其他伟大小说相媲美的作品,而凡是读过我的文章的人,都不会期待我会从深奥的隐喻角度来谈论这部作品。有这种兴趣的读者可以到别处去寻找,我只能用一个并非毫无经验的作家的观点来对待这本书。不过,既然有一些很聪明的人也把《白鲸》看作是寓言,那么我理应在这里稍微介绍一下这方面的情况。他们认为,麦尔维尔自己说的话是具有反讽意味的:他曾写道,他很担心这部作品可能会被人误解成"可怕的寓言,或者更糟糕、更可憎、丑陋得无法接受的譬喻"。此外,他在写给霍桑夫人①的一封信中又曾说到,他在写这本书时"隐约感到整本书

---

① 霍桑夫人,19世纪美国小说家纳撒尼尔·霍桑的妻子。麦尔维尔是霍桑一家的好友。

第 七 章

可能会被人当作寓言"。但是,就凭这些便说这本书是寓言,证据还嫌不足。如果有人确实作出了这样的解释,那也是纯属偶然。难道这不可能吗?因为就如他自己对霍桑夫人所说的,他对这样的解释不会感到丝毫惊讶。我不知道批评家是怎样写小说的,但对小说家怎样写小说还略知一二。小说家一般不是从确立某个主题开始构思小说的,不是先有了某个主题如"诚实是无上宝贵的"或者"发光的并不都是金子",然后说,我要用这个题目写一篇故事。不是的,而是先由一些人物——通常是他熟悉的人——激发了他的想象力;有时就在这同时,有时则要晚一些,他便开始构想小说中应有的事件。这些事件可能来自他自己的经历,可能是听说的,也可能是凭空杜撰的。只有当人物和事件在他的头脑里融合起来后,主题才逐渐产生。麦尔维尔没有胡思乱想,因为当他想入非非时,他便惨遭失败,如《玛迪》一书就是明证。他有丰富的想象力,但想象力越丰富就越需要以事实作为想象的基础。一旦他对自己的想象力不加控制,他就写出荒诞不经的东西,如《比埃尔》一书就是这样。他生性喜欢思辨,这是事实;而且随着年龄增长,他越来越倾向于思考哲学上的形而上学问题。雷蒙德·威弗把哲学上的形而

《白鲸》

上学问题说成是"痛苦和思维的混合物",这种说法似乎过于偏狭;因为除了痛苦和思维,我们还应该注意到形而上学所涉及的,其实是那些对于人类灵魂来说是至关重要的问题,如价值观、上帝、永生和生命的意义等。然而,麦尔维尔并不是思辨地,而是感情地去面对这些问题的:他如何感觉就如何做,如何做就如何想;但是这并不妨碍他的许多想法具有深刻的喻义。"心灵自有其理由,只是我们的理智不能理解罢了。"我想,要写出真正的寓言来是需要有超然物外的态度的,而麦尔维尔并没有超然于物外。

在象征意义上解释《白鲸》,埃勒瑞·塞奇威克①的观点最趋极端。他甚至断言,《白鲸》一书之所以名垂青史,原因就在于它具有象征意义。根据他的看法,亚哈②是有感情、有思想、有意志、有信仰的"人"的象征,他面对着无穷神秘的宇宙;而他的对手,即那头白鲸莫比·迪克,就是宇宙神秘性的象征,它虽然不是宇宙神秘性的创造者,但它就代表着宇宙的那种似有法则、又似无法则的混沌状态。至于宇宙本身,则如先知们所相信的那样,是由上帝创造的。但我觉得,他的这种说法很难使我信服。还有一种比较合理一点的解释,是由刘易斯·曼福德③在他写的《赫尔曼·麦尔维尔》一书中提出的。要是我没有理解错的话,他是把莫比·迪克当作邪恶的化身看待的,亚哈和莫比·迪克之间的冲突被看作是善与恶的冲突,而最终是恶战胜了善;这倒很符合麦尔维尔的悲观主义倾向。然而,寓言却是这样一种怪物,你既可以抓住它头上的毛,也可以抓住它的尾巴。所以,我如果反过来说,也同样说

---

① 埃勒瑞·塞奇威克,20世纪初美国学者、评论家。
② 亚哈,《白鲸》中的主人公,一艘捕鲸船的船长。
③ 刘易斯·曼福德,20世纪初美国学者、麦尔维尔研究专家。

第七章

得通。

  为什么莫比·迪克就一定是邪恶的化身？曼福德教授说它是"抽象的邪恶"，根据是它在遭到攻击时会自我防卫："这头畜生太恶毒，一遭攻击就会自卫。"但是，我们应该记得，麦尔维尔在《泰比》一书里就曾歌颂过未受文明世界的邪恶腐蚀的野蛮人。他认为处于自然状态的人才是真正的好人。这样的话，莫比·迪克为什么就不能代表善而非要代表恶呢？它是那样漂亮、那样庞大、那样有力，那样自由地在大海中遨游；而亚哈呢，他是那样傲慢、那样残忍、那样粗暴、那样冷酷，那样心胸狭窄地念念不忘报复，他才是邪恶的化身。所以，到了最后一刻，他和他那伙"由逃兵、无赖和暴徒组成的乌合之众"遭到了灭顶之灾；正义得到了伸张，而此时，沉着冷静的莫比·迪克又神秘地消失了。善和恶都得到了报应。也许，你还可以按同样的思路作出另一种解释。你可以把凶狠的亚哈看作撒旦①，把莫比·迪克看作上帝。最后，上帝战胜作为万恶之源的撒旦，尽管自己受了重伤，但保住了人类，让他们漂浮在"软和、挽歌似的大海"上。于是，人类不再奢求，也不再惧怕，因为上帝给了他们不可战胜的灵魂。

  幸运的是，大多数人读《白鲸》只是因为它有趣，而不是想从中找到什么深刻的寓意。我已经强调得够多了，读小说不是为了接受教诲，而是为了获得精神上的享受。如果你发现读小说没什么乐趣，那就干脆不要读。不过，我得承认，麦尔维尔好像有意不让读者获得乐趣。他曾在一封信中说："我想按我的意愿写下去，那样可能很不讨好，有人会觉得没趣，但要我用另一种方法来写，我又办不到。"他本来就脾气倔强，加

---

① 撒旦，《圣经》中魔鬼的名字。

上公众对他的冷淡、批评家对他的攻击和朋友们对他的误解，他更是横下一条心，只写他自己想写的东西了。在最近再版的《白鲸》一书的序言中，蒙哥马利·贝尔津①小心翼翼地解释说，麦尔维尔之所以不厌其烦地叙述鲸鱼的历史和鲸鱼的骨骼大小等琐事，原因可能是他想使书中的捕鲸的故事显得更为真实可信。我不同意这种看法。如果麦尔维尔真想这样做，他完全可以利用自己在太平洋上的三年生活中所亲身经历的事情，或者听人讲述的有关捕鲸的故事，来达到这一目的。我认为，事情很简单，麦尔维尔写之所以写这几章，就是因为他忍不住要把自己感兴趣的东西告诉读者。这些东西，除了写到莫比·迪克为什么会浑身发白的那部分我觉得有点荒唐，其余部分我是读得津津有味的。尽管如此，我仍不得不承认，所有这些东西都是和小说主题毫不相干的。除此之外，还有一点也可能使读者感到失望，那就是麦尔维尔详细介绍了某个人物之后，往往会把他搁置一边；你对这个人物已产生极大兴趣，很想进一步了解他，而作者好像根本就没把你放在心上。显然，麦尔维尔缺少法国人所说的那种"连续性"。有人说他的小说结构独具匠心，我觉得他们是在瞎吹捧。他根本就没有什么"匠心"，他只是按自己的方式写了《白鲸》。对于他的这种方式，你要么接受，要么拒绝。他就是这样一个小说家，而且还不是第一个，他会对你说："不错，我要是照你说的那样去写，或许能写出一本更好的书来；我相信你说得非常正确，但是现在这样写却是我喜欢的，是我想做的；要是别人不喜欢，我就没办法了，再说我也不在乎别人喜欢不喜欢。"

---

① 蒙哥马利·贝尔津，20世纪初美国学者、评论家。

第七章

  有的批评家指责麦尔维尔缺乏创造力,我倒认为他创造得太多,有时甚至有点不合情理。当然,只要有经验作为基础,他写出来的东西还是很有说服力的;不过,这一点大多数小说家都能做到。当有经验基础时,他的想象力便发挥得既无拘无束又生动有力。我要说就是这些。还有一点好像用不着我多说,那就是麦尔维尔对景物的描写总是很精彩的。他的文笔有点呆板,但很奇怪,读来却很有感染力。《白鲸》前几章以新贝尔福德为背景,写得既逼真、同时又具有迷人的浪漫色彩,而且还很巧妙地为后面的情节展开埋下了伏笔。当然,全书最引人注目的是亚哈船长那高大、可怕而又感人的形象。我想不出有什么小说形象能和他相比。你必须到古希腊悲剧家那里去寻找那种末日感,因为他的每件事都让你惶惶不可终日;你必须到莎士比亚那里,才能找到这样使人心惊胆战的人物。人们虽然对麦尔维尔持有种种保留的态度,但他创造了亚哈,因而使《白鲸》成了一本伟大的、非常伟大的书。

第八章
艾米莉·勃朗特与《呼啸山庄》①

一

一七七七年,帕特里克·普伦蒂出生于道恩郡②,父亲是农民,家有几亩地,仅靠父亲耕种这几亩地养活十个孩子。帕特里克一成年就外出干活,先是当纺织工,后来做乡村教师,后来又在一个牧师家里做家庭教师。他颇有雄心,想干一番

---

① 《呼啸山庄》(*Wuthering Heights*),19世纪英国女作家艾米莉·勃朗特(Emily Bronte 1818—1848)所著长篇小说。其主题是:爱与恨的相互交织与相互毁灭。其主要情节是:弃儿希斯克利夫被山庄老主人恩萧从利物浦带回呼啸山庄。恩萧将他当作自己的儿子,待他很好。老主人去世后,他受到恩萧的儿子亨德莱和奴仆们的歧视和虐待,从此,希斯克利夫决心报仇。恩萧之女凯瑟琳对希斯克利夫受到的不公平待遇愤愤不平,两人在共同反抗亨德莱的过程中成为亲密伙伴,产生了感情。一次,希斯克利夫无意中偷听到凯瑟琳告诉耐莉,她不能嫁给希斯克利夫,那样会降低自己的身份。听到这些话,希斯克利夫伤心不已,愤然离开了山庄,可惜的是他没有听到接下来凯瑟琳诉说自己对他炽热的爱情。三年后,他致富归来,发现凯瑟琳已与画眉山庄的年轻主人埃德加结婚。希斯克利夫开始实施他的报复。他娶了埃德加的妹妹伊莎贝拉为妻,却对她视而不见。他对凯瑟琳的激情加速了病危的凯瑟琳的死亡。他还使沉迷于赌博的亨德莱及其儿子都受制于他。凯瑟琳死后,希斯克利夫继续对亨德莱和埃德加以及他们的后代进行报复。但他的报复行为犹如一把双刃剑,也使他自己筋疲力尽。他渴望死去,早日在地下和凯瑟琳团聚。
② 道恩郡:County Down,也译"唐郡""邓恩郡",原为英国北爱尔兰东南部一郡,1973年后改为区。

第八章

事业,于是在那个牧师的帮助下,凑足了去剑桥求学的钱。那时他已经二十五岁,要上大学早就应该去了。他是个健壮的年轻人,高个儿,脸也长得英俊,所以颇为自负。他在圣约翰学院①把自己土里土气的姓(Prunty)改为"勃朗特"(Bronte),那是西西里岛上的一个村庄的名字,因三年前纳尔逊②在那里受封为公爵而出名。帕特里克·勃朗特获得学位后,也获得了教职。他先后担任过好几个教区的副牧师,其中在约克郡的哈特谢德教区,他待了五年之久。就在那里,他和一个来自康沃尔郡的商人的女儿玛丽亚·布伦威尔结了婚。他们在那里生了两个女儿,取名玛丽亚和伊丽莎白;后来,他被调到靠近布拉福的一个教区;在那里,他们又生了三个女儿,即夏洛蒂、艾米莉、安妮,和一个儿子,即帕特里克·布伦威尔。一八二〇年,他被调往约克郡的霍沃斯教区,并由副牧师升为牧师,但年薪也只有区区二百英镑。他后来就在那里任职,直至去世——看来,他的"雄心"和"事业"也不过如此。他从来没有回北爱尔兰去看望过父母和弟妹。一八二一年,他妻子玛丽亚·布伦威尔去世。他在此后的大约一年间曾几次想再结婚,但均未如意。于是,他只好把玛丽亚·布伦威尔的妹妹伊丽莎白·布伦威尔叫来,帮他照顾孩子。

霍沃斯教区牧师的住宅是建在一座小山上的一所低矮的石头房子,紧靠着高大的教堂。小山下面,就是霍沃斯村。这所房子的楼下有一个起居室、一个仅供牧师用的书房,还有一个厨房和一个储藏室;楼上有四个卧室和一个休息室。地板和楼梯都是石头砌成的。除了起居室和书房,其他房间里都

---

① 圣约翰学院:神学院,剑桥大学诸多学院中的一所。
② 霍雷肖·纳尔逊,18世纪英国海军将领,因在海外作战有功而名声大噪。

没有铺地毯,也没有挂窗帘,因为他害怕着火。在他的书房里,有一张桃木的书桌和一个马毛绒坐垫的椅子;其他房间里就只有简单的几件家具了。房子的前后都有狭小的院子;房子的两边,则是墓园;再向外望去,就是荒山野地了。帕特里克·勃朗特牧师就在这荒山野地里长时间散步,通常都会走得很远。他是个性格孤僻的人,除了偶尔去拜访一下邻近教区的牧师,除了和教堂执事谈话以及为本教区的教民布道,他几乎不和任何人来往。此外,他在他妻子去世前就习惯一个人在书房里吃饭,而这个习惯一直到他死也没有改变。每天晚上八点,他和全家人一起做晚祈祷;九点,他就去把大门锁好,上楼去卧室睡觉;若走过休息室看见孩子们还在那里,他就会命令他们去睡觉,接着再到楼梯口,把挂钟的发条上好。他是个脾气暴躁、自以为是、专横独断的人,一点也不喜欢孩子;只要他们稍稍打扰了他,他就会火冒三丈。他从不考虑孩子可能还很娇弱,就是一味训练他们吃苦耐劳、省吃俭用。他自己不吃肉,也不允许孩子吃肉;所以,他的孩子都像他一样,都是靠吃土豆长大的。他自己是穷苦的爱尔兰农民的儿子,但他却不允许自己的孩子和农民的孩子一起玩。孩子们通常只能在那间"孩子书房"(也就是那间阴冷的休息室)里坐着,看看书,说说话,但绝不能惊扰父亲;否则,他不是发火,就是阴沉沉地板着脸。他每天一早都要给孩子们上课;后来他的妻妹伊丽莎白·布伦威尔来帮他照顾孩子,还要教孩子们做家务、做针线。所以,孩子们的消遣,就是找机会到荒山野地里去逛一逛,或者,胡乱地涂鸦,写剧本、写诗、写故事来自娱自乐。一八二四年,先是玛丽亚和伊丽莎白,后来是夏洛蒂和艾米莉,被送到考温布里奇去了,因为那里刚建立了一所女子学校,是专门为这一带穷牧师的女儿们办的。那地方环境脏

第 八 章

乱,伙食糟糕,管理又一塌糊涂。没多久,两个大一点的女孩——玛丽亚和伊丽莎白——便生病死了;夏洛蒂和艾米莉也病了。撑了一段时间,她们不得不离开那里。

家里唯一的儿子帕特里克·布伦威尔,当然被视为最聪明的孩子;父亲对他的关心,当然也要比三个女儿多得多。父亲没有把他送到学校去,而是自己教他。这个男孩似乎有点早熟,行为举止不像普通男孩。他的朋友F.H.葛隆迪后来这样说到他:"他长得有点矮小,这一点他一生都耿耿于怀。他把一头红头发尽量往后梳,露出高高的前额——我想这大概是为了使他看上去高一点——他的前额确实又高又宽,几乎是整张脸的一半;眼睛却小得像老鼠,而且是深深凹进去的,加上他视力不好,戴着眼镜,看上去凹得更深了。他的鼻子倒很显眼,只是长得并不怎么好。他好像永远都是一副神情沮丧的样子,难得有兴奋激动的表情,就是有,也是一闪而过。一个又瘦又小的人,初见他时,谁也不会对他感兴趣。"他很有才能,他的姐妹都钦佩他,希望他事业有成。他才气横溢,还很健谈。他父亲是个刻板而沉闷的人,他却不知从哪个爱尔兰祖先那里遗传了一种善于社交和善于言谈的天赋。那时,如果勃莱克布尔客栈里有旅客到了晚上显得百无聊赖的话,客栈老板就会问他:"想不想有个人来和你一起喝喝酒、聊聊天?只要你说一声,我就把帕特里克·布伦威尔叫来。"可见,帕特里克·布伦威尔是很乐意帮助人的。

夏洛蒂十五岁时又去上学。这次是到一个叫洛伊海德的地方,而且她在那里过得很快活。然而只过了一年,她又不得不回家教两个妹妹读书。家里很穷,女孩们毫无指望,因为伊丽莎白·布伦威尔姨妈把她仅有的一点钱都留给她喜欢的外甥帕特里克·布伦威尔了。所以,女孩们决定将来去当女管家或者做家庭教师,看来这是她们唯一的谋生方式。帕特里克·布伦威尔到十八岁时,也要决定做什么,或者说,从事哪种职业。他渴望当画家,因为他和他的姐妹们一样,从小就显露出绘画才能。但要这样,他就必须去伦敦,到皇家专科学院学习绘画,而他能不能去伦敦,还说不准。

后来,夏洛蒂被聘为教师,回到了洛伊海德的那所学校。她把艾米莉当作一名学生带到那里,但是艾米莉想家竟想得生病了,又不得不把她送回家。小妹妹安妮性情比较平和,比较能适应,所以就由她代替了艾米莉。然而,三年后,夏洛蒂自己的健康也出了问题——尽管她们的父亲一直训练她们,想使她们一个个身体健壮,能吃苦耐劳,但讽刺的是,她们的身体从来就没健壮过,甚至还很虚弱——所以,为了养病,她只能回家,回到霍沃斯。那时,她二十二岁。

这时,帕特里克·布伦威尔变了,变得行为怪异,胡乱花钱,一家人都为他烦恼。因此,夏洛蒂身体一恢复,就觉得自己必须去找份工作;譬如,去当保姆。但她一点也不喜欢当保姆。确实,她和她的妹妹都像她们的父亲,都不喜欢孩子。她早先曾考虑过,要和两个妹妹一起办一所学校①,现在她又开始考虑这件事了。聘她去当保姆的那家人,显然都是好人,他们得知她的想法后都很支持她,但也告诉她,要想办一所学校,必须要有一定的学历才行。她虽然能读懂法文,但不会说,而且不懂德文,因此她决定,她和她妹妹必须先出国去学。这样,由姨妈伊丽莎白·布伦威尔垫付费用,她和妹妹艾米莉一起去了布鲁塞尔②,在那里的埃日尔寄宿学校学习法语。

---

① 这里所说的"学校",其实是指补习班。夏洛蒂·勃朗特想办的补习班,是为学生补习外语,即法语和德语(当时英国学生要学的两种主要外语)。

② 布鲁塞尔:比利时首都(比利时人大多说法语)。

第八章

不料,十个月后,家里传来消息说,姨妈伊丽莎白·布伦威尔病得很重,姐妹俩不得不返回英国。没几天,姨妈伊丽莎白·布伦威尔就去世了。在此之前,由于帕特里克·布伦威尔行为不端,姨妈伊丽莎白·布伦威尔已经剥夺了他的继承权,把她仅有的一点遗产都给了三个外甥女(但用这笔钱来办一所她们想办的那种学校,还是绰绰有余的)。她们的父亲也老了,而且视力不好,所以她们决定,就在当地办一所学校。夏洛蒂觉得自己的法语水平还不够,就接受了埃日尔先生的建议,回到布鲁塞尔,一边教英语,一边学法语。等她学成后回到霍沃斯,姐妹三人发了一份学校的招生启事。夏洛蒂还写信给她的好几个朋友,请她们多多推荐这所刚办起来的学校。遗憾的是,没有一个学生来报名。这件事,就这样结束了。

从少女时代起,她们姐妹三人就一直在写东西。一八四六年,她们自费出版了一本诗集,所署笔名像是三兄弟:克莱尔·贝尔、埃里斯·贝尔、艾克顿·贝尔。为出版这本诗集,她们花了五十英镑,出版后只卖掉两本。后来,她们又各自写了一部小说:克莱尔·贝尔(即夏洛蒂·勃朗特)写的《教师》、埃里斯·贝尔(即艾米莉·勃朗特)写的《呼啸山庄》和艾克顿·贝尔(即安妮·勃朗特)写的《艾格尼丝·格雷》。她们把三本书的书稿寄给一家又一家出版公司,被一家又一家出版公司退稿。不过,当克莱尔·贝尔(夏洛蒂·勃朗特)的《教师》最后寄给史密斯兄弟出版公司后,他们在退稿信中说,此书作者如果能写一部较长的小说,他们或许会考虑出版。夏洛蒂刚好在写这样一部小说,所以在一个月内,她就把书稿寄给了这家出版公司。他们接受了。这本书就是《简·爱》。

埃里斯·贝尔(艾米莉·勃朗特)和艾克顿·贝尔(安妮·勃朗特)的两部小说最后也被一家叫"纽拜"的出版公司

"以少得可怜的稿费为条件"接受了。实际上,当克莱尔·贝尔的《简·爱》还在史密斯兄弟出版公司里审稿时,埃里斯·贝尔和艾克顿·贝尔就已经各自修订过校样了①。《简·爱》出版后,虽然评论界并不看好,但读者却很喜欢,从而使它成了一部畅销书。"纽拜"公司为扩大自己出版的《呼啸山庄》和《艾格尼丝·格雷》的销售量,竟然宣称,这两本书和《简·爱》是同一作者所写。人们相信了。但是,读者并不怎么喜欢这两本书;有不少评论家还一本正经地评论说,这两本书的确不怎么样,是"克莱尔·贝尔先生"的早期作品,还不够成熟。

这是一八四八年的事。现在回过去几年,在一八四二年,帕特里克·布伦威尔在一个叫埃德蒙·罗宾森的富有牧师家里做家庭教师,就是这一家,安妮也曾在那里做过家庭教师。罗宾森先生年纪大了,还有病;他妻子虽比他年轻许多,却比帕特里克·布伦威尔大了十七岁。可是,不知怎么一来,帕特里克·布伦威尔竟然爱上了她,而她竟然也爱上了他。他们俩的关系暧昧不清,到底有没有成为情人,大概他们自己也说不清。但不管怎样,不管他们是不是情人,反正他们偷偷摸摸的事情被人发现后,罗宾森先生辞退了帕特里克·布伦威尔,并且"决不允许他再见到孩子们的母亲,决不允许他再踏进他的家门,决不允许他写信给她,或者和她说话"。帕特里克·布伦威尔本来就常常以酒浇愁,如今深陷于悲伤之中,就只能经常靠鸦片来自我麻醉了。不过,他好像还是和她有联系的,被辞退几个月后,他还在哈罗门和她见了一次面。据写《艾米莉·勃朗特传》的作者说,"她不惜名誉扫地,打算和他一起私奔。倒是帕特里克·布伦威尔劝她忍耐一下,再等一等。不

---

① 此句意为,艾米莉·勃朗特的《呼啸山庄》和安妮·勃朗特的《艾格尼丝·格雷》比夏洛蒂·勃朗特的《简·爱》早出版。

第八章

久,他就在教堂门口看到埃德蒙·罗宾森先生去世的讣告。这使他高兴得简直要在教堂门口跳起舞来,简直快要发疯了。他实在太喜欢那个女人了"。然而,第二天他收到那个寡妇的一封信,要求他不要再去找她,因为只要他们还有往来,一旦被人发现,她就会失去孩子的监护权和丈夫留下的所有遗产。这样一来,帕特里克·布伦威尔就只能永远以酒浇愁了,直到死神降临。

他死后的那一个星期里,艾米莉没有出过一次门。她病了。夏洛蒂写信给她的朋友说:"她(艾米莉)的沉闷性格使我极为不安。问她也没用,你得不到回答。要她吃药也没用,她不会听你。"等医生来了,她也不肯见。她不呻吟,也不要别人的同情,更不要别人的帮助。她不要任何人为她做任何事;任何人想帮她,她都厌烦。一天早晨,她从床上起来,自己梳洗完毕,开始做针线;她呼吸急促,两眼发呆,可是仍做着针线。病情越来越严重,到了中午再请医生来,太迟了。下午两点,她死了。没过几个月,安妮也死了。①

在帕特里克·布伦威尔和艾米莉相继去世期间,夏洛蒂正在写一部小说,那就是《雪莉》。但为了照顾病中的安妮,她放下了。后来直到她死,也没有写完。一八四九年,她去了一次伦敦;一八五〇年,她写了《雪莉》的一些章节。一八五二年,她写了《维烈特》;一八五四年,她结了婚。这以前,曾有过好几个人向她求婚,大多数是她父亲的副牧师(因为他父亲身体不好,总需要有副牧师来协助他);然而,不是担心妹妹艾米莉会把事情搞得不愉快,就是担心父亲不会同意,所以她全都拒绝了。后来她接受的,还是他父亲的一个副牧师,他眷恋她

---

① 艾米莉·勃朗特和安妮·勃朗特均死于肺结核,这种病在当时是不治之症,死亡率极高。

已有好几年了。现在,艾米莉死了,父亲也退休了,她终于答应了他。他们在六月结婚,但到了第二年三月,她就死了,死因据说是"一种先天性的疾病",也不知是真是假。

现在,只剩下年老的帕特里克·勃朗特牧师一个人了;他埋葬了妻子、埋葬了妻妹、埋葬了六个孩子后,终于可以安安静静地一个人在书房里吃饭了,终于可以自由自在地到荒山野地里去散步了,而且只要走得动,想走多远就走多远。他还是读他的书、布他的道,还是要在上床前到楼梯口去,上好挂钟的发条。他死在霍沃斯,那年他八十四岁。

二

在评论艾米莉·勃朗特的《呼啸山庄》时,我竟说了那么多关于她父亲、她弟弟和她姐姐的事,这也实属无奈,因为在勃朗特姐妹的生平材料中,最多的就是关于她父亲、她弟弟和她姐姐的材料。艾米莉和安妮默默无闻,没人注意。安妮是个性情温和的女孩,既没有什么个性,也没有多大才能。艾米莉则恰恰相反;她怪里怪气,简直就像一个令人难以捉摸的女妖。她从来不让别人直接看到她,仿佛是荒野池塘里的一个倒影,你只能根据模糊的轮廓和零星的细节来猜测她的模样。她孤僻而自傲,平时执拗得令人生厌,偶尔她兴高采烈,譬如在野地里散步时,也会使你极不自在。所以,夏洛蒂有朋友,安妮也有,艾米莉没有一个朋友。

玛丽·罗宾森是第一个为艾米莉·勃朗特立传的传记作家,她的《艾米莉·勃朗特传》出版于一八八三年,其中写到艾米莉十五岁时的样子:"她长得高而瘦,长腿长臂,虽然还是个女孩,却好像完全成熟了,走路时还会像成年女人一样摆动臀

第 八 章

部。她若穿上豪华的宫廷礼服,俨然就如一位女王;而若在空旷的野地里游荡,或者从狭窄的田埂上走过,她又会像一个顽皮的男孩一样,吹着口哨,时而一跃,跳过一个土丘,时而一蹲,逗弄一条土狗。这个身材高挑、沉默寡言的女孩,其实并不丑,就是鼻子和嘴稍大了点,脸色稍苍白了点,不是很红润。"她和她的父亲、弟妹一样,也戴着眼镜。她的鼻子有点鹰钩,嘴巴大而有点突出,既不温柔,也不妩媚。她的穿着随随便便,甚至还穿那种早已过时的、羊脚形袖子的上衣;一条直通通的长裙遮掩着她的长腿。

艾米莉·勃朗特

她讨厌布鲁塞尔,那地方使她苦恼之极。她只是硬撑着,才没有马上离开那里。同学们想对她们姐妹俩表示友好,请她们一起过周末。这对她们来说简直就是一种折磨,因为她们太腼腆,不会、也不愿和别人交际应酬。所以,不久之后,同学们就认定,对她们最为体贴的表示,就是不理睬她们。确实,她们很不合群;这很自然,因为她们从小就是在一个几乎是封闭的环境中长大的,几乎没有什么社交经验。不过,我觉得这种不合群并非只是单纯的害羞,或者自卑,还有自傲的成分——至少,对艾米莉来说,自傲多于自卑。

她们在星期天通常是一起去散散步,一路上几乎不说话。如果有人来和她们说话,总是夏洛蒂答话,艾米莉一声不响。埃日尔先生认为艾米莉才智过人,但也执拗之极;不管你说什么,只要不合她心意,她一概不听。他还发现她有点专横,就

是对姐姐夏洛蒂,她也颐指气使。"她应该是个男人。"他说,"她坚毅沉着,无所畏惧;遇到任何事情、任何人,她都不会退缩。"后来,她们的姨妈去世,姐妹俩返回了霍沃斯。这之后,艾米莉再也不想到什么地方去了。她再也没有离开霍沃斯。

她每天早上都起得比别人早,在年老体弱的女仆还未上楼前,她就把当天最辛苦的家务做好了。她为全家熨衣服,还做了大部分的饭菜;她做的面包大家都说好吃。做面包时,她往往揉几下面团,看一眼摊开在旁边的书。我读到的有关材料上说:"在做时间长的家务时,那些被临时叫来帮忙的小姑娘都记得,她手边总有一张纸、一支铅笔,一有空隙,她就会把自己想到的东西写下来,然后继续做家务。"对那些小姑娘,她很亲切、很热诚,"就像小伙子看到小姑娘,很兴奋,而若是看到其他人,譬如看到肉店的小伙计来送肉,或者面包师的徒弟偶尔来到他们家厨房,她就像一只受惊的小鸟,飞快地躲进房间,直到男式皮鞋的笃笃声消失在门外的小路上,她才会出来"。我想,她的这些举动在当时的人看来大概是不可理解的,但在今天的精神病医生看来,却是一个不难诊断的简单病例。

三

《呼啸山庄》是怎样写成的,夏洛蒂显然不太了解。她没有想到,艾米莉竟会写出这么一本奇特而怪异的书;她自己写的那本书①,就要比这本书平稳而柔和得多。所以,她觉得有必要为这本书做点解释。当这本书再版时,她自任编辑,并在

---

① 即《简·爱》。

编辑说明中写道:"我不得不强迫我自己把这本书再读一遍,因为自从我妹妹死后,我从未翻开过这本书。它写得充满激情,再次使我深感佩服;但是,我还是感到压抑,它简直不让读者有一点点欢悦;每一缕阳光似乎都要透过层层乌云才能照射下来,然而,每一页上其实都散发出道义的魅力,只是作者自己没有意识到这一点——是的,她是不可能意识到这一点的。"

由此可以看出,夏洛蒂·勃朗特其实并不怎么了解她妹妹。《呼啸山庄》是一本奇特的书:它既是一本混乱的书,又是一本很好的书;它是丑恶的,却又给人以美的感受;它是一本可怕的、痛苦的、充满激情的书。有人认为,一个牧师的女儿是写不出这样一本书的,因为她过的是一种隐士式的单调生活,认识的人很少,对世界几乎一无所知。我觉得这是无稽之谈。《呼啸山庄》具有强烈的浪漫主义倾向。这种浪漫主义避开现实主义的耐心观察,放纵主观想象,时而兴高采烈,时而意气消沉,沉湎于神秘而恐怖的激情和狂暴行为。这是对现实的一种逃避。根据艾米莉·勃朗特的性格,以及她那种强烈的、受到压抑的感情,我们完全有理由相信《呼啸山庄》就是她写的。但是,从表面上看,这部作品却更像是她那个无赖弟弟帕特里克·布伦威尔写的。有不少人确实相信,这本书即便不是全部出自她弟弟之手,至少有一部分是他写的。

她弟弟的几个朋友就是这么认为的。譬如,F.H.葛隆迪就曾写道:"帕特里克·布伦威尔对我说,《呼啸山庄》的一大部分是他写的,而且他姐姐也承认……我们一起住在卢登福特时,这位病态的天才时常说些奇思怪想来给我解闷,而那些奇思怪想后来就出现在《呼啸山庄》里。所以,我是倾向于相信这本书的故事情节是他而不是他姐姐想出来的。"

有一次，帕特里克·布伦威尔约两个朋友——狄尔登和雷兰德——在去奇利的路上的一家旅店里碰头，互相朗诵自己的得意诗作。下面就是狄尔登大约在二十年后为《哈利法克斯监护人报》所写的一篇文章中的一段话："当时我念了《魔后》的第一幕；可是当帕特里克·布伦威尔把手伸进自己的帽子——他通常把自己的即兴放在帽子里——把他的诗稿取出来时，他忽然发现不对，取出来的不是诗稿，而是他正在写的一部小说的部分手稿。他对自己放错了东西觉得很懊恼，想把那些手稿放回到帽子里去，这时我们因为觉得好奇，就要求他不妨念一念，让我们看一看他写的小说究竟如何。他犹豫了一下，便同意了。他念起来，念了将近一个小时，每念完一页就把一页手稿放回帽子里。我们听得津津有味，但故事突然中断了，因为手稿是不全的。于是他便大体说了一下故事的结局，还说到几个真人的姓名，说小说中的主要人物就是以他们为原型的。由于这几个人中间有个别人至今健在，我不便在此透露他们的姓名。帕特里克·布伦威尔说，他还没有把书名定下来，因为他觉得，大概是永远也找不到一个有魄力的出版商来出版他这部小说的。帕特里克·布伦威尔所念的小说片段，其中的背景和人物——就其发展而言——我觉得和后来出版的《呼啸山庄》中的背景和人物非常相像，而《呼啸山庄》现在由于夏洛蒂·勃朗特的大胆断言，却被认为是她妹妹艾米莉的作品。"

很可能，这话既不真也不假。夏洛蒂·勃朗特对此不屑一辩，她虽然一向恪守基督教仁慈原则，但她却非常憎恨她的弟弟。这是真的。但是，就如我们所知，即便是基督教，也是允许某种善意的、诚实的憎恨的。不管夏洛蒂的话被不被人接受，反正她有权相信自己愿意相信的事情。但是，传说也往

第八章

往是有点根据的,我们很难想象,有人会毫无理由地凭空杜撰出传说来。那么,怎么解释呢?没法解释。有人暗示说,帕特里克写了前面四章,后来由于酗酒、吸毒,写不下去了,就由艾米莉接着写。这种说法的根据是前面四章的文风要比后面的更为矫饰、夸张。但我一点也看不出来。在我看来,整部书都是用一种习作者的笨拙风格写成的,整部书都是矫饰而夸张的。不要忘记,艾米莉·勃朗特在此之前没有写过一本书。任何习作者,当他或者她坐下来写东西时,开始总喜欢使用华丽的词句,因为生怕使用普通词句会影响作品的效果。只有经过实际练习之后,他或者她才会写得比较自然。

《呼啸山庄》的故事,主要是由约克郡的一个女仆讲述的,但是所用词句却和她的身份极不相符。也许艾米莉·勃朗特自己也觉察到了,这个狄恩太太说出来的话不是她这种人说得出的,于是她就让狄恩太太说她在侍候人的同时也有机会读过不少书。但是,即便如此,狄恩太太的那种故弄风雅的言辞依然令人吃惊。她从来不说"我想试试……",而是说"我尝试着……"或者"我试图……";不说"走出房间",而是说"从房中离去";不说"碰见"某人,而是说与某人"邂逅相遇"。我敢说,这部小说不管是谁写的,反正前后各部分都出自同一个人之手。如果说前几章的文风真的比后面

《呼啸山庄》

各部分更加矫饰和夸张的话,我想那也是因为艾米莉·勃朗特想以此来表现洛克乌德①是个痴心而自负的年轻人,而她的这种尝试不能说是不成功的。

我在某处曾看到有人推测说,如果小说的前面几章是帕特里克写的,那么根据他的意图,他是要让洛克乌德在故事情节中发挥更大作用的。确实,有一处暗示说,洛克乌德被小凯瑟琳吸引住了。如果他真的爱上了她,那事情显然会变得更加复杂。而现在,洛克乌德在小说中不过是个小小的捣蛋鬼而已。这部小说写得相当笨拙。但这又有什么可奇怪的?艾米莉讲的是一个涉及两代人的复杂故事,而要讲好这样一个故事并非易事,因为她必须把两套人物和两套情节统一起来,必须处处留神,不能因为对这一套人感兴趣而忽视了对另一套人的兴趣。她还必须有一种居高临下的视角,这样才能像站在某处综观一幅大壁画一样,把在漫长岁月中发生的事情压缩到读者能够接受的某一段时间内。

我并不认为艾米莉·勃朗特一开始就经过缜密构思,知道如何才能在讲一个曲折的故事的同时又给人一种完整的印象。我认为她开始并不知道怎样才能把故事讲得连贯,后来她才想到,最好的办法就是让一个人物向另一个人物讲述一连串的事件。让人物讲故事并不难,也不属艾米丽·勃朗特首创,但就如我已经说过的,这样做有一个不利之处,那就是当人物在讲故事时,他必然要讲到各种各样的事情,譬如需要对景物加以描述,等等。这就很难使他的话听上去仍是在和别人说话,因为没有一个头脑健全的人是会那样说话的。一个有经验的小说家也许会用更好的方式来讲述《呼啸山庄》里

---

① 《呼啸山庄》的故事有两个讲述人,一个是房客洛克乌德,一个是女仆狄恩太太。

第八章

的故事,所以我始终不能相信,艾米莉·勃朗特是在别人的创作基础上完成这部作品的。我想,只要你考虑到艾米莉·勃朗特那种极端病态、羞涩和沉闷的性格,就不难想到,这正是她自己的写作方式。

那么,有没有其他方式呢?有一种方式,但需要作家拥有广泛的生活知识,例如《米德尔马契》①和《包法利夫人》②就是用这种方式写的。我想,如果艾米丽·勃朗特也想到了这种方式,并用它来讲述这个无法无天的故事,那就会把她倔强而不妥协的个性表现得更加惊世骇俗;但是这样做的话,她就不可避免地要讲到,希刺克厉夫③在离开呼啸山庄后的那些年里,是如何设法使自己受到教育并且发了财的。这是她没法做到的,因为她根本就没有这方面的生活知识。所以她只能像现在这样,要求读者接受一个既成事实。不管读者信不信,反正她没别的办法。另一种方式是用第一人称,譬如说,让狄恩太太在"我"面前讲述这个故事。但是,我很怀疑艾米丽·勃朗特敢不敢这样做,因为她生性羞涩、敏感,是很害怕直接面对读者的。现在,她先让洛克乌德讲出故事的开头部分,再由狄恩太太把故事进一步展开,她自己则像戴着双重面具似的始终隐藏在幕后。为什么她把自己隐藏了起来,却又能讲出这样一个震撼人心的故事?我想,这是因为她在故事中把她自己内心深处的东西泄露了出来。她深入到自己寂寞的内心的最底层,并在那里发现了许多不可告人的秘密,与此同时一种创作冲动又使她不得不把这些秘密遮遮盖盖地讲出来,以此卸下心中的负担。据说,她的想象力最初来自她父亲经

---

① 《米德尔马契》,19世纪英国女作家乔治·艾略特的长篇小说。
② 《包法利夫人》,19世纪法国小说家福楼拜的长篇小说。
③ 希刺克厉夫,《呼啸山庄》中的男主人公。

常讲起的那些爱尔兰神话故事,以及她自己在霍夫曼①小说中读到的那些怪诞故事,尤其是后者,是她在比利时求学时经常读的,据说她回到家乡后,仍然喜欢坐在炉边地毯上、搂着爱犬的脖子继续读霍夫曼的故事。

夏洛蒂·勃朗特曾认真地说明过,尽管人们多方猜测这本书里的某个人物是对生活中的某个人的影射,其实艾米莉并不认识这些人。我相信这是真的;我也相信艾米丽·勃朗特是从那位德国小说家②的神秘、恐怖的故事中找到某种迎合她偏执性格的东西的;但我认为,她是从自己的灵魂深处找到希刺克厉夫和凯瑟琳这两个人物的。某些次要人物,如林顿和他的妹妹、恩萧的妻子以及希刺克厉夫的妻子等(这些人物由于性格软弱而成为她蔑视的对象),说不定是她根据自己认识的某些人为原型加以创造的。问题是人们往往不相信作家的虚构能力,当作家完全凭自己的想象力大胆创造出人物时,他们也不愿承认。我认为,艾米丽·勃朗特本人就是凯瑟琳·恩萧,因为她像她一样任性,一样充满激情;同时我还认为,她又是希刺克厉夫。把自己放到两个主要人物身上,是不是有点奇怪?一点也不。我们没有一个人是完全统一的;不止一个人居住在我们内心,他们往往还是相互矛盾的。小说家的独特能力,就在于他能把自己拼凑起来的人物表现得就像一个活生生的人那样。小说家最大的不幸,就是不能赋予人物以生命,也就是说他的故事对于他的人物来说尽管非常重要,但是和他自己却毫不相干。对于一个以《呼啸山庄》这样的小说作为处女作的作家来说,不仅把自己作为小说主人

---

① 霍夫曼,19世纪初德国小说家,以写志怪小说而著称。
② 指霍夫曼。

公是常有的事,就是在小说主题中出现随心所欲的东西也没有什么稀奇。这样的作品往往会表现一种自由自在的梦想,一种在独自散步时或者在彻夜不眠时的梦想。他们喜欢把自己想象成圣人或者罪人、伟大的情人或者邪恶的政客、勇武的将军或者冷酷的凶手。而正是因为大多数人的梦想中总有许多荒诞的东西,大多数作家的处女作中也总有不少无稽之谈。我想,《呼啸山庄》就是这样一个梦中的自白。

我认为,艾米莉·勃朗特把自己的梦想全放在希剌克厉夫身上了。她把自己的激愤、受挫的情欲、无望的爱、妒忌、对人类的憎恨和蔑视、残忍和虐待狂,都给了他。夏洛蒂·勃朗特的朋友艾伦·纽赛曾说到过这样一件不寻常的事:"她(指艾米丽·勃朗特)喜欢把夏洛蒂带到一些地方去,那里是夏洛蒂自己不敢去的。夏洛蒂生来害怕牲口,而艾米莉就是喜欢带她去看牲口,并对她说这说那,只要夏洛蒂一害怕,她就嘲笑她,以此为乐。"我认为,艾米莉·勃朗特就是以希剌克厉夫的男性之爱,即一种纯粹的动物本能,来爱凯瑟琳·恩萧的。我觉得,当她作为希剌克厉夫对凯瑟琳又踢又踩并按住她的头朝石板上猛撞时,她一定在笑,就像她嘲笑夏洛蒂那样;同样,当她作为希剌克厉夫打小凯瑟琳的耳光并对她破口大骂时,她也一定在笑;我想,当她欺凌、辱骂和威吓自己笔下的人物时,她一定是浑身颤动,有一种透心的解脱感,因为她在现实生活中既自卑又抑郁,在人们面前总觉得受到了羞辱。此外,我还认为,她作为凯瑟琳,可以说扮演了一个双重角色,她既和希剌克厉夫争吵,看不起他,知道他是个不祥之物,却又从心底里爱着他,为能压倒他感到欣喜若狂,而且觉得他们俩是真正的一对(我说"他们俩"就是指艾米莉·勃朗特本人的两面,如果我没说错的话,它们当然是天生的一对)。虐待狂

往往也有受虐倾向,凯瑟琳被希刺克厉夫的桀骜不驯和粗暴残忍的天性深深吸引住了。

我已经说得够多了。《呼啸山庄》不是一本供人讨论的书;它是一本供人阅读的书。要找它的错很容易;它是很不完善的,但它却具有一种只有极少几个小说家才能给你的东西,那就是感染力。我不知道还有哪部小说能像它这样,把爱情的痛苦、迷恋和残酷如此执着地纠缠在一起,并以如此惊人的力量将它描绘出来。它使我想起埃尔·格里科①的一幅油画力作:乌云下昏暗的荒野景象,天上雷声隆隆,人们拖着长长影子在荒野里跋涉,一种不属于尘世的气氛使画面恍恍惚惚,人们似乎都要窒息了,这时铅灰色的天空又掠过一道闪电,使其显得更加神秘而令人恐惧。

---

① 埃尔·格里科,16世纪西班牙画家,画风神秘而冷峻。

第九章
陀思妥耶夫斯基与
《卡拉马佐夫兄弟》①

一

费奥多尔·陀思妥耶夫斯基出生于一八二一年，父亲是贵族，当时在莫斯科圣玛丽医院当外科医生。这位小说家似

---

① 《卡拉马佐夫兄弟》(*Братья Карамазовы*)，19世纪俄国作家费奥多尔·陀思妥耶夫斯基(Фёдор Михайлович Достоевский，1821—1881)所著长篇小说。小说主题是：人心如此之恶，上帝是否存在？主要情节是：老卡拉马佐夫年轻时自私贪婪，到晚年，成了外省县城里的一个富裕地主和高利贷者。他有四个儿子：老大德米特里是个退伍军官，他把未婚妻卡捷琳娜置于一边，疯狂爱上了妓女格鲁申卡，并常带她到父亲那里去。老卡拉马佐夫见格鲁申卡长得漂亮，似有非分之想。为此，德米特里和父亲发生争执，甚至扬言要杀掉这"老畜生"。老二伊凡，是个受过大学教育的无神论者和虚无主义者，既不相信上帝，也不相信正义，常宣称：人人可以为所欲为，只要有可能。当老大德米特里和父亲发生争执时，他去调解，结果是把老大的未婚妻卡捷琳娜搞到了手。老三阿辽沙是个见习修道士，一心想摆脱"世俗仇恨"，追求"爱的理想"，他竭力开导老大德米特里，不要和父亲争执，但没什么效果。除了这三个儿子，老卡拉马佐夫还有一个私生子斯麦尔佳科夫。因为是私生子，他在家里处境憋屈，对老卡拉马佐夫心怀怨恨，但他很崇拜伊凡，特别相信伊凡宣称的那种做人原则，即：只要有可能，人人可以为所欲为，上帝、正义，都是无所谓的。后来发生的事情是这样的．一天晚上回家，德米特里发现格鲁申卡不在家里，心想她大概到父亲那里去了，便悄悄翻墙进了父亲的住所，但他并没有发现格鲁申卡在那里的迹象，于是想翻墙离开。没想到，却被仆人格里戈里看见。情急之下，他顺手拿起一根铁棍打昏了格里戈里，匆匆离去。他以为自己杀了人，而当他在一个酒馆里和格鲁申卡告别，准备出逃时，警察找到他，并逮捕了他。审讯时，检察官指控他杀了他父亲老卡拉马佐夫。（转下页）

乎一向把自己的贵族身份看得非常重要,曾为自己在服刑期间被剥夺贵族身份而深感苦恼,一获释便竭力要求几个颇有影响的朋友为他恢复身份。不过,俄国贵族制度和其他欧洲国家不同,贵族头衔可以通过不同的途径取得,譬如在政府部门谋到适当的职位或者比农民和商人更加富有,都可能成为贵族,甚至你自己也可以自封为贵族。陀思妥耶夫斯基的家庭实际上属于一般的白领阶层。他父亲是个严厉的人,为了使七个孩子受到良好教育,他把自己的一切享受、甚至闲暇都放弃了。他从孩子们年幼时就开始教育他们如何适应艰苦和不幸,如何承担生活的职责和义务。孩子们一起挤在医院里的两三间医生宿舍里,父亲从来不许他们单独外出,也不给他们零花钱。他们没有任何朋友。父亲除了去医院外,还靠私人开业增加收入,后来便在距莫斯科几百英里的地方买下了一座小小的庄园。从那时起,母亲就带孩子们去那儿度夏,孩子们才尝到自由的滋味。

费奥多尔十六岁时,他们的母亲就去世了。父亲把两个年纪较大的儿子,即米哈伊尔和费奥多尔,送到彼得堡军事工程学校就读。哥哥米哈伊尔因身体太虚弱被校方拒绝,费奥

(接上页)他蒙了。老二伊凡起初也相信是老大杀了父亲,但他后来有点怀疑斯麦尔佳科夫,便去询问他。斯麦尔佳科夫起先否认,但在伊凡一再追问下,他承认是他杀了父亲。原来,他一直有杀父之心,但没有机会,后来听老大德米特里扬言要杀了"那老畜生",便想找机会杀了父亲,再嫁祸于老大德米特里。那天老大德米特里打昏仆人格里戈里时,正好被他听到。他出去一看,见格里戈里没死,只是昏了过去,便拿了一个铁镇纸,砸死了正在睡觉的父亲,还偷了3 000卢布。但他承认此事后又说,他是听伊凡所说的做人原则后才这么做的,所以应该由伊凡对这件事负责。伊凡听了大为恼火,便到法庭去告发了他。但没等警察来抓他,斯麦尔佳科夫已自杀身亡。所以,尽管伊凡后来为老大德米特里作证,称真正的凶手是斯麦尔佳科夫,但斯麦尔佳科夫已死,又没有其他证据,法庭还是判了德米特里20年徒刑。就这样,一家人分崩离析:老二伊凡从此一蹶不振,老三阿辽沙离家出走,不知所终。

第九章

多尔就只能和他心爱的哥哥分手。他感到孤独和忧郁,父亲不愿也没法给他钱,所以他连一些必需品如书籍和靴子等也买不起,甚至都没钱交付学校规定的费用。他父亲安置了两个年长的儿子后,又把另外三个孩子寄放到莫斯科的姨妈处,然后关闭了私人诊所,带着两个年幼的女儿住到乡下的庄园里去了。他开始酗酒,对孩子们严厉万分,对家里的农奴更是异常凶残。终于有一天,几个农奴把他杀了。

那是一八三九年。费奥多尔虽然对工作缺乏热情,但还算得心应手。那时他已经从学校毕业,并在工程局绘图处找到了一份工作。由于得到了父亲的部分家产,再加上自己的薪水,他一年有五千卢布的收入。他租下一套房间,沉迷于打台球、赌博,往往把口袋里的钱挥霍一空。到了年底,他觉得绘图处的工作像削马铃薯一样单调乏味,就辞职不干了。这时他已经债台高筑。此后,直到他去世为止,他一直负债累累。他是个挥金如土的人,而且积习难改。无度的挥霍常使他陷入绝境,但他从不知道自我克制,性情反复无常。有个对他颇有研究的传记作家后来说,就连他自己都认为,他对金钱的需求已到了无以复加的程度。他只要一觉得自己有了钱,就会不惜一切地去满足自己的虚荣心。后面我们就会看到,他的这种积习将使他一次又一次地陷入难以自拔的困境。

陀思妥耶夫斯基在学校读书期间就开始写一个中篇小说,后来当他决定成为一名作家时,刚好把小说写完,那就是《穷人》。他在文学界只认识一位叫格里戈罗维奇①的人,还认识一位叫涅克拉索夫②的人。后者曾要他写一篇评论,他

---

① 格里戈罗维奇,19世纪俄国小说家。
② 涅克拉索夫,19世纪俄国诗人,曾任《现代人》杂志主编。

却把自己的小说交给了他。那天,陀思妥耶夫斯基很晚回家,因为他整个晚上都在和几个朋友一起朗读小说,讨论小说创作,直到凌晨四点才步行回到住处。他毫无睡意,就坐在敞开的窗前凝望夜色。突然,一阵门铃声把他惊起。"是格里戈罗维奇和涅克拉索夫!他们兴奋地冲进屋子,眼睛里满是泪水,还一次又一次地拥抱我。"原来,他们就在那天晚上读了他的小说,还轮流大声朗读,读完后已是深夜,但他们还是决定立刻去找他。"要是他在睡觉也没关系,"他们说,"我们一定要叫醒他,这事比睡觉要重要多。"第二天,涅克拉索夫就把小说手稿送到了当时最著名的批评家别林斯基那里。别林斯基读完那篇小说,也像那两个人一样兴奋不已。小说发表了,陀思妥耶夫斯基一举成名。

他对自己的成功感到颇为得意。有个叫巴纳耶娃①的夫人后来这样描述她对他的印象,当时他应邀到她公寓去做客:

> 一眼就能看出,新来的客人是个特别羞怯和敏感的年轻人。他长得很瘦小,一头金发,脸色有点病态,小小的灰眼珠不安地从这里转到那里,苍白的嘴唇不停地抽搐。在场的每个客人他几乎都认识,但他却怯生生地不跟任何人交谈。有几个常客甚至想把他赶出去,想以此来提醒他:既然来了,就应该和大家说说话。从那天晚上起,他便常来拜访我们。他的羞怯心理也开始减少;后来,他甚至……热衷于那种完全自相矛盾的辩论,因为在辩论时他可以放纵自己,满口胡言乱语。事实上,

---

① 巴纳耶娃,19世纪俄国贵族夫人,文学爱好者和庇护者,当时有诸多俄国作家聚会于她的客厅,晚年著《巴纳耶娃回忆录》一书,是研究俄国文学的重要资料。

第九章

即使当他失去自制力、甚至忘乎所以地标榜自己的作家身份、傲慢而自负地自我炫耀时,他仍然带着年轻人的羞怯。换句话说,由于他是从一个灯光耀眼的入口突然登上文学舞台的,加上许多世界一流文学家的大声喝彩,他觉得恍恍惚惚、头昏目眩了。就像一个最为敏感的人,他在那些二流的年轻作家面前无法掩饰自己的得意感……他用夸夸其谈的、过分自豪的口气,在同行面前显示自己不可估量的才能。……特别是,陀思妥耶夫斯基还怀疑所有的人都想藐视他的天才。他倾听别人的每一句话,每当他认为别人正在狡猾地想贬低他、甚至别人用的某一个词被他认为是在侮辱他时,他便会怒不可遏地马上挑起一场争吵,向他想象中的那个想侮辱他的人发泄自己心头的全部怒火。就这样,他成了我家的常客。

他既不是一个平常的客人,也不是一个人人尊敬的贵客。他正踌躇满志,签了合同准备写一部长篇小说和几个中篇小说。他任意挥霍预支的稿费,过起放荡的生活来。朋友们的劝告他不但不听,还和他们争吵不休,甚至对给他过极大帮助的别林斯基也不例外。他不相信人们是"真心诚意赞美他",他只能自己说服自己,认为自己是天才,是俄国最伟大的作家。与此同时,他的债务却越来越重,不得不快速写作。他长期以来一直被一种神经性疾病缠绕着,每当发作时,总是担心自己会变疯或者患上肺病。在这种情况下,他写的短篇小说均是失败之作,长篇小说也让人难以卒读。那些曾经对他大为赞赏的人,都开始转而攻击他,并一致认为他的创作生涯已经完结。

二

果然,他的创作生涯突然中止了,原因是他加入了一个年轻人的秘密小组。这批年轻人由于受当时西欧的社会主义思想的影响,试图进行社会改革,尤其是想改革俄国的农奴制和书报检查制度。他们每星期聚会一次,讨论种种社会问题,但除了讨论,他们根本就没有采取过任何反对当局的行动。尽管如此,他们还是被警察发现了。就在某一天,他们全部被捕,不久又被判处死刑。正当士兵举枪准备执行死刑时,信使送来了把死刑改为流放西伯利亚的命令。陀思妥耶夫斯基被判在鄂木斯克监狱服苦役,为期四年。刑满后,又勒令他去服兵役。当初,就在他被押往彼得堡要塞执行枪决的那天,他曾给哥哥米哈伊尔写过这样一封信:

今天是十二月二十二日,我们全体被押往谢米洛夫斯基广场,准备执行死刑。十字架送来让我们亲吻,匕首在我们头上折断,丧服(白衬衫)也已准备停当,随即命令我们中间的三个站到木栅前去处死。我是这一排的第六个,我们被分成三个组,所以我就在第二组,没几分钟可活了。我想念你,哥哥,想念你的一切!在这最后时刻,唯有你占据在我的心中。我头一次意识到,我是多么爱你,我最亲爱的哥哥!我还有拥抱帕来斯契耶夫和杜洛夫的时间,他们就站在我的身边,在向我道别。最后,传来了另一个命令,那几个准备到木栅跟前去的人又被带了回来。向我们宣读了文件,说是皇上准许我们活命,又一一宣读了最后判决。只有巴姆一人被完全赦免,他被

第九章

带到与他的判决相同的那一排人中间去了。

陀思妥耶夫斯基后来在他的一部成功之作①里描写了自己在服刑期间的可怕生活。根据他的描述,我们注意到,他作为新囚徒,不用两个小时就和那些老囚犯相处得就像家里人一样亲密无间了。他说,如果和贵族老爷们在一起,情况就大不一样,不管他如何谦卑、如何忍耐,或者如何聪明,他们始终会鄙视他、痛恨他,永远不会理解他、信任他,更不会把他看作朋友或者同伴。不过,虽然他在服刑的几年间不再成为众矢之的,却仍然觉得很痛苦,总有一种无法摆脱的孤独感,一种陌生人的感觉。他曾有过短暂的荣耀,现在却连一个像样的绅士都不是了。他的生活就像他的出身一样卑微,既穷困又潦倒。他早先的朋友、现在的难友杜洛夫深受同伴们的爱戴,这使他更觉得孤独和痛苦。之所以会这样,至少部分原因在于他性格上有弱点,因为他向来就很自负、多疑而且急躁。他在众多同伴中仍觉得孤独,而正是出于孤独,他开始自我反省。"这种精神上的游离,"他写道,"使我有机会回顾过去的生活,剖析自己每一个细小的动机,严肃地、无情地审判自己。"那时他唯一可读的书是《新约圣经》,所以他读了一遍又一遍,其中的每字每句都对他产生了深刻影响。就是从那时起,他开始宣扬基督教教义,他自己(在其性格所能承受的程度上)也开始变得既谦卑又虔诚,甚至对自己身上的普通的人性需求也加以压制。他写道:"不管遇到什么事,你要始终保持谦卑,要想到你过去的生活,想到你将来的生活,想到你自己的灵魂深处是多么的卑鄙、低劣和邪恶。"监狱生活治愈了

---

① 即《死屋手记》。

他的自负和傲慢,他出狱时已不再是一个革命者,而成了一个教权和法律的维护者,同时也成了一个癫痫病人。

苦役期满后,他被送往西伯利亚的另一小镇继续服役,在那里的驻防部队里服兵役。那里的生活极其艰苦,但是在他看来,这种艰苦生活是对他自身罪孽的应有惩罚。他已得出结论,认定自己曾谋求的社会改革是一大罪孽。他在写给哥哥的信里说:"我不抱怨,这是我自己的十字架,我应该背着它。"一八五六年,他靠一个老同学为他说情,离开原先的部队,生活稍稍有了改善。他开始交友,还陷入了恋爱,女的叫玛丽亚·德米特里耶芙娜·伊沙耶娃,是一个政治流放犯的妻子和一个已有孩子的母亲。她的丈夫后来死于酗酒和肺病。据说,她是个美貌的金发女人,中等个儿,身材苗条,既高雅又多情。此外,我们对她就几乎一无所知了,只知道她和陀思妥耶夫斯基有着类似的性格,多疑、嫉妒、自怜。他成了她的情人。但不久,她就随丈夫一起迁到四百英里以外的另一个边境驿站去了。她丈夫不久便死在那里。陀思妥耶夫斯基得知她丈夫的死讯后,便立即写信给她,向她求婚。但是,那寡妇却犹豫不决。这一方面是因为他们两人都一贫如洗,另一方面是因为她这时正倾心于一个"心灵高尚、富有同情心"的牧师——他叫瓦格诺夫,她成了他的情妇。依然热恋着她的陀思妥耶夫斯基尽管为此而嫉妒得发狂,但是他却怀着一种自我贬抑的强烈冲动,也可能是怀着小说家那种把自己当作小说人物看待的幻想,作出了一个非同寻常的反应。他郑重宣布,瓦格诺夫是他情同手足的亲密朋友,他要恳求另一个朋友资助瓦格诺夫,使他能和玛丽亚·伊沙耶娃结婚。

不管怎么说,他想扮演的就是一个为挚友的幸福而敢于牺牲自己、即便自己痛苦得心碎也在所不惜的角色,因为相形

第 九 章

之下那寡妇就显得更加自私自利了。瓦格诺夫虽然"心灵高尚、富有同情心",却身无分文。由于陀思妥耶夫斯基当时已升为军士,加上他这种宽宏大量的表现,他竟然成功地使玛丽亚决定嫁给他,而不是瓦格诺夫。他们于一八五七年结婚。他们没有钱,陀思妥耶夫斯基便到处借钱,直到他再也借不到一文钱为止。他想重新开始文学创作,但他是个流放的囚犯,必须得到特别许可才能发表作品,而这并非易事。更何况,婚后生活也很不如意。陀思妥耶夫斯基将此归咎于妻子的多疑、抑郁和想入非非,而忘了他自己也是急躁、易怒和神经质的。他开始写一些小说片段,写完就搁到一边,又开始写别的。最后,他只发表了一点很不重要的东西。

一八五九年,由于他不断上诉再加上朋友相助,他终于获准回到了圣彼得堡。关于这件事,欧内斯特·西蒙①在他《论陀思妥耶夫斯基》一书中曾公正地指出,陀思妥耶夫斯基为了恢复自由,所用的手段是很卑劣的。"他写了几首'爱国诗歌':一首庆贺亚历山德鲁皇后生日;一首颂扬新沙皇亚历山大二世加冕;还有一首哀悼老沙皇尼古拉一世去世。他还写信给一些有权势的人,甚至直接写信给新沙皇,请求赦免。在这些信中,他信誓旦旦地表达了自己对年轻君王的深切爱戴,将其喻为'永放光芒的太阳';他还发誓说,不管这位君王有何旨意,他都准备为他献身。对他自己的那些'罪行',他说他随时都准备认罪,还特别强调自己的痛悔之意,说他现在正在为过去的所作所为感到痛苦万分,等等。"

他和妻子以及妻子与前夫所生的儿子一起住在京城圣彼得堡,和哥哥米哈伊尔一起办了一份刊名为《当代》的文学杂

① 欧内斯特·西蒙,20世纪初英国学者、陀思妥耶夫斯基研究专家。

志。他在《当代》上发表了《死屋手记》和《被侮辱与被损害的》,两部小说均获成功。此后两年里,他在经济上逐渐宽裕起来。一八六二年,他把杂志留给哥哥主办,自己则去西欧旅游。西欧给他的印象并不好,他觉得巴黎是"最令人厌烦的城市",那里的人心胸狭窄,爱钱如命;伦敦穷人的惨状和富人虚伪的体面使他感到震惊;他去了意大利,但对意大利艺术毫无兴趣,在佛罗伦萨的一周时间里只是埋头读维克多·雨果①的四卷本长篇小说《悲惨世界》,所以罗马和威尼斯他都没去,就返回俄国了。这期间,他的妻子染上了慢性肺结核。

在去国外旅游前的几个月,当时正好四十岁的陀思妥耶夫斯基认识了一个在他的杂志上发表过一篇短篇小说的年轻女子。这个年轻女子叫波琳娜·沙斯洛娃,二十岁,还是处女,长得相当漂亮,但她却剪短了头发,还戴着一副黑眼镜,大概是为了让人觉得她有学问吧。陀思妥耶夫斯基从国外回到彼得堡后,他们就成了情人。后来,由于投稿人的一篇文章惹了麻烦,《当代》杂志不得不停刊,陀思妥耶夫斯基便决定再次出国。出国的理由是治疗癫痫病,这病确实时而发作,但治病却只是借口,真正的目的是他想到威斯巴登去赌博,因为他认为这是个赚钱的好办法。此外,他也已经和波琳娜·沙斯洛娃约好在巴黎会面。他从杂志的作者基金中借了一笔钱,就离开了俄国。

他在威斯巴登②赌得离不开赌台,唯一可使他离开赌台的,是他对波琳娜·沙斯洛娃的炙热的情欲。他们本计划好一起去罗马的,不料这行为轻佻的年轻女子在巴黎等他时,却和一个西班牙医科大学生发生了风流逸事,而当那个大学

---

① 维克多·雨果,19世纪法国诗人、剧作家、小说家、政论家。
② 威斯巴登,德国中西部城市。

第九章

生弃她而去后,她又觉得心烦意乱。一个风流成性的女人是不大会有稳定情绪的,她突然提出要和陀思妥耶夫斯基分手。对此,陀思妥耶夫斯基毫无办法,就提出"以兄妹身份"两人同往意大利。她觉得无事可干,也就同意了他的建议。可是,他们却因为缺钱而无法成行,那时他们已经在靠典当衣服度日了。度过"受尽折磨"的几个星期后,他们终于分道扬镳。陀思妥耶夫斯基回到俄国,这时他的妻子已病入膏肓。六个月后,她死了。他在给朋友的一封信中这样写道:

> 我的妻子,那深爱我的人,也是我无比爱恋的人,在莫斯科我们只住了一年的寓所里与世长辞了。整个冬天我一直守在她床边,从未离开过她……我的朋友,她对我的爱是无限的,我对她的爱也难以用言语表达,然而我们的结合却并不幸福。以后等我和你见面时,我会把一切都告诉你的。只是现在,让我抛开这些,抛开我和她之间种种不愉快的事情。我和她从来就没有失去过相互间的爱恋,我们彼此一向爱得很深,直到我们遭此不幸。我的话你听了也许会觉得奇怪,她是我见过的最善良、最高尚的女人。……

陀思妥耶夫斯基的这种爱的表白多少是有点夸大的。那年冬天他曾两次去圣彼得堡,为的是联系有关杂志的事务,因为他和哥哥一起又创办了一份杂志。从这份杂志的情况看,它比《当代》更带偏见,所以注定是要失败的。他哥哥米哈伊尔患病不久便去世了,留下两万五千卢布的债务等着陀思妥耶夫斯基去还。此外,他还要赡养哥哥的遗孀和一群孩子,还有哥哥的情妇和私生子也要靠他接济。他虽然从一个有钱的姨妈那里借到了一万卢布,但到一八六五年,他只能宣布破产。此时,他手里拿着一张一万五千卢布的债据,还有五千卢布的口头债务。他的债主都不是好对付的。为了躲债,他又从杂志的作者基金中借了一笔钱,加上一部长篇小说的预支稿费(他在合同上已定下了交稿日期),便打算再到威斯巴登的赌台上去碰碰运气,同时也可以和波琳娜·沙斯洛娃见见面。他向她求婚,但她对他的爱恋早已变成了憎恨。人们曾一度猜测她会嫁他的,因为他是个名作家,又是杂志编辑,这些都是她看得上眼的。然而,现在杂志已不复存在,他的外貌也让人难以恭维,头发全秃了,还患有癫痫病,至于他强烈的性欲,更使她觉得难以忍受,甚至厌恶之极。要知道,对于女人来说,最不堪忍受的就是没有肉体吸引力的男人对她提出性要求。于是,她逃离他,回巴黎去了。他在赌台上输光了所有的钱,甚至把自己的表也典当了。他没有钱买足够的面包,就只好一个人静坐在房间里,以此抑止食欲。这时,他开始写另一本书。他后来说,那本书是在饥饿的鞭答下和时间的催促中赶写出来的,当时他身无分文,又常常病倒在床,几乎陷于绝境。那本书就是《罪与罚》。

陀思妥耶夫斯基

他走投无路,不得不到处求助,甚至只好跑到和他争吵过的、他心底里极其厌恶的特杰涅夫那里去求助,向他借了钱才回到俄国。他仍埋头写《罪与罚》。这时他猛然想起,自己曾

第 九 章

立过合同,已定下一本书的交稿日期。根据那份极不公平的合同,要是他到期交不出稿,出版商就有权不付一文钱稿费出版他往后九年间的全部作品。为了赶写书稿,他听从几个乐观的朋友向他提出的建议,雇用了一个速记员。他和那个速记员一起,只用了二十六天时间就写出了一部名为《赌徒》的长篇小说。那速记员是个二十岁的年轻女子,长得一般,但非常能干,又有耐心和献身精神,所以深得他的赞赏。一八六七年初,他们结了婚。他的亲戚们担心他婚后会减少对他们的接济,所以对这桩婚事大为不满,对他年轻的妻子百般挑剔。为此,同时也为了躲债,她劝他离开俄国。

这次他们在国外足足住了四年。从一开始起,安娜·格利高里耶芙娜(这是他妻子的名字)就觉得要和这位著名作家一起生活颇不容易。他的癫痫病越发越严重,平时脾气暴躁,遇事态度草率,却又非常自负。他还和旧情人波琳娜·沙斯洛娃恢复了书信往来。对此,可怜的安娜虽然很难坦然处之,但她却是个品格极不平凡的年轻女子,竟然把所有的苦果都咽了下去。他们一起前往巴登,在那里他又陷入狂赌而不可自拔。他又输光了一切,又和过去一样写信给每一个可以求助的人,向他们借钱。然而,只要钱一寄到,便又立刻消失在赌台上。他们典当了所有值钱的物品,还不断搬家,搬进租费更便宜的公寓,有时甚至连吃饭的钱也没有。安娜·格利高里耶芙娜怀孕了。下面是陀思妥耶夫斯基在一封信里写的一段话(当时他刚赢了四千法郎):

> 安娜·格利高里耶芙娜恳求我满足于这四千法郎,并求我立即离开此地。可是还有补救一切的机会,这机会来得容易,可能性很大。难道不是吗?一个人除了他自己赢

钱,又每天看到别人赢了两万或者三万法郎(他是不会看到那些输家的)。谁是圣人?钱对于我来说比什么都重要,而我下的注不仅仅是我输掉的钱,我也输掉了我最后的一点理智,我简直激怒到了顶点。我输了,我当掉了自己的衣服,安娜·格利高里耶芙娜也当掉了她所有的东西,甚至她的最后一件小首饰。(她是怎样的一个天使啊!)她给予了我多大的安慰啊!在这可诅咒的巴登,我们不得不栖息在铁匠铺上面的两间陋室里。她是多么疲倦啊!最后,什么都输光了。(哦,那些德国佬真是卑鄙!他们毫无例外全是放高利贷的,全是些无赖和恶棍。房东知道我们没钱,无处可去,就提高房租。)我们只好逃离巴登了。

他们的第一个孩子出生在日内瓦,陀思妥耶夫斯基为此欣喜若狂。但是他还在赌。他输了钱又后悔莫及,后悔自己简直不可救药,把妻子和孩子急需用的钱也全给赌光了。然而,只要口袋里还有几个法郎,他便忍不住要往赌场跑。他们的孩子出生后三个月便不幸夭折,他悲痛欲绝。安娜·格利高里耶芙娜再次怀孕,但陀思妥耶夫斯基却觉得,自己再也不可能像爱第一个孩子那样去爱另一个孩子了。

《罪与罚》出版后大获成功。陀思妥耶夫斯基又开始写另一部小说——《白痴》。出版商在一个月里给他寄了两百卢布,但仍然未能帮他摆脱困境。他不断要求预支稿费。《白痴》出版后不尽如人意,他便开始写一部中篇小说——《永久的丈夫》。后来又开始写一部长篇小说(就是在英国被译为 The Devils《群魔》的那部长篇①)。

---

① 陀思妥耶夫斯基的这部长篇小说,俄文原名是 Бесы,准确的英译应为 The Possessed,中译应为《附魔者》。

第九章

据我所知,这时他们已花完所有的贷款。陀思妥耶夫斯基带着妻子和孩子从一个住所搬到另一个住所,他开始思念故乡了。他从未停止过对西欧的厌恶:巴黎的文化和荣耀、舒适的生活、德国的音乐、巍峨的阿尔卑斯山、明媚的瑞士湖、优雅的多斯加尼,还有佛罗伦萨的艺术珍品,这一切他都觉得讨厌。西欧的资产阶级文明在他看来是颓废的、腐败的,而他自己却不知不觉地陷了进去。"我在这里越来越变得迟钝而褊狭",他在米兰时这样写道,"我和俄国中断了联系,我缺少俄国的空气和俄国的人民。"他觉得自己若不回俄国,将永远无法完成《群魔》的写作。安娜也渴望回国,就是没有回国的旅费,出版商已经把可以预支的稿费全预支给他们了。出于无奈,陀思妥耶夫斯基只得再向出版商求援。由于《群魔》的前两章已在杂志上发表,出版商担心连载中断,就只好答应陀思妥耶夫斯基,为他寄来了回国的旅费。这样,陀思妥耶夫斯基夫妇总算回到了圣彼得堡。

那是一八七一年,陀思妥耶夫斯基已经五十岁,再过十年他便去世了。他成了一名热忱的斯拉夫派①成员,一心希望俄国能拯救世界。《群魔》出版后获得了成功,这是由于陀思妥耶夫斯基在小说中大肆攻击了当时的激进派②,他的斯拉夫派朋友们为他大声喝彩。他们觉得在政治斗争中可以利用陀思妥耶夫斯基来反对激进派的改革主张,于是便以优厚报酬委任他主编一份叫《公民》的杂志。他只编了一年就辞职了,原因是他和上司在某个问题上有意见分歧。虽然他和他

---

① 斯拉夫派:对俄国的前途,当时(19世纪下半叶)俄国国内形成两个主要派别:一派称为"西欧派",即主张俄国应该西欧化;一派称为"斯拉夫派",即认为俄国不仅应该保持自己的斯拉夫传统,还要将这一传统发扬光大。这种情况和后来20世纪初的中国有点像,当时中国也有两派:一派是"西化派",一派是"国粹派"。

② 激进派:即指主张激烈改革的"西欧派"。

的上司一样都反对改革,但在某些具体问题上他仍不能接受上司的看法。这时,具有实干能力的安娜开始参与丈夫的出版事务,她自己筹资出版陀思妥耶夫斯基的作品,竟赚了不少钱。因此,陀思妥耶夫斯基到了晚年,经济上相对比较宽裕,他最后几年的生活也过得比较简朴。他以《作家日记》为题写了一系列随笔,由于这些随笔引起了很大的反响,他便扮演起了很少有作家愿意扮演的导师和先知角色。与此同时,他又写了长篇小说《少年》和他的最后一部长篇《卡拉马佐夫兄弟》。一八八一年,在他去世之际,他突然声名鹊起,许多同时代的大作家都对他深表敬意,他的葬礼被认为是"圣彼得堡人将永远为此感到痛苦的一个最不寻常的事件"。

三

以上我大致叙述了陀思妥耶夫斯基一生中的主要事件,而且尽量不加评论。但是,你仍会得到这样的印象:他是个具有异常古怪性格的人。自负是艺术家的职业病,无论作家、画家、音乐家,还是演员,都是有点自负的;但是,陀思妥耶夫斯基的自负却是空前的。他好像从不愿意认真谈论自己或者他人的作品,这也许是因为他太自负,也可能是因为他缺乏自信,就像人们现在所说的"有自卑感"。他生前那么公开地蔑视他的同时代作家,可能也是出自这一原因。一个很自信的人,当然是不会像陀思妥耶夫斯基那样把自己的狱中经历化为忍耐与服从的,但是如果我们认为陀思妥耶夫斯基既接受当局对他的"合理"定罪,同时又竭力想自我辩解,那也并非不合逻辑。我在前面已经说过,他在试图赢得人们对他的注意和尊敬时,却把自己贬低到了何等程度!他完全没有自控能

第九章

力,原因也许就在于他一直受着癫痫病的折磨,因为此病一发他就完全没法控制自己。只要他一激动,不管是理智还是礼仪,都会被他置之度外。所以,他会不顾妻子病重,到巴黎去和波琳娜·沙斯洛娃会面;而当这个行为轻佻的年轻女子抛弃他时,他还会执意想和她结婚。至于他的狂赌,那更加明显地显示出了他的性格弱点。赌博使他越来越陷入贫困。在日内瓦时,他为了给自己和妻子糊口,甚至不惜向人开口借五法郎或者十法郎。

你可能还记得,他为了履行合同而赶写《赌徒》。这部小说虽算不上成功之作,但女主人公波琳娜·阿历克山德罗芙娜却很值得注意,她显然是以波琳娜·沙斯洛娃为原型的。这部小说属于他的早期素描,表现的是一种爱恨交织的典型形象。这一形象在他的后期作品中得到了更为详尽的描写。小说中另一个使人感兴趣的地方是,陀思妥耶夫斯基很敏感地写到了他自己内心深处的一种激情,同时也写到了赌徒因受这种激情驱使而遭遇到的种种不幸。你一旦读完此书,也就了解了这样一个人,他尽管感到羞耻,但还是做出了那些使他蒙受不幸的事情:他去追求他不可能得到的女人;他擅自从杂志的作者基金里借钱,不是为了写作,而是为了赌钱;他不断伸手向朋友要钱,尽管他们对此已厌烦透了,但他仍死乞白赖,因为他抵挡不住任何诱惑。他又是个爱出风头的人。实际上,这部小说中的所有人物,无论是比较重要的或者比较不重要的,无论是想干这事或者想干那事,他们都喜欢标新立异。陀思妥耶夫斯基生动地描绘出,怀有卑劣欲望的人也会时来运转的。人们围拢过来,望着这个幸运的赌徒,仿佛他是个卓越人物。他们惊叹、赞美,他成了众人注目的中心。他赢了;他为自己的成功所陶醉。他觉得自己是命运的主人,因为

他相信他的直觉是绝对正确的:他能够把握住自己的运气。他发出赌徒的喊叫:

> 我只要一显示出我的直觉能力,便能在一小时内改变自己的命运。最伟大的莫过于直觉能力。请记住七个月前我在轮盘赌台上最后一次输钱时的情形。啊,那是一个多么不寻常的有力证明啊!我输光了一切,一切……我走到赌场外,发现外衣口袋里还有一个盾①。"我得吃点饭。"我想。可是走了不到一百步,我改变了主意,决定返回。我把那个盾当作最后的赌注……那时,确实有一种奇特的感觉:我独自一人在异国他乡,远离祖国,远离朋友,连有没有饭吃也不知道——我押上了那个盾,仅有的一个盾。我赢了。二十分钟后我从赌场走了出来,衣袋里装着一百七十个盾。这是事实。这就是最后一个盾有时能起的作用。要是我那时灰心丧气,那会怎样?要是我不敢孤注一掷,又会怎样?

陀思妥耶夫斯基的传记是由他生前的老朋友斯特拉霍夫②撰写的。在撰写期间,他曾给托尔斯泰写过一封信,谈到他对陀思妥耶夫斯基的看法。这封信我作了些删节,翻译如下③:

> 我一边写,一边得不断地克制自己的厌恶、甚至憎恶情绪……我怎么也不能把陀思妥耶夫斯基看作一个善良

---

① 盾,荷兰货币名。
② 尼·尼·斯特拉霍夫,19世纪俄国作家、评论家。
③ 这封信是用法语写的。

第九章

的或者愉快的人。他是个行为放纵而且充满嫉妒心的坏人。他整个一生都像一头猛兽似的乱冲乱撞,既可笑又可悲。他很聪明,也很邪恶。在瑞士,他曾当着我的面以恶劣透顶的态度对待仆人,最后那仆人实在受不了,大声对他说:'可我也是个人啊!'我现在还记得,当时我听了这句话是多么震惊不已!它表明当时在自由瑞士到处有人权思想。我于是写信给一个经常宣扬人性论的朋友,谈了这一情况。对陀思妥耶夫斯基来说,这种情况经常发生,他就是无法控制自己的脾气……最糟糕的是他还从不忏悔自己的卑劣行为,反而以此自诩。维斯卡费托夫(一位教授)告诉过我,陀思妥耶夫斯基有一次带着吹嘘口吻说,他曾在澡堂里强奸过一个小女孩,那小女孩是一个保姆带到澡堂来的……但他说这些话时,又表现出一种愚昧的感伤情调,似乎想以此强调他那种夸夸其谈的人道主义梦想。正是这些梦想,是他作品中的基调和主要倾向,也是使人们喜爱这些作品的原因。总而言之,他的所有小说都在竭力为它们的作者开脱,它们表明,即便是最可怕的邪恶也可能和最高尚的感情同时存在……

确实,他的感伤情调是愚昧的,他的人道主义是夸夸其谈的。他和"人民"有所交往,但那样的"人民"却是和进步的知识阶层相对立的。他期望俄国有所改变,同时对"人民"的苦难寄予同情。他猛烈攻击激进派,尽管后者一直试图和他改善关系。对于穷人的惨状,他提出的补救办法是"把他们的苦难理想化,并将此理解为生活的一种方式。他建议他们用宗教的象征性安慰来取代实际的改革"。

至于那件强奸小女孩的事,当然使陀思妥耶夫斯基的崇

拜者大为尴尬,所以他们一直表示怀疑。斯特拉霍夫在信中提到的显然只是道听途说。为了证明这是谣言,他们说那是陀思妥耶夫斯基有一次和一个老朋友谈到自己的悔悟之心,那老朋友建议他到自己最憎恨的人面前去自我忏悔,于是他就向特杰涅夫说了那件事。但是,他所说的一切很可能都是虚构的。诚然,他在作品中使用过许多罪恶主题,还有《群魔》中隐隐约约的描写,这些都是颇难处理的。但不管怎么说,人们却无法证明,他所承认的这些丑恶行为都是生活中的事实。我觉得,这很可能和癫痫症引起的幻觉有关,由于这种幻觉非常强烈,他心里往往充满了罪恶感。也可能,他和许多小说家一样,喜欢杜撰一些事情来说明自己有可怕的欲念,但事实上却并非如此。

陀思妥耶夫斯基自负、多疑、急躁、自私、轻率,他过分谦卑而不可信赖、心胸狭窄却喜欢自我吹嘘。但是,这并不是他性格的全部。他在服刑期间,当有必要时,他会承认自己犯有谋杀罪而且还有偷窃的企图;他知道,对待难友要有勇气,要慷慨大度、慈悲为怀。他还知道,人不是单一的或好或坏,每个人都是高尚与平凡、善良与邪恶的混合物。他是个最不固执的人,富有同情心。当乞丐或者朋友向他伸手要钱时,他从来不会拒绝。即使在他穷极潦倒之时,他仍想方设法积攒一些钱,以便接济他守寡的嫂嫂和哥哥的旧情人,接济他前妻留下的那个酗酒的儿子(他和他其实已毫无关系),接济他的弟弟安德鲁。他们在生活上依赖他,他则是在感情上依赖他们。当他们有求于他而他一时又无法为他们效劳时,他从不抱怨,只是感到抱歉。他深爱他的妻子安娜,始终对她抱着倾慕和敬重的态度,认为她在各方面都胜过他自己。在国外的四年间,他一直很担忧,生怕妻子会对他失去耐心,不愿再和他一起生活。他有爱人之心,也渴望得到他人之爱。他一直不敢相信,他自己有那么多缺点,竟然还会有人如此忠贞不渝地爱恋他。在他一生中的最后几年,安娜又给了他安宁、欢愉的生活。

他就是这样一个人。这个人和作家的崇高地位似乎是矛盾的,但我敢说,世上再没有比陀思妥耶夫斯基更伟大的作家了。虽然在所有具有创造性的艺术家身上都有这样的矛盾,相比之下这种矛盾在作家身上显得最为突出。由于作家的表现手段是语言文字,在他们所说的和他们所做的之间不仅容易产生矛盾,而且这种矛盾还显得特别可怕。譬如,雪莱①的情况就是这样,他在诗歌中表达了崇高的理想主义,表达了他对自由的酷爱和对一切丑恶现象的憎恨,然而在生活中,他的行为却是那么以自我为中心,对他人是那么冷漠无情,连他自己也为此感到痛苦。我毫不怀疑有许多作曲家和画家也和雪莱一样以自我为中心,一样冷漠无情,但当我为他们的乐曲和绘画所倾倒的同时,却不会因为他们的卑劣行为和他们的美妙作品有矛盾而感到不快。我会把这种矛盾看作是天才的独特情况,因为一般说来以自我为中心虽是每个人在幼儿时期都有的品性,但只有天才到了青春期之后才会保持这种品性,也就是人们所说的"病态"。正因为有这种"病态",他们才比普通人更具旺盛的精力,就像用不加水的肥料种出的瓜比普通的瓜更甜,因为那些有毒的成分反而会使瓜的茎叶长得更为茂盛。

四

巴尔扎克与狄更斯塑造了许许多多人物。这些人物为千

---

① 雪莱,19世纪英国浪漫主义诗人。

差万别的人所着迷,人们的想象力被这些人物所具有的各种各样独特的个性所点燃。不管这些人物是好还是坏,是笨还是聪明,他们代表了他们自身,所以是拿来所用的极好素材。我猜想,陀思妥耶夫斯基只对他自己,以及密切影响自己的人感兴趣。有些人对美好的东西,只是拥有了才会关心,陀思妥耶夫斯基从某种程度上就很像这类人。他满足于用有限的几个人物就行,这些人物在一部部的小说中接连出现。《卡拉马佐夫兄弟》中的阿辽沙,和《白痴》中的梅思金公爵其实就是同一个人,只是没有癫痫病而已;而《群魔》中的斯塔夫罗金,不过是对《罪与罚》中斯维德里盖洛夫的进一步刻画。《罪与罚》的主人公拉斯柯尼科夫,是《卡拉马佐夫兄弟》中伊万的翻版,只是没那么强硬。所有这些人物,都散发着陀思妥耶夫斯基本人痛苦、扭曲、病态的气息。他笔下的女性人物甚至更没什么变化。《赌徒》中的波琳娜·亚历山德罗芙娜、《群魔》中的丽莎贝塔、《白痴》中的娜塔莎、《卡拉马佐夫兄弟》中的卡特里娜和格鲁申卡,都是同一类女人;她们都是直接以波琳娜·沙斯洛娃为原型塑造出来的。这个女人带给他的痛苦、施加给他的屈辱,都是刺激他满足自己受虐心理的需要。他很清楚,她恨他,却又希望她爱他,因此以她为原型的女性人物都很想控制和折磨她们所爱的男人,同时又顺从对方,在对方的手里遭受折磨。她们歇斯底里、满怀仇恨、心肠恶毒,因为波琳娜就是这样的。破裂数年之后,陀思妥耶夫斯基在彼得堡与她重逢,仍旧再次向她求婚。她拒绝了。他怎么也无法让自己相信:她确实不喜欢自己,于是冒出这样的想法来抚平自己受伤的自尊心,那就是一个女人往往对自己的处女之身极为看重,以至于对一个未曾娶她便让自己失身的男人只能充满仇恨。"你无法原谅我,"他对波琳娜说,"因为你曾经把自己

第九章

给了我,而你现在是在报复。"

陀思妥耶夫斯基对此深信不疑,而且不止一次地在其作品中采用这一想法。在《卡拉马佐夫兄弟》中,格鲁申卡在故事展开之前就被一个波兰人诱奸了,虽然接下来被一个富商所包养,但她仍然觉得,只有嫁给诱奸自己的那个人才能获得救赎。还有在《白痴》当中,娜塔莎不肯原谅托罗斯基,因为托罗斯基诱奸了她。在这里,我觉得陀思妥耶夫斯基的心理非常困惑。处女之身的特殊价值完全是男性构造出来的,部分是出于迷信,部分是源于男性的虚荣心,当然还包括不愿抚养别人孩子的想法。我得说,女性之所以对之如此重视,主要还是因为男性在乎它,同时也因为害怕由此而带来的后果。我觉得我的观点没什么不对,一个男人为了满足自身的需要(这就和饿了要吃饭一样自然),会在对性爱对象没有什么特别感情的情况下就与之发生性关系,而对于一个女人来说,如果不是出自本性、源于爱情(至少是感情),那么性交则是一件烦人的事情,她是当成一项义务来接受的,或者是出自给对方带去快感的愿望。我深深地相信,当一个处女"把自己奉献给"一个她不感兴趣甚至是讨厌的男人时,肯定是一种厌恶、痛苦的经历。但要说它会长年积郁在她心里,改变她的性格,在我看来却是难以置信的。

陀思妥耶夫斯基很清楚自己身上的双重性,并将其赋予自己笔下所有固执的人物身上。他所塑造的温和型人物(例如梅思金公爵和阿辽沙①),尽管亲切可爱,可都没什么本事,实在让人奇怪。不过"双重性"这个词本身就暗含着对人性的简单化处理,与事实并不相符。人无完人。人类的主要动机

---

① 梅思金公爵,《白痴》主人公。阿辽沙,《卡拉马佐夫兄弟》主人公。

是自身利益,对此否认实在荒唐;但否认他能够高尚无私也同样荒唐。我们都知道,在危急时刻,人类可以挺身而出到何等高度,而后展现出一种高尚的品格(包括他自己和他人都不曾知晓,他身上具有这种品格)。斯宾诺莎①曾告诉我们:"万事万物,就其自身而言,都极力坚持其特有的存在。"可是,我们也都知道,为朋友而献出自己生命的人也并不少见。人类的身上既有善也有恶,既有好也有坏,既有自私也有无私,既有瞻前顾后也有无所畏惧,有着令他们摇摆不定的各种性情和脾气。人的构成因素彼此矛盾,而这些因素居然能在一个人身上同时存在,彼此让步,形成一个看似和谐的整体,实在令人称奇。陀思妥耶夫斯基塑造的人物身上却没有这种复杂性。他们身上既有支配他人的欲望,也有受人摆布的欲望,既有缺乏温情的爱,也有满是恶毒的恨。他们十分怪异,没有人类的正常属性。他们只有激情,既没有自控也没有自尊。他们的罪恶本能,并没有因为所受的教育、人生经历或者使人免于丢脸的尊严感而有所减少。这也就是为什么照常理来看,他们的举止似乎极不可信、他们的动机好像极不合理的原因。

我们这些身处西欧的人常常惊讶地发现,他们的举动无法解释,并且认可(如果真的算认可的话)这是合乎俄国人的举动。俄国人真的是这样的吗?在陀思妥耶夫斯基所处的时代,俄国人是这样的吗?屠格涅夫②和托尔斯泰都是他同时代的人。屠格涅夫塑造的人物就很像普通人。我们都认识酷似托尔斯泰笔下尼古拉斯·罗斯托夫③那样的年轻英国人,都是快乐无忧、生活奢侈、无所畏惧、感情丰富的好人;我们也认识

---

① 斯宾诺莎,17世纪荷兰哲学家,西欧唯理论哲学代表之一。
② 屠格涅夫,19世纪俄国小说家。
③ 尼古拉斯·罗斯托夫,托尔斯泰《战争与和平》中的人物。

一些像他妹妹娜塔莎①那样美丽迷人、天真善良的姑娘;在我们这里要找到像彼埃尔·别素号夫②一样头脑愚笨、为人慷慨、心地善良的胖家伙也并非什么难事。陀思妥耶夫斯基宣称,他笔下这些古怪的人物比现实中的还要真实。我不清楚他说这话是什么意思。一只蚂蚁和一位大主教一样真实。如果他的意思是说,他们身上的道德品质使得他们超出泛泛之辈的话,他就错了。如果说艺术、音乐、文学中有什么东西可以纠正反常的性格、减轻内心的忧伤、把灵魂从人性的枷锁中部分解放出来的话,他们对此也是一无所知的。他们举止恶劣,乐于彼此粗暴相待,仅仅是为了伤害和羞辱对方。在《白痴》中,瓦尔瓦拉朝哥哥脸上吐唾沫,因为他要向一个自己并不赞成的女人求婚,而在《卡拉马佐夫兄弟》中,当霍赫洛娃夫人拒绝借给德米特里大笔钱财的时候(她根本没有理由要借钱给他),他也是怒气冲冲地向着接待自己的房间地板上啐唾沫。他们属于暴躁型的。拉斯柯尼科夫、斯塔罗夫金、伊凡·卡拉马佐夫③,他们和艾米莉·勃朗特笔下的希刺克厉夫④、麦尔维尔笔下的亚哈船长⑤属于同一类人。他们都随着生活而骚动不安。

五

就陀思妥耶夫斯基而言,他的自负、急躁和浮夸性格其实

---

① 娜塔莎·罗斯托娃,托尔斯泰《战争与和平》中的女主人公。
② 彼埃尔·别素号夫,托尔斯泰《战争与和平》中的男主人公。
③ 拉斯柯尼科夫、斯塔罗夫金、伊凡·卡拉马佐夫,分别是陀思妥耶夫斯基《罪与罚》《群魔》《卡拉马佐夫兄弟》中的主人公。
④ 艾米莉·勃朗特,19世纪英国女作家,"勃朗特三姐妹"之一,《呼啸山庄》为其唯一作品,希刺克厉夫是其主人公。
⑤ 麦尔维尔,19世纪美国小说家,代表作《白鲸》,亚哈船长是其主人公。

远甚于传记作者的描述。他就是这样一个人,而就是这个人,创造了像阿辽沙这样一个也许是所有小说中最有魅力、最优雅、最善良的人物。也就是这个人,创造了像佐西玛神父这样具有神性的形象。按小说设计,阿辽沙理应是《卡拉马佐夫兄弟》的主人公,他平淡无奇地出现在小说的第一句话里:"阿辽沙·费奥多罗维奇·卡拉马佐夫是费奥多尔·巴夫罗维奇·卡拉马佐夫的第三个儿子。费奥多尔是当时我们这一带远近闻名的地主,由于他在十三年前死于非命,我们至今还记得他。关于这事我将在适当地方再作叙述。"陀思妥耶夫斯基是个技巧熟练的小说家,他在小说的一开头,似乎在无意中就对阿辽沙这个人物作了明确交代。但是,当我们捧读这本书时却发现,较之于他的两个哥哥德米特里和伊凡,阿辽沙扮演的倒像是个次要角色,他时而出现,时而消失,似乎对其他人物没有多大影响。他的主要活动是和一群男学生在一起,而这群学生除了衬托阿辽沙可敬可爱的仁慈性格,对小说主题的发展不起任何作用。

需要说明的是,《卡拉马佐夫兄弟》(据说加涅特的英译本有838页)是陀思妥耶夫斯基仅有的一部由一些断片组成的长篇小说。他本打算在小说的后几卷里着重写阿辽沙这个人物,计划让他犯下一系列骇人听闻的罪行,后来经过种种波折,最终得到拯救。然而,死亡

《卡拉马佐夫兄弟》

第九章

使陀思妥耶夫斯基未能如愿。《卡拉马佐夫兄弟》虽是一些断片,却是一部前所未有的旷世之作,雄居于为数不多的小说杰作之巅,即便像《呼啸山庄》和《白鲸》这样的伟大作品也无法与之比肩。

这是一部内容极其丰富的书,我在这里只是简略地谈到它,其实是不公平的。陀思妥耶夫斯基为这本书构思了很长时间,经受了无数痛苦,这是他整个小说创作生涯中写得最痛苦的一部小说,这种痛苦远远超过因生活穷困而带来的种种愁苦。他在这本书里倾注了自己全部的苦闷和疑惑,急切地寻求人类被上帝抛弃的原因,同时一心想找回生活的真谛。但是,我得奉劝读者,不要期待他会给你找到答案,因为一个作家没有这样的权利,也没有这样的义务。《卡拉马佐夫兄弟》也不是一部写实的作品。陀思妥耶夫斯基既没有高超的观察才能,也没有逼真地再现事物的天赋。这部小说中的人物行为是不能用日常生活中的一般尺度来衡量的。他们的行为疯狂得难以置信;他们的动机疯狂得不合逻辑。你所看见的这些人物和简·奥斯丁或者福楼拜笔下的那些人物截然不同,他们不是现实生活的写照,不是作家取自生活并加以精心雕琢的典型人物,而是激情、欲望、淫荡和邪恶的集中表现,是作家本人痛苦而扭曲的病态心理的自然流露。他们既不真实,也不生动,但是一个个都带着生命的节奏在不断地狂舞。

《卡拉马佐夫兄弟》不足之处是过分冗长,这是陀思妥耶夫斯基小说的通病,也是他难以克服的缺点。在翻译这部小说时,译者往往会把握不住它那种漫无头绪的文体。陀思妥耶夫斯基是个伟大的小说家,却是个糟糕的文体家。他也没有什么幽默感,那个制造滑稽场面的霍拉科夫夫人写得令人生厌。三个年轻女性,即丽丝、卡德琳娜和格鲁申卡,几乎毫

无个性,三个人同样歇斯底里,同样心怀叵测。她们既想支配和折磨各自所爱的男人,却又一味地屈从于对方,甘愿在他们手下受罪。她们的行为简直令人费解。我在前面简述陀思妥耶夫斯基生平时,没有提及另外两个多少和他有点暧昧关系的女人,这两个女人虽然在他生活中是无足轻重的,但在这部小说中,她们却为他提供了素材。陀思妥耶夫斯基生性好色,性欲强烈;但我并不认为他很了解女人。在他眼里,女人似乎很简单地只有两种:一种是温顺的、富于自我牺牲精神的,但往往受到恐吓、虐待和欺骗;另一种是骄傲的、专横的,她们既多情又残忍,往往心怀恶意。很可能,波琳娜·沙斯洛娃在他心目中就属于后一种女人。然而,她越是轻视他甚至折磨他,他却越是爱恋她,因为他喜欢这样的刺激,喜欢以此来满足自己的受虐心理。

至于小说的男性人物,倒是经过有力刻画的。老卡拉马佐夫是个头脑糊涂的小丑,他的出场写得很出色;他的私生子斯麦尔佳科夫是魔鬼的杰作、邪恶的化身;至于阿辽沙,我在前面已经费过一点笔墨了。老恶棍还有两个儿子。德米特里确实属于那种人,可以很明智地把他描写得就像他最最恶毒的敌人一样恶毒。他是个粗俗的、酗酒的、喜欢吹牛的恶棍,不顾一切地肆意挥霍,特别是他一点也不明白自己的钱是怎么得来的,只是愚蠢地胡乱花钱。他那种狂饮暴食又像穷学生一样无聊,而他和格鲁申卡的寻欢作乐简直幼稚可笑。他关于荣誉的那些胡言乱语也令人作呕。从某种意义上说,他才是小说的主人公,但我觉得这个人物写得并不好。因为他太不值得关注。就像大多数小说里的男主人公一样,他被写成是一个对女人很有吸引力的男人,但是陀思妥耶夫斯基并没有写出他到底有怎样的吸引力。在他所做的许多事情中,

第九章

只有一件事情使我觉得有点意思,那就是他偷钱给他倾心爱慕的格鲁申卡,让格鲁申卡去和别的男人结婚。因为这使我回想起,陀思妥耶夫斯基自己就曾想为他热恋着的玛丽亚·伊沙耶娃去借钱,好让她和她的情人即那个"心灵高尚,富有同情心"的牧师结婚。陀思妥耶夫斯基还把他那种利己主义者的冷酷心理和色情受虐狂的昏热情绪也赋予了德米特里。我不知道,色情受虐狂是不是他用来维护其自身的一种最好的特殊方式。

我大概有点吹毛求疵了。你或许会问,为什么我提出了那么多异议,却还要宣称《卡拉马佐夫兄弟》是世界上最伟大的小说之一。是的,它是最伟大的小说之一。首先,它非常吸引人。陀思妥耶夫斯基不仅是杰出的小说家,同时还具有独到的戏剧才能。这两种才能同时出现在一个人身上是很罕见的,而陀思妥耶夫斯基恰恰是这样一个天才,他善于以戏剧表演的方式讲述小说中的故事。尤其是当他想触动读者内心深处最敏锐的感情时,这样的才能就显得特别难能可贵。他先把小说中的主要人物聚合到一起,让他们讨论一些简直令人不可思议的问题,然后又设法让你逐渐理解这些问题,最后又用加博利奥①式的技巧向你揭示其神秘性。小说中的那些对话虽然冗长,却常常会使你觉得毛骨悚然;因为他善用各种技巧来渲染出一种恐怖感,譬如让某个人物一边说话一边莫名其妙地浑身发抖(他说的话其实并不需要他如此紧张,但他却激动得脸色发青或者发白,还直打哆嗦),使读者情不自禁地集中起注意力,从而注意到原先可能注意不到的东西。这之后,这个人物很可能会真的被某种越轨行为所激怒,他的神经

---

① 埃米尔·加博利奥,法国侦探小说家,其作品以叙事巧妙而著称。

质也就一触即发。这时如果真的发生什么事而他又不能躲避的话,他便准备接受真正的打击。

然而,这些都纯属技巧问题。《卡拉马佐夫兄弟》的伟大更在于它表现的是重大主题。有不少批评家认为它的主题是寻求上帝;但以我之见,与其说是寻求上帝,不如说是讨论人的原罪①问题。提到这个问题,我必须引出卡拉马佐夫的第二个儿子伊凡。也许,伊凡并不是这本书里最令人同情的人物,但他最令人感兴趣。我们甚至可以把他看作是陀思妥耶夫斯基的代言人,他所表达的观点也就是陀思妥耶夫斯基本人的基本信念。在"赞成和反对的论点"以及"俄国修道士"等章节里,陀思妥耶夫斯基自己也说到,他的这部小说以及小说讨论到的主题是登峰造极的。这个观点在"赞成和反对的论点"的两个段落里表达得尤为明确,因为就在那里,伊凡提出了原罪问题。他认为,无论是对于人类的才智来说,还是对于上帝的仁慈来说,原罪都是使人难以接受的。譬如,孩子何罪之有,他们却也要蒙受种种苦难。成年人受苦受难,似乎还有理由说是因为他们犯有种种罪孽;但无辜的孩子不管从理智上还是从感情上说,都是不应该受苦受难的。对于人类是否由上帝创造、还是上帝由人类创造这样的问题,伊凡不感兴趣,他虽然相信上帝的存在,却拒不相信世上的种种苦难是上帝制造的。他坚持认为,无辜者没有理由要为有罪者的罪孽而和他们一起蒙受苦难,如果无辜者也要蒙受苦难,那么,即便不说上帝不公正,也只能说上帝是不存在的。关于这类问题,我不想在这里多说了,你可以自己去读一下"赞成和反对的论点"那一章。我只想说,陀思妥耶夫斯基过去从未表述过

---

① 原罪:基督教教义之一,即认为,人人生来有罪,因为人类始祖亚当和夏娃是因"罪"(即"欲")而被上帝逐出伊甸园的。

第九章

这么强有力的观点,所以写完这一章后,他自己也觉得有点害怕。他提出的论点是难以辩驳的,然而他最后得出的结论却是自相矛盾的。为了顺从苦难来自上帝的原罪说,他只好把世上所有的邪恶和苦难都看作是美的和善的。"要是你热爱世上一切有生命的东西,那么你的爱将证明,受苦受难是每个真正的基督教徒应尽的道德义务。"这就是陀思妥耶夫斯基要人们相信的人生真谛。在写完"赞成和反对的论点"后,他随即又写了一篇反驳文章,但没有人比他自己更清楚地意识到,他的反驳是失败的。那篇文章写得冗长乏味,作为反驳的论点也难以让人信服。总之,原罪问题仍无法解答,伊凡·卡拉马佐夫的起诉也没有得到回复。

第十章
托尔斯泰和
《战争与和平》①

毫无疑问,《战争与和平》是一部非常伟大的小说。这种小说,只能出自睿智不凡、想象丰富、对世界具有广泛体验、对

---

① 《战争与和平》(*Война и Мир*),19世纪俄国作家列夫·托尔斯泰(Лев Николаевич Толстой,1828—1910)所著长篇小说。小说主题是:战争和战争中的英雄主义,如昙花一现,唯有平凡的人生,永世长存。主要情节是:1805年,拿破仑征服欧洲后入侵俄国。公爵之子、刚结婚不久的安德烈·保尔康斯基向往建功立业,毅然从军,到前线担任俄军主帅库图佐夫的副官。憨厚、略显肥胖的彼埃尔·别素号夫归国继承遗产,不仅继承了爵位,成为别素号夫伯爵,还成了莫斯科数一数二的富豪、社交沙龙的宠儿。库拉金公爵见此,便设法把女儿爱伦嫁给彼埃尔,尽管彼埃尔其貌不扬,爱伦美若天仙。11月,法俄两军展开奥斯特里茨战役,俄军大败,安德烈负伤,而就在他负伤的那天,他妻子在家里生下一男婴,但她不幸死于分娩。安德烈退役后返回父亲的庄园,生活孤独而绝望。与此同时,彼埃尔发现妻子爱伦水性杨花,屡屡出轨。不得已,他只能与爱伦分居。但不久,彼埃尔因加入共济会而接受了一套新的人生哲学,于是原谅了妻子。1807年2月,俄奥联军和法军进行了一场鏖战,双方损失惨重,故而至6月,拿破仑与俄国沙皇签订了停战协议,和平降临。1809年春天,安德烈因要商议贵族协会之事而去拜访罗斯托夫伯爵期间,与伯爵的女儿,年轻美貌、性格活泼的娜塔莎·罗斯托娃相恋。不久,安德烈向娜塔莎求婚。娜塔莎答应了,但安德烈的父亲保尔康斯基公爵却反对。然而,他们私订终身,相约一年后结婚。不久,安德烈有事出国。在此期间,娜塔莎结识了爱伦的弟弟阿纳托尔。阿纳托尔年轻,风流倜傥,娜塔莎经不起他的诱惑,差一点和他一起私奔。虽然最终她醒悟了,但她觉得自己有愧于安德烈,便和他解除了一年后结婚的约定。安德烈受此打击,再度陷入痛苦。为此,他再度从军,准备战死疆场,以结束痛苦。1812年,拿破仑撕毁停战协议,俄法两国再度交战,经过一系列战役,法军攻入莫斯科,但那里几乎是一座空城。安德烈在博罗狄诺战役中身负重伤,因那里距罗斯托夫伯爵的庄园不远,罗斯托夫家的人都来帮助军队运送伤员。在伤员中,娜塔莎意外发现了奄奄一(转下页)

第 十 章

人性具有深刻洞察的人之手。之前从未有人写过这样的小说,以如此恢宏的气势,描写如此重大的历史时期和如此众多的人物。而且我猜想,以后不会再有了。以后或许还会有人写出同样伟大的小说,但绝不会是《战争与和平》这种。有些人天生就具有成为小说家的特殊禀赋,但是他们所认识的世界——这样的人和这样的风俗——更有可能造就出写《傲慢与偏见》的简·奥斯丁,而不是写《战争与和平》的托尔斯泰。人们称《战争与和平》为史诗,是理所当然的,我不知道还有哪部小说比它更配得上"史诗"一词。托尔斯泰的朋友、才华出众的批评家斯特拉霍夫,曾以这样有力的语言评价这部作品:"一幅描绘人类生活的完美图画。一幅描绘当时俄罗斯生活的完美图画。一幅描绘所有人都能感悟的关于欢乐与悲哀、荣誉与耻辱的完美图画。这就是《战争与和平》。"

一

托尔斯泰出生于乡村贵族家庭,这样的家庭很少产生杰

(接上页)息的安德烈。她向他谢罪,并精心看护他。两人似乎已旧情复萌,然而安德烈伤势太重,不治身亡。彼埃尔仍留在莫斯科,并化装成农夫,希望有机会刺杀拿破仑,成为英雄,结果却成了法军的俘虏。他的妻子爱伦已逃离莫斯科,但她在战火中仍行为放荡,与人通奸而怀孕,最后因误食堕胎药而死亡。此时,法军在莫斯科空城中开始缺乏给养,拿破仑本想沙皇很快就会向他乞和,但沙皇似乎把莫斯科忘了。眼看冬季马上来临,拿破仑只好放弃莫斯科,向西撤退。彼埃尔与众多俘虏一起,随法军撤退,一路上他看到无数惨状:俘虏,乃至法军自身,都因严寒和缺少给养而成批死去。他还算幸运,在哥萨克游击队对法军的一次袭击中被救,后返回莫斯科。法军溃败,和平再次降临,俄国贵族社会又恢复了往日的景象。彼埃尔在与罗斯托夫伯爵一家的交往中认识了娜塔莎。此时的娜塔莎已经变得成熟,彼埃尔请求娜塔莎的父母同意他们的婚事。罗斯托夫伯爵夫妇求之不得,因为他是莫斯科的大富豪。就这样,原本天真活泼的小姑娘娜塔莎·罗斯托娃,现成了别素号夫伯爵夫人。与此同时,娜塔莎的哥哥尼古拉·罗斯托夫因与保尔康斯基公爵一家交往而认识了安德烈的妹妹玛丽娅,不久后也结了婚。就这样,在和平年代,这两对夫妇生儿育女、身体发福,变得越来越安详,也越来越平庸。

出作家。他是尼古拉·托尔斯泰伯爵和玛丽亚·伏尔康斯基伯爵夫人的五个孩子中最小的一个。他生于母亲的祖宅——雅斯纳雅·波良纳,当他还是个孩子时,父母就去世了。他先是接受家庭教师的教育,后来进喀山大学就学,不久又转入圣彼得堡大学。他是个劣等学生,什么文凭也没拿到。他的贵族亲友把他带入社交界,先是在喀山,然后在圣彼得堡和莫斯科。他到舞厅跳舞,去剧院看戏,还时常参加贵族家宴。他到高加索山区服兵役①,并参加了克里米亚战争。

就在这一时期,他开始狂饮滥赌。为了付赌债,他曾不得不卖掉他从父亲那儿继承来的部分家产——雅斯纳雅·波良纳庄园里的房子。他是个性欲旺盛的人,在高加索时还染上了梅毒。按他在日记上所记,那是在一个狂欢之夜,一个赌牌、玩女人、和吉卜赛人一起狂饮的夜晚——如果可以根据俄国小说来判断的话,这种狂饮看来(或者过去是)俄国人寻欢作乐的一种普通的传统方式。对此,他曾有过强烈的悔恨;但是,只要一有机会,他又会重蹈覆辙。尽管他身体很强壮,可以整天走路,骑马十到十二小时也不觉得累,但他的身材并不高,而且相貌平平。"我知道得很清楚,我不是个漂亮的人,"他曾写道,"我常常陷入绝望;我想,对于一个像我这样宽鼻梁、厚嘴唇、有一对小小的灰眼睛的人来说,世界上是不会有什么幸福在等待他的。我恳求上帝创造奇迹,让我变得漂亮些。为了一张漂亮的脸,我宁愿放弃我现在所有的一切,放弃我将来可能得到的一切。"殊不知,他那张朴实的脸其实很有精神,因而很吸引人;还有他的眼睛和他的谈吐,也颇有魅力。在那段时间里,他衣着讲究(就像可怜的司汤达一样,想用时髦的衣饰

---

① 托尔斯泰曾志愿(不领军饷)加入军队,参加了克里米亚战争。

第十章

来弥补自己的相貌不佳），而且炫耀自己的门第。他在喀山大学的一个同学曾这样描述他："我回避这位伯爵。从我们第一次见面起，我就讨厌他那种傲慢和冷淡的态度，那头短而硬的头发，那种眯缝着眼睛的样子，以及眼睛里的锐利目光。我还从来没有见过一个年轻人，像他那样奇怪地摆出一副傲慢的样子，我很难理解这一点……他几乎总不回答

托尔斯泰

我的问候，好像是要表明，由于某种原因我和他不是完全平等的……"托尔斯泰后来在军队时，又似乎对那些军官同僚抱着一种轻蔑态度。"起先，"他写道，"这里的许多事情都使我吃惊，但我使自己在和那些先生们保持距离的情况下适应了这里的环境。我找到一种恰当的中间姿态，对他们既不太疏远，也不太亲近。"

在高加索，以及后来在塞瓦斯托波尔①，他写了一些随笔和短篇小说，还写了一篇关于自己童年生活的富于浪漫色彩的中篇小说。这些作品在一家杂志上发表后，赢得了好评，所以当托尔斯泰离开战场回到圣彼得堡时，那里的作家、文人很欢迎他。但是，他却不喜欢他们。他们后来也不喜欢他了。他自认为很坦诚，容不得当时的流行观念。他动辄发火，粗暴地反驳别人的意见，至于别人会怎么想，他根本不

---

① 当时托尔斯泰任炮兵连长，驻守塞瓦斯托波尔。

加考虑。屠格涅夫①曾说,托尔斯泰总是喜欢用审判官似的目光看人,使人不胜困窘。这种目光,再加上刻薄的挖苦话,足以叫人恼羞成怒。他苛刻地非难别人,要是偶然读到一封用不太尊重的态度提及他的信,他就立刻会向写信人提出挑战。有一次,他的朋友费了很大的劲,才使他放弃一场可笑的决斗。

那时自由主义风潮席卷俄国,解放农奴成了当时压倒一切的大事。托尔斯泰在京城圣彼得堡过了几个月的放荡生活后,回到雅斯纳雅·波良纳,向自己庄园里的农奴提出一项计划,要给他们自由。但是他们拒绝了,因为他们根本不相信他。他于是就为农奴的孩子开了一所学校。他的教育方法颇为新颖别致:学生可以不上学,即使在学校里也可以不听教师讲课;完全不讲纪律,没有人会受到惩罚。他还亲自教这些学生读书,整天和他们在一起,晚上又和他们一起玩耍、给他们讲故事、教他们唱歌,往往忙到深夜。

也就在这时,他和一个农奴的妻子生下了一个私生子。这个名叫提摩西的私生子,后来就成了托尔斯泰几个儿子的马车夫。他的传记作家感到很有意思,因为托尔斯泰的父亲也有过一个私生子,后来也成了家里的马车夫。在我看来,这说明托尔斯泰在道德上是有过失的。我本以为,既然托尔斯泰有那么一种自我谴责的道德良心,那么真诚地想把农奴从贫困和卑贱中解救出来,想让他们受到教育,想使他们变得干干净净、知书识礼、自尊自重,那么他至少是会为他自己的私生子做些什么的。屠格涅夫也有一个私生女,他就很照顾她,

---

① 屠格涅夫,19世纪俄国小说家,比托尔斯泰年长,一度和托尔斯泰关系很好,后疏远,至死没有和好。

第十章

不仅让她受教育,还始终关心她的生活。我想,托尔斯泰在看到他的私生子(他至少和他有血缘关系)在为他的儿子们(他们只不过是合法婚姻的产物)赶马车时,难道就不觉得羞愧吗?

托尔斯泰有个很大的性格特点,那就是他对新鲜的事情总是非常热衷,但迟早都会厌倦。他似乎缺乏坚韧和沉稳的品质。因此,他办了两年学校后,就对自己努力的结果感到失望了,就关闭了学校。他感到疲倦,感到不满,身体也变坏了。后来他回忆说,要是当时没有另一件他从未尝试的新鲜事在吸引他的话,他很可能要绝望了。那件新鲜事就是结婚。

他决定尝试一下。那时他三十四岁,娶了贝尔斯博士的二女儿、十八岁的索尼娅为妻。贝尔斯博士是内科医生,在莫斯科上流社会颇有声望,也是托尔斯泰家的老朋友。婚后,他们住在雅斯纳雅·波良纳。索尼娅在最初的十一年间就生下八个孩子,后来的十五年间又生了五个孩子。托尔斯泰喜欢骑马,骑术也不错,他还喜欢打猎。婚后他的经济状况大有改善,在伏尔加河东面买下了一座新的庄园,这样他已拥有大约相当于一万六千英亩①的土地。他的生活也变得按部就班,就像大多数俄国乡村贵族一样。在当时,俄国有许多这样的贵族,他们年轻时赌博、酗酒、玩女人,然后结婚,在庄园里定居,生一大群孩子,骑马、打猎、照管自己土地和农奴。他们中间也有不少人和托尔斯泰一样具有自由主义倾向,和他一样为农奴的无知、可怕的贫困和恶劣的生活状况而感到忧虑,也和他一样想改变农奴的命运;然而,有一点托尔斯泰却和他们不一样,那就是他在过着和他们一样的生活的同时,却写出了

---

① 1英亩=6.07亩。

两部世界上最伟大的小说——《战争与和平》和《安娜·卡列尼娜》。至于他怎么会写出这两部小说来的,就像苏塞克斯郡的一个老派绅士的儿子①怎么会写出《西风颂》来的一样,也许是一个永远解不开的谜。

二

据说,索尼娅年轻时很有魅力,身材优美,有一双漂亮的眼睛,鼻子很性感,头发乌黑发亮;她精力充沛、神情动人,嗓音清脆悦耳。托尔斯泰婚前有一段时间一直记日记,他不但记下自己的希望和思考、祈求和自责,同时也记下自己的过错,包括酗酒、嫖妓和其他一些事情。和索尼娅订婚后,他出于不向未婚妻隐瞒任何事情的愿望,便把自己的日记给她看了。她大为惊恐,一边看一边流泪,整整一夜没睡。第二天,她把日记还给他,同时也宽恕了他。不过,宽恕是宽恕了,她却决不会忘记。他们两人都是容易激动的人,都很有个性,像这样的人,一般说来也往往会有一些令人难堪的脾气。索尼娅很苛求,占有欲很强,嫉妒心也很重;托尔斯泰则既严厉又固执。孩子出生后,托尔斯泰总是要求索尼娅亲自给孩子喂奶;这她愿意,只是有一次孩子刚刚生下不久,她觉得乳房痛得厉害,便不得不把婴儿交给奶妈,没想到托尔斯泰竟对她大发脾气。他们时常会吵架,但每次都会和解。他们彼此相爱,所以他们的婚姻总体上说是很美满的。托尔斯泰既要管理庄园,又要从事写作。他的字迹很潦草,每张手稿都要索尼娅誊抄一遍,因为她善于辨认他的笔迹。不过,有时她还是要靠

---

① 指英国浪漫派诗人雪莱。雪莱出生在苏塞克斯郡,父亲是个循规蹈矩的绅士,而雪莱却生性叛逆,其抒情诗中最叛逆的就是《西风颂》。

第 十 章

猜,才能誊清他写得不仅潦草而且词句不完整的手稿。据说,仅《战争与和平》的手稿,她就整整抄了七遍。

西蒙教授①曾这样描述过托尔斯泰的一天:

> 全家在吃早饭时聚在一起,男主人的妙语和笑话使餐桌上的闲谈既活跃又风趣。最后,他总是站起来说,现在该工作了,于是消失在书房里,通常还随身端着一杯浓茶。他要到下午再露面,去做锻炼,通常是散步和骑马。到五点钟他回来吃晚饭,吃得狼吞虎咽。吃饱以后,他就会生动地讲述自己散步时的种种见闻,常常逗得所有人都哈哈大笑。然后,他回书房去读书,到晚上八点再和家人以及来访者一起喝茶,这时总是听音乐、朗读,或者和孩子们玩游戏。

这是一种忙碌的、有益的、心满意足的生活。在往后的许多年里,这样的生活一直继续着:索尼娅生养孩子,照料家务,帮丈夫抄稿;托尔斯泰则骑马打猎,管理庄园,写他的小说。然而,他正一天天向五十岁靠近,这对任何男人来说都是个危机时期。现在已不再年轻,当回首往事时他自然要问,自己在生活中究竟得到了什么;而往前看,暮年已近在眼前,他又难免要为暗淡的前景感到沮丧。在托尔斯泰的一生中,有一种恐惧始终伴随着他——那就是死亡的恐惧。人都不免一死,好在大多数人都很理智,除了遇到危险或者身患重病,平时是不去想它的;但是,对托尔斯泰来说,死亡却永远是一种近在眼前的凶兆。他曾在《忏悔录》里这样描述当时的心境:

---

① 西蒙教授,著有《托尔斯泰传》。

五年以前,某种非常奇怪的事情开始在我身上发生了。起先,我有时候感到困惑,感到生活的压抑,简直像不知道该怎么生活、该做些什么似的;我感到空虚而不知所措,变得气馁起来。但这种情况过去了,我又像以前那样生活。然后,那种困惑的时刻重新出现,越来越经常地,总是以同样的方式出现。它们总是表现为这样一些疑问:生活是为了什么?它意味着什么?我觉得我一直赖以立足的地基坍塌了,在我脚下什么都没有了。我赖以生存的东西不再存在了,我没有任何东西可以立身。我的生命停止了。我能够呼吸、吃喝、睡觉,而且我不能不做这些事情;但是没有生命,因为没有希望,没有那种我认为有理由去实现的希望。

所有这一切落到我头上,正是我被那种所谓十全十美的好运气包围住的时候。我还不到五十岁;有一个爱我的好妻子,而我也爱她;有可爱的孩子们,有一个很大的庄园,我没费多少精力就使它得到了改善和扩展……人们称赞我,而如果说我很出名,那也不是太大的自欺……我享受着精神和肉体上的强壮,这在我的同类中还很少见到:就体力说,我能够和农民们同步刈割;在脑力上,我能够一口气工作八到十个小时而不会生病。

我的精神状态以这样一种方式向我显示出来:我的生命是别人对我开的一个愚蠢而恶毒的玩笑。

托尔斯泰从少年时代起就不相信上帝,但信仰的丧失又使他感到空虚和愁闷,因而他常有一种想法,想解答生命之谜。他曾这样自问:"我为什么活着?应该怎样活着?"他找不到答案。于是,他恢复了对上帝的信仰。不过,这种信仰是通

第十章

过一种推理达到的,而这种推理竟会由他这样一种亢奋型的人作出,确实非常奇怪。"如果我存在,"他写道,"那就必定有某种原因,而所有一切的最后原因,就是人们叫作上帝的那个东西。"这是一种有关上帝的最古老推论。当时,他仍不相信具有人格的上帝,也不相信人死后生命还会延续,只是到了后来,当他开始认为自我也属于上帝的一部分时,他才觉得生命会随着肉体的死亡而停止似乎有点不可思议了。他一度曾坚信俄国东正教会,但是很快对教会反感了,因为他发现那些神职人员的生活和他们所宣扬的教义是不相符的。他觉得没必要再去相信他们要他相信的那些东西了,只准备接受可以用浅显和实际的道理来加以证实的东西。他开始接近那些穷困、低贱和没有文化的信徒。对他们的生活观察得越深入,他就越相信,他们尽管带有迷信色彩,却拥有一种真正的信仰;对他们来说,有这样的信仰是必然的,因为它使他们的生活有了意义,他们只有靠它才能生活下去。

经过了好几年充满痛苦的反省和沉思,托尔斯泰最后确定了自己的看法。要把他的看法简明扼要地概括出来并不容易,我只能勉强试一试。他拒绝教会的那套宗教仪式,因为在耶稣基督的教诲中找不到根据,所以施行那样的仪式只会给真理抹黑。他也拒绝教会对基督教教义所作的解释,认为它们是荒谬的,是对人类理性的侮辱。他只相信那些仅仅在耶稣的言论中才能找到的真理,同时认为耶稣言论的精髓就包含在"勿抗恶"这一箴言中。它体现为"不要发誓"这一命令——托尔斯泰认定,"不要发誓"不仅仅指一般的赌咒,而是指任何形式的誓言,包括证人席上的宣誓和士兵们入伍时的宣誓。它还体现在"爱你的敌人,祝福那些诅咒你的人们吧"这一训诫中。根据这一训诫,人们不仅不能向自己的敌人宣战,即使在遭到敌人攻击时也不能以武力反击。托尔斯泰认为,采纳一种主张就意味着采取行动;既然他得出了这样的结论,即:基督教的教义就是爱、谦卑、自我否定和以善报恶,那么他就得义不容辞地放弃一切享受,就得不辞劳作、经受困苦,就得贬低自己、宽恕他人。

然而,作为虔诚的东正教徒①,索尼娅却坚持要让孩子们接受宗教教育,坚持要顺从教会的旨意,在自己所属的地位上尽其责任。她并不是那种很有灵性的女人,实际上她要养育那么多孩子,要让孩子们受到良好教育,还要参与管理这么大一个庄园,也没有多少时间来培养自己的灵性了。她既不理解、也不赞同丈夫改变信仰,好在她还有足够的耐心予以容忍。但是,当她丈夫要把自己的信仰付诸行动时,她却无法容忍了,而且毫不犹豫地表示了自己的态度。托尔斯泰由于觉得自己不该靠别人生活,就决定自己生炉子、打水和料理衣物。出于自食其力的想法,他还请来一个鞋匠教自己制作靴子。他在庄园里和农奴一起干活:耕地、运干草、伐木。对此,索尼娅大为不满,她认为托尔斯泰从早到晚地干体力活对他并无益处,因为即使在农奴中间,这些活也是年轻人干的。

"当然你会说,"她曾在一张给他的纸条上这样写道,"这样的生活符合你的信念,你喜欢这样。但那是另外一回事。我要说的只是:希望你过得快活!但我还是生气,因为你把精力全用到劈木头、烧茶炊和做靴子上去了。当然,这些事作为休息或者用来调剂一下头脑是很好的,但总不能把它们当作一件正经事来做吧?"她说得不错。托尔斯泰认为体力劳动似乎在任何方面都要比脑力劳动高尚,这是很愚蠢的。他觉

---

① 俄罗斯人普遍信奉东正教。东正教是基督教三大宗派之一,其他两派是天主教和新教。

得自己不应该写小说给那些有闲人看;但就算这样,我们也不能相信他就找不到比做靴子更有意义的事情来做了。他做的靴子质量之差,可以说任何人都不能穿。他还开始穿农民穿的衣服,不修边幅到了邋里邋遢的地步。据说,他有一次装完粪就走进房间吃晚饭,身上散发着难闻的臭气,弄得一家人只好开着窗子吃饭。他过去喜欢打猎,现在已彻底放弃,还成了素食者;因为他觉得不应该杀生,更不应该把动物的肉放在餐桌上。他多年前就开始节制自己的酒量,现在又彻底戒了酒;最后,他还非常痛苦地戒了烟。

这时,他们的孩子长大了,尤其是大女儿达尼亚,快到参加社交活动的年龄了。为了孩子们的教育,索尼娅坚持要全家到莫斯科去过冬。托尔斯泰虽不喜欢城市生活,但他还是同意了妻子的决定。他在莫斯科看到了惊人的贫富差距。"我过去感觉到,现在感觉到,将来还会继续感觉到,"他曾这样写道,"只要我有多余的食物而别人没有,我有两件外套而别人没有,我就会有一种不断出现的罪恶感。"无论谁想告诉他,世上从来就有富人和穷人,而且将来也一定会有,那都是无济于事的;反正他觉得这不对。他曾访问过一个为赤贫者准备的夜间留宿处,当亲眼看见了那里的可怕情形后,想到自己回家后将由两名身穿制服、戴着白领结和白手套的男仆伺候着享用有五道大菜的晚餐,便觉得无比羞愧。他把自己身边的钱分给那些穷困不堪、可怜巴巴的人,但结果是,那些人用他的钱不是去赌博就是去喝酒,总之他的钱起的坏作用比好作用多。"金钱是罪恶的,"他愤恨地说,"因此给别人钱的人,也是在作恶。"从这里往前跨一小步,他就产生了这样的信念:财产是不道德的,占有财产就是犯罪。

对托尔斯泰来说,接下来的一步是明摆着的:他必须放

弃自己所有的一切。为此,他和妻子发生了猛烈的冲突。索尼娅既不想让自己沦为乞丐,也不想让孩子们一文不名。她威胁说,她要到法院起诉,要求法院宣布托尔斯泰已丧失管理家庭财产的能力。经过天知道有多么刻毒的争吵,托尔斯泰提出要把自己的财产划归给她。但她又拒绝了。到最后,她同意和孩子们一起分占了他的财产。在持续不断发生争吵的几年间,托尔斯泰曾不止一次离家出走,但每次没走多远就返回了,原因是他想到这样会伤害妻子,心情便特别沉重。他继续住在雅斯纳雅·波良纳,尽管家里的生活已相当有节制,但他仍觉得太奢侈,并为此感到羞愧。家庭关系依然很紧张。他不赞成当时所谓的正规教育,但他妻子却安排孩子们去接受这样的教育;他要按自己的愿望处理自己的财产,他妻子却加以阻挠。对此,他不能原谅她。

托尔斯泰改变信仰后,又活了三十年,但由于篇幅有限,我不能详细谈论他在这三十年间的生活。我不得不把许多并非不重要的事情也省略掉。反正,他后来成了一个受公众崇拜的偶像,不仅被誉为俄国最伟大的作家,而且在世界各地都赢得了巨大声誉,被看作是集小说家、民众导师和道德家于一身的杰出人物。那些信奉他的学说并想遵循他的原则来生活的人,还建立了自己的聚居地。然而,当他们试图实行他的不抗恶原则时,却遇到了极大的困难。关于他们的种种遭遇,当时有诸多传说,听起来既滑稽可笑,又发人深省。不过,托尔斯泰生性多疑,又很好辩,所以他固执己见并毫不犹豫地断言,那些传说都出自某些人的卑劣动机。为此,他得罪了许多朋友。尽管如此,他名声却越来越大,大批的学生、朝拜圣地的香客、旅游者、崇拜者和信徒、富人和穷人、贵族和平民都纷纷涌向雅斯纳雅·波良纳。

第 十 章

我在前面已经说了,索尼娅的嫉妒心和占有欲是很强的,她一直想独占她的丈夫,因此她对陌生人前来骚扰她的家庭生活感到厌烦。她在抱怨和痛苦之余,甚至不惜贬低她的丈夫。她曾在日记里这样写道:

> 就在他向人们讲述他那些美妙的想法并一谈到自己就变得多愁善感的同时,他却依然过着和以前一样的生活,他贪吃美味的食物,兴致勃勃地骑自行车、骑马,还有淫欲。

在另一篇日记里她又写道:

> 我不能不抱怨,因为他为所谓的人民幸福所做的一切把家里的生活弄得一片混乱,对我来说,生活越来越困难了。他的素食主义意味着我要准备双份晚餐,这就要花费更多的钱和精力。他那些关于爱的喋喋不休的说教,在家里引不起兴趣,却把各种各样的下等人搅到我们的生活里来了。

在最初接受托尔斯泰思想的人中间,有个叫切尔特科夫的年轻人。他很富有,还是近卫军上尉,不过当他开始信仰不抗恶原则后,便辞去了军队里的职务。他是个诚实的人,一个理想主义者和热心肠的人,但却生性专横,喜欢把自己的意志强加给别人。艾尔蒙·莫德①曾说,凡是和他接触过的人,不是变成他手中的工具,便是和他发生冲突,或者就逃之夭夭。他和托尔斯泰之间有一种相互依赖的关系,这种关系一直延

---

① 艾尔蒙·莫德,英国传记作家,托尔斯泰的朋友,著有《托尔斯泰传》。

续到托尔斯泰去世为止。他有一种能力，甚至能影响托尔斯泰，而这无疑使托尔斯泰夫人大为恼火。

托尔斯泰的大多数朋友都把他的学说看作偏激之论，唯有切尔特科夫，不断鼓励托尔斯泰走得更远，使他更加执着地想去实践自己的学说。道德的自我完善是当时托尔斯泰考虑得最多的，因此他已无心管理庄园。他本来每年可以从庄园获得相当于三万美元的收入，现在的实际收入却不超过两千五百美元。这显然不够用来维持家用和支付孩子们的教育费。于是，托尔斯泰夫人就说服丈夫，把他一八八一年以前所写的全部作品的版权交给她，由她去借钱开办一家出版社，出版这些作品。她把这件事办得很成功，至少家里有钱支付各种开销了。但是，作家拥有版权却显然有悖托尔斯泰的信念，因为他认为个人拥有任何财产都是不道德的。当时，切尔特科夫其实已经在劝托尔斯泰把自己在一八八一年以后写的全部作品都宣布为是公共财产，任何人都有权出版。这已经使托尔斯泰夫人够恼火了，而托尔斯泰要做的还不止于此。他要求她交出他的早期作品的版权，其中当然包括那些著名小说的版权，因为他要把早期作品和后期作品的版权一并予以放弃。她断然拒绝，因为一家人的生活现在就依赖于出版这些作品所得的收入。于是，家里又开始了刻毒而无休止的争吵。索尼娅和切尔特科夫之间的矛盾，使托尔斯泰不得安宁。他们各有各的道理，托尔斯泰就夹在两者的冲突中间，而对两方面提出的理由，他都很难予以否定。

三

一八九六年，托尔斯泰六十八岁。他结婚已有三十四年，

第 十 章

大多数孩子都已长大,第二个女儿也快要出嫁了。这时,已经五十二岁的托尔斯泰夫人却极不光彩地爱上了一个比她年轻的男人,一个叫塔纳耶夫的作曲家。托尔斯泰深感震惊、羞愧和愤怒。下面是他写给她的一封信:

> 你和塔纳耶夫的过分亲密的关系使我作呕,我不能无动于衷地容忍你们的这种关系。如果我在这样的情形下继续和你生活在一起,我将不久于人世,而且名誉也要受到玷污。我已经苦恼了整整一年,这你也知道。我曾经在激动时把这告诉过你,而且请求你不要那样做。后来我试图保持平静,我作了各种各样的努力,但都不行。你们的关系在继续发展,而且我能想象,它将这样一直发展到头。我无法再容忍下去了。很明显,你不肯放弃这种关系,那剩下的唯一办法就是——分离。我已下了决心,只能这么办。只是我必须考虑一个最合适的方式。对我来说,最合适的方式就是出国。我想,我们总会想出一个最好的办法的。但有一点是肯定的——我们不能像现在这样继续下去了。

然而,他们并没有分离,而是使生活变得更加难以忍受。托尔斯泰夫人仍以一个多情的老年女人的那种狂热纠缠着那个作曲家,后者虽然开始时可能很高兴,不久之后却厌倦了这种他无以回报、同时又使他显得可笑的热情。后来,她终于意识到他是在躲避她,最后他更是当众羞辱了她。这使她深受伤害,而且很快就认为他只是个"厚颜无耻的、在精神和身体上都粗俗不堪的"家伙。于是,这桩不体面的风流逸事也就到此结束了。

这时,托尔斯泰夫妇之间的不和已尽人皆知。使托尔斯泰夫人深感痛苦的是,托尔斯泰的信徒们——也就是他现在仅有的朋友——都站在托尔斯泰一边,而且公开对她表示敌意,因为她阻碍托尔斯泰实现自己的理想,而他的理想也就是他们的理想。不过,对托尔斯泰来说,信仰的转变却几乎没有给他带来幸福。他不仅失去了往日的朋友,还在家庭中造成矛盾,和妻子争吵不休。与此同时,他的追随者又责备他继续过那种舒适的生活,对此他羞愧万分。他在日记中写道:"在我开始第七十个年头的生活时,我一心希望的就是能得到安宁。这虽然并不十分符合我的本意,但总比现在这种情况要好,现在我是生活在实际需要和良心的明显矛盾之中。"

他的健康每况愈下。这之后的十年间他多次生病,有一次还病得差一点死去。就在这一时期,刚认识他的高尔基曾这样描绘他:"瘦小,头发灰白,眼睛却比以前更加有神,看人时的眼光也比从前更加锐利,脸上皱纹很深,蓄着一把长长的白胡子。"他已经是个古稀老人,八十岁了。一年过去,又过了一年,他八十二岁了。他衰老得非常快,显然只有几个月可以活了,但他们夫妇俩仍为那些无聊的争吵所苦。切尔特科夫显然不像托尔斯泰那样把任何财产看成罪恶,他在雅斯纳雅·波良纳附近买下一座庄园,这样自然就方便了他和托尔斯泰之间的来往。他开始催促托尔斯泰实施自己的计划,就是在他死后把所有的著作权统统划归社会所有。托尔斯泰夫人被激怒了,因为这样一来,托尔斯泰在二十五年前划归给她的那些小说的版权将不再受她支配。她和切尔特科夫之间长期积存的敌意,终于爆发成一场公开的争论。除了小女儿亚历姗德拉——她受切尔特科夫的影响甚大——其他孩子都站在母亲一边。尽管托尔斯泰已把庄园分给他们,他们仍然不

第十章

愿按他所希望的那样生活,更弄不明白为什么非要他们同意他放弃版权,从而失去一大笔收入。然而,不管家里人施加怎样的压力,托尔斯泰还是立了一份遗嘱。根据这份遗嘱,他去世后所有作品的版权都遗赠给公众,尚存的手稿交切尔特科夫保管并由他全权处理。由于这份遗嘱尚不具备法律效力,切尔特科夫劝托尔斯泰再立一份遗嘱。为了不让托尔斯泰夫人知道,公证人被偷偷带进家,书房的门被紧紧锁上,托尔斯泰就在书房里亲手把遗嘱抄了一遍。在这份遗嘱里,托尔斯泰决定让小女儿亚历姗德拉作为他所有作品的版权管理人。这是切尔特科夫的主意,其原因是:就如他后来所说,"我觉得,托尔斯泰夫人及其子女肯定是不愿让一个非家庭成员作为版权管理人的"。他的话是可信的,因为这份遗嘱使他们失去了最主要的收入来源。然而,切尔特科夫仍未觉得十分满意,他自己又起草了一份遗嘱,并让托尔斯泰坐在他庄园附近树林里的一个树桩上抄了一遍。根据这份遗嘱,切尔特科夫对托尔斯泰的手稿拥有绝对控制权。

手稿中最重要的是托尔斯泰晚年的日记。他早期的日记一直在托尔斯泰夫人手里,但他把自己最近十年的日记交给了切尔特科夫。托尔斯泰夫人得知后一心想把它弄回来。有人认为,这是因为日记发表后可给她带来丰厚的收入,其实她是不愿让这些日记公之于众,因为托尔斯泰在日记里非常坦率地说到了他们夫妻间的不和。她派人到切尔特科夫那里去要求他归还日记。他拒绝了。她威胁说,如果切尔特科夫不归还日记,她就服毒或者自缢。托尔斯泰受不了她的狂怒,就从切尔特科夫那里把日记取了回来,但没有给她,而是存入了银行的保险箱。切尔特科夫给他写了一封信,对此他在日记中这样写道:

我收到切尔特科夫一封充满埋怨和责备的信。他们撕碎了我的心。我有时真想走得远远的,离开所有这些人。

从年轻的时候起,托尔斯泰就一直希望远离尘世,隐居在某个地方,在孤寂中求得自我完善。像许多作家一样,他也把自己的这种愿望体现在两个小说人物——即《战争与和平》里的彼埃尔和《安娜·卡列尼娜》里的列文——身上。这两个人物在很大程度上就是他自己的写照。现在,他的生活状况更使他想尽快地实现这一愿望。妻子和孩子们使他烦心。那些认为他应该完全实践自己理想的朋友又责备他,使他觉得苦恼。他们中有许多人还因为他没有言行一致而倍感痛苦,他们几乎每天写信给他,责备他,甚至说他虚伪,这无疑使他万分伤心。譬如,有个虔诚的信徒在信中请求他放弃自己的庄园,把所有的财产都分给亲戚和穷人,不留一个戈比①,然后像乞丐一样去过流浪生活。他在回信中作了这样的回答:

你的信深深打动了我,你建议我做的事正是我神圣的梦想,但直到现在我还不能那样做,有许多原因……主要的原因是我必须不影响其他人。

导致人们采取某种行动的真实原因,往往是深藏在他们的下意识里的,就托尔斯泰的情况而言,我认为他之所以没有像他的朋友和他的良心所要求的那样去做,其真实原因就是他下意识里并不十分想那样做。作家往往有一种心理特点,

---

① 戈比:俄国货币的最小单位。

第十章

这种心理特点虽然对每个研究作家生平的人来说都是显而易见的,但我至今还没有听人正式谈起过,那就是:凡具有独创性的作家,他们的作品至少在某种程度上是他们内心因某种原因而遭压制的本能、欲望、白日梦(随你叫什么都可以)的升华,而当他们以文学的形式表现了这些东西之后,他们既然已经摆脱自己的内心压力,往往也就不会再进一步采取实际行动了。但是,不管怎么说,这样毕竟不能使他们完全满意,他们心里总会有某种欠缺感。这就是为什么作家往往会赞美体力劳动者、往往会怀着一种不自觉的妒意羡慕体力劳动的原因。很可能,托尔斯泰热衷于体力劳动,就是为了发泄自己内心的某种欲望,摆脱某种压力;也就是说,他作为作家还没能通过写作发泄掉内心的全部欲望,因此还想以其他形式表现自己,而这种无意识的自我表现,却在他的意识中被真诚地认为自己正在做着正确的事情。

当然,他天生是个作家,本能地要以最动人、最富于戏剧性和最有趣味的方式表现自己。我认为,在他那些带有说教性质的论著中,他是为了让自己的观点显得更加鲜明才失去控制的,要是他停下来想想这些观点究竟会得出怎样的结论,那么他很可能就不会把它们发挥到如此绝对的地步了。有一次他确实承认过,在理论上虽然不能作出妥协,但在实践中却是不可避免的。如果这样的话,那他就必须放弃他的整个立场,因为妥协既然在实践中是不可避免的,也就是说要彻底实行他的理论是不可能的,那就意味着他的理论一定有问题。然而,托尔斯泰的不幸却在于,即使他本人想作出某种妥协,他的那些怀着崇拜心情成群结队来到雅斯纳雅·波良纳的信徒也不会同意。他们催逼这位老人,要他做出某种具有戏剧性的行动来满足他们那种确实有点残忍的愿望。托尔斯泰被

自己的学说禁锢住了。他的那些著作、由那些著作引起的强烈反响(当然并不全是灾难性的)以及人们对他的尊敬、爱戴和崇拜,这一切都把他推上了一条绝路。然而,他又不想走那条路。

我这么说是因为,尽管他最后确实离家出走并在旅途中离开了人世,但他作出这一决定并不是由于受到了良心和信徒们的催逼,而只是为了暂时逃离他的妻子。导致他这样做的直接原因是很偶然的。那天他上床睡觉,不一会儿听到妻子在他书房里的纸堆中翻找什么。他心里一直在想着不久前瞒着妻子立下的那份遗嘱,所以随即就想到,一定是妻子听说了遗嘱的事,现在正在偷偷地寻找。等她离开书房后,他就起床,拿了几份手稿,包了一些衣服,然后叫醒那时正住在他庄园里的私人医生并对他说,他打算离家出走。这时,小女儿亚历姗德拉也醒了。他们把车夫从床上叫起来。套好马车后,托尔斯泰便在私人医生陪伴下登上马车驶向火车站。这时正好是早上五点。火车很拥挤,他们不得不站在车厢末端的露天小平台上,而这时正好下着雨,寒风凄凄。他们在沙玛丁下了车,因为托尔斯泰有个妹妹在那里的修道院里当修女。在那里,他们和稍后赶到的亚历姗德拉会合。她带来消息说,她母亲已发现他们出走,而且想自杀。这事她以前不止做过一次,只是每次都下不了决心,结果总是在家里引起一阵忙乱而已。亚历姗德拉要父亲继续赶路,因为母亲一旦知道他在哪儿,肯定会匆匆赶来。于是他们又登上了去罗斯托夫的火车。托尔斯泰原先就患了感冒,尚未痊愈,在火车上一折腾就病得更加严重了。和他同行的私人医生只好让他在中途的一个小车站下车。这是一个叫阿斯塔波夫的小车站。站长听说病人是谁后,马上就把自己的房间

第十章

让了出来。

第二天,托尔斯泰叫私人医生打电报给切尔特科夫。亚历姗德拉写信给她哥哥,要他从莫斯科带一个医生来。但是,托尔斯泰实在太出名了,他的一举一动都很难保密,因此不到二十四小时,就有新闻记者把他所在的地方告诉了托尔斯泰夫人。她随即带着孩子们赶到阿斯塔波夫。但是,托尔斯泰已病得非常严重,医生觉得最好还是别让她去打扰他,所以没有让她走进房间。不久,托尔斯泰生病的消息便传到了全国各地。于是,在短短的一个星期里,阿斯塔波夫车站上挤满了政府代表、当地官员、警察、新闻记者、摄影师和其他各种各样的人。停在侧线上的火车车厢成了他们的临时住处;当地的电报局忙得不可开交。更多的医生赶到了,最后有五个医生在他床边。他经常昏迷,但清醒的时候仍想到妻子。他不知道她就在房间外面,也不知道自己在哪里。他只知道自己快要死了。过去,他一直害怕死亡,现在他不再害怕了。他在清醒的时候不断叫喊:"逃吧!逃吧!"最后,托尔斯泰夫人被允许到房间里来看他。但他已经失去知觉。她跪在地上吻他的手;他叹了一口气,没有迹象表明他意识到妻子就在他身边。一九一○年十一月七日,星期天,早上六点过几分,他去世了。

四

托尔斯泰三十八岁时开始写《战争与和平》。一般说来,作家在这样的年龄正处于创作鼎盛期,但他仍花了六年时间才完成。他选择了拿破仑战争时期,以拿破仑入侵俄国、莫斯科大火和法军溃败作为小说的高潮。刚开始写这部小说时,托尔斯泰只是想写一个贵族家庭的故事,那些历史事件仅用来作为故事背景;按原设想,男女主人公将经历一系列使他们在精神上深受影响的事件并经受诸多不幸,最后他们的灵魂得到净化,开始过宁静的生活。但是到了后来,托尔斯泰不仅慢慢地把小说重点移到了两个大国间的军事冲突上,而且还根据他读过的多方面材料,似乎构想出了一种历史哲学。以赛亚·伯林①出版过一本极有趣又深具启发意义的书,叫作《刺猬与狐狸》;书中表明——这正是我现在想要表明的——托尔斯泰的历史哲学其实是从约瑟夫·德·迈斯特②的一本题为《圣彼得堡的夜晚》的书中获取的。这无损托尔斯泰的声誉。小说家的工作本不是进行哲学思考,而是根据原型塑造出丰满的人物形象。现存的思想,就如现存的人、现存的环境和现存的生活一样(实际上任何现存的东西),只要有助于艺术创作,小说家都可以直接拿来使用。我刚才提到伯林先生的书,现在我觉得还有必要提一下德·迈斯特的《圣彼得堡的夜晚》。在这本书里,德·迈斯特用了三页论述他对战争的看法,并用一句话予以概括:"战争的胜败,取决于人的观念。"这正是托尔斯泰在《战争与和平》结尾的第二部分③用几十页篇幅予以论述的观点。托尔斯泰在高加索和塞瓦斯托波尔亲身经历过战争,这使他有可能在小说中具体而生动地描述战争和战争中的人,至于他由此得出的观点,则和德·迈斯特非常相似。不过,他的论述不仅啰里啰唆,还很艰涩难懂,我觉得还不如从他讲述故事时的插语中,以及安德烈公爵的思考中,更能了解他的观点。顺便说一句:这才是小说家表达自身观

---

① 以赛亚·伯林,20世纪英国哲学家、政治思想史家。
② 约瑟夫·德·迈斯特,17世纪法国哲学家、外交家。
③ 这部分其实就是一篇关于历史中的自由意志和必然性的论文。

第十章

点的适当方式。

托尔斯泰的观点是:战争中充满了机缘巧合、情况不明、判断失误、偶然事故,根本就没有什么精确的战略战术,因而也不可能有什么军事天才。影响历史进程的,并不是人们通常以为的那些伟大人物,而是一种贯穿于诸国、不知不觉间驱使人们走上战场并决定胜负的神秘力量。领军的统帅就如一匹套在一辆车上的马,在某些时刻——譬如马车从山坡上冲下去时——到底是马拉着车跑,还是车推着马跑,马自己并不知道。拿破仑打胜仗,靠的不是战略战术或者手下的大军,因为(要么由于局势有变,要么由于命令没有及时传达)他的命令并未得到执行,而敌军则深信败局已定,于是放弃了战斗。战争的结局如何受无数不可预测的偶然事件的影响,其中任何一个都可能是决定性的。

> 就自由意志而言,拿破仑和亚历山大①对战争结局的影响,并不比一个被迫为他们打仗的新兵大多少。

> 那些所谓的伟人,其实都是历史的标签,他们的名字和历史事件的名称联系在一起,但并不像标签上所说的那样和历史事件本身有多大关系。

在托尔斯泰眼里,他们不过是一些偶像而已,为时局所左右,既不能抗拒也无力控制时局。这里无疑有些让人迷惑之处。我不知道他是如何理解"命运决定的必然性"和"机会所给的偶然性"之间的相互关系的,因为在他那里,一当"命运"

---

① 亚历山大一世,拿破仑战争时的俄国沙皇。

《战争与和平》

推门而入,"机会"就跳窗而出,反之亦然。

读者很容易得到这样的印象:托尔斯泰的历史哲学和他想贬低拿破仑的愿望有关——至少,某种程度上是如此。在《战争与和平》中,拿破仑很少出现,就是出现了,也总是显得身材矮小、毫无主见、傻头傻脑。托尔斯泰称拿破仑是"历史中的微小工具,从未显示出任何男性尊严,哪怕是在流放的时候也是如此"。然而,居然连俄国人也把这个连像样的骑马姿势都没有的人视为大人物,这使他大为恼火。这里,让我再一次对他稍作批评。法国大革命造就了一大批像这个科西嘉律师的儿子①一样雄心勃勃、聪明果敢的年轻人;既然如此,我们不禁要问,为什么偏偏就是这个其貌不扬、带着外地口音、无钱无势的年轻人一次又一次获得成功,最后成了法国的独裁统治者,继而又把半个欧洲纳入麾下?如果你看到一名桥牌选手赢得了一次国际比赛,你或许会说他运气好,或者说他的搭档好;可是,如果他的搭档很一般,而他照样一次又一次赢得比赛,那你就应该承认,他对这类比赛具有不寻常的卓越才能,而不能再说什么他的运气好或者说他

---

① 即指拿破仑。拿破仑出生在科西嘉,父亲是律师。

第十章

的搭档好之类的偶然因素了。我想,一个杰出的军事领袖和一个杰出的桥牌选手是一样的,也会具有不寻常的卓越才能,具有知识和眼力、勇气和智慧,以及准确判断对方心理的敏锐直觉。拿破仑确实运气好,似乎得天之助,但就此而否认他的卓越才能,那就只能说是心存偏见了。

不过,以上所说并不影响《战争与和平》的伟大。这部小说的故事情节从开头到结尾,就如湍急的罗纳河百折千回,令人惊心动魄,最后流入平静的日内瓦湖。据说,小说中大约有五百个人物,而且个个都描写得个性鲜明,栩栩如生。这确实了不起。所以,读这部小说不像读其他大多数小说,不能只注意两三个主要人物,而要同时注意四个贵族家庭,即:罗斯托夫家族、保尔康斯基家族、库拉金家族和别素号夫家族。我们知道,当小说主题要求小说家描写不止一组人物时,他必须克服一大困难,那就是要使他的描写从一组人物过渡到另一组人物时显得很自然,从而使读者顺从地跟随他的描写;此外,他在告诉读者某组人物的情况时,还要使读者做好准备,以便把另一组人物的情况告诉读者。在这些方面,托尔斯泰都安排得非常巧妙,你简直觉察不到他在过渡,感觉上好像只有一条故事线索。

和大多数小说家一样,托尔斯泰也是根据自己熟悉的或者认识的人来塑造小说人物的。当然,他只是把他们当作模特儿而已;他运用丰富想象力把这些模特儿变成了具有独创性的艺术形象。据说,小说中挥霍成性的老罗斯托夫伯爵就是以他的祖父为原型的;尼古拉·罗斯托夫的原型是他的父亲,而哀婉动人的玛丽公爵小姐则来自他的母亲。一般认为,在这部小说中的两个男主人公即彼埃尔·别素号夫和安德烈公爵身上,同时有托尔斯泰自己的影子。我想,这样猜测大概也不算太离奇,那就是:托尔斯泰很可能意识到自己性格中的矛盾,于是就以自己为模特儿塑造了两个相互对照的人物,想通过他们来呈现和探究自己的内心世界。彼埃尔和安德烈公爵有一个相同之处:他们都像托尔斯泰一样,想寻求精神上的宁静和生死之谜的答案,但最终也像托尔斯泰一样没有找到。在其他方面,他们之间就大不相同了。安德烈公爵是个颇有骑士风度和浪漫色彩的人物,他以自己的血统和门第为荣,气质高贵,但不免有些傲慢和专横,甚至有点褊狭,不通情理。然而,正因为他有这些缺陷,他才成为一个引人注目的人物。彼埃尔则和他不同,他很善良,性情温和、宽宏大量、谦虚、文雅,而且富有自我牺牲精神;但他同时又是那样软弱,那样优柔寡断,那样轻信而容易受骗,简直会让你觉得难以忍受。他一心想做好事,做好人,这固然令人感动,但是为此而把他写得像个白痴,这有必要吗?他一直被那些谜一样的疑团所困扰,为了寻找答案,他成了一个共济会①会员,于是托尔斯泰便用了大量篇幅来写他在共济会里的活动。遗憾的是,这些章节都写得极其沉闷。

不管是彼埃尔还是安德烈公爵,都爱上了罗斯托夫伯爵的小女儿娜塔莎。托尔斯泰把她塑造成了小说中最惹人喜欢的人物。没有什么比刻画一个既迷人又有趣的少女形象更困难了。通常而言,小说中的少女往往了无趣味(如《名利场》②中的阿米莉亚)、自命不凡(如《曼斯菲尔德庄园》③中的范

---

① 共济会:最初出现在18世纪的英国的一个具有宗教色彩的兄弟会,是迄今为止世界上最庞大的秘密组织,该组织自称宣扬博爱、慈善思想和美德,以此寻求人生的意义。有许多著名人士和政治家是共济会成员。
② 《名利场》:19世纪英国小说家萨克雷的长篇小说。
③ 《曼斯菲尔德庄园》:19世纪英国小说家简·奥斯丁的长篇小说。

妮)、过分聪明(如《利己主义者》①中的康斯坦尼娅·达累姆),要不就是小笨蛋(如《大卫·科波菲尔》②中的朵拉),不是傻乎乎地卖弄风情,就是天真得让人难以置信。少女在小说家手里不好处理,其实也是可以理解的,因为在那个年纪,她们的个性尚未形成,没有明显的个人特点可供小说家展示。同样,一个画家要想把某人的一张脸画得意味深长,也只有在思想、爱情、苦难等人生经历赋予其性格时才有可能。在刻画少女形象时,最佳方式就是表现其美貌和青春魅力,但娜塔莎不限于此,还被刻画得既真实又自然。她亲切和蔼、敏捷而富有同情心,颇有些孩子气,又很有女人味;她充满理想,性子急、心肠热,时而固执己见,时而犹犹豫豫,无论从哪方面看,她都非常迷人。托尔斯泰塑造过许多女性形象,都塑造得非常真实,但没有一个像娜塔莎一样,那么深受读者喜爱。娜塔莎的原型是托尔斯泰的妻妹塔尼娅·贝尔斯,他很为她而倾倒,就如狄更斯醉心于妻妹玛丽·霍格斯。这样的相似,多么引人深思!

　　安德烈公爵和彼埃尔都深爱娜塔莎。在这两个男人身上,托尔斯泰寄托了自身对生命意义和目标的热切追求。安德烈公爵尤其如此,可说是当时俄国社会的一种普遍现象。像他这种人,拥有巨大的财产和庞大的庄园,还拥有一大群农奴任其使唤,要是有哪个农奴使他不高兴,他可以剥光他的衣服予以鞭打,也可以夺走他的妻子儿女,再把他送到偏远的兵站去服苦役。他要是看上哪个女孩或者哪个年轻女人,只要挥挥手,就有人把她带来供他享受。此外,他还有一张英俊的

---

① 《利己主义者》:19世纪英国小说家梅瑞狄斯的长篇小说。
② 《大卫·科波菲尔》:19世纪英国小说家狄更斯的长篇小说。

面孔,一对深陷的眼睛,流露出一副高傲的神情。实际上,他很像浪漫小说中的那种"漂亮的阔少爷"。这个在战场上英勇无畏的人物很为自己的门第和地位感到自豪,他洁身自好,又很自负。他对同等级的人冷淡而傲慢,而对低等级的人却是屈尊而和善。他才智过人,一心想有所作为,出人头地。在小说中,托尔斯泰是这样说到他的性格的:

> 当安德烈公爵有机会指导年轻人并且帮助他们在上流社会取得成就的时候,他就显得特别高兴。因为骄傲自负,他从来不会接受别人的帮助,但却在帮助别人的借口下,去接近那些获得成就并且吸引他的人。

至于彼埃尔,则是个令人颇为费解的人物。他身材高大,长相平庸,而且很胖;他深度近视,一离开眼镜等于瞎子。他喜欢吃喝,喜欢漂亮女人。他笨头笨脑,没有主见,但他性情温和,老实憨厚,所以认识他的人都很喜欢他。他非常有钱①,但他任由一群阿谀奉承的势利小人把手伸进他的腰包,也不管这些人多么不值得交往。他很好赌,而他每次在莫斯科贵族俱乐部里赌博都被人作弊,输得一塌糊涂。他稀里糊涂娶了莫斯科第一美女,因为那家人看中了他的钱财,然而婚后不久,他的妻子就和别人私通。他和妻子的情夫进行了一场奇怪的决斗后,就离开妻子,移居到圣彼得堡去。路上,他偶尔碰到一个神秘的老人,此人原来是共济会成员。两人攀谈起来,他坦言自己不相信有上帝存在。那老人对他说:"假

---

① 彼埃尔是莫斯科首富别素号夫伯爵的私生子,一直住在法国。当别素号夫伯爵去世后,他成了唯一的继承人,因而他回国继承了伯爵的爵位和遗产,成了莫斯科首富。

如上帝不存在,我们又为什么会说到他。"接着,他就向彼埃尔讲到了从本体论上证明上帝存在的一套说法。这套说法原是坎特伯雷大主教安塞姆①提出的,大意是:既然我们把上帝想象为最伟大的实体,那么这一最伟大的实体一定是存在的,否则的话,就会有另一个最伟大的实体存在;由此推断,上帝必定存在。虽然这套说法早就被托马斯·阿奎纳②摒弃,后来又被康德③彻底推翻,但却说服了彼埃尔。他移居圣彼得堡后不久,便加入了共济会。毫无疑问,在小说中,任何事件(无论是物质的,还是精神的)都必须加以简化;否则,小说会没完没了,永无完结之时;一场旷日持久的战争,必须一两页就讲完,除了作者认为至关重要的部分,其他内容都要删除;人物思想感情的转变(作为一个事件)也是如此。在这一点上,我觉得托尔斯泰有点简化得过头了。彼埃尔的转变那么突然,使这个人物显得异常单薄。但不管怎样,作为转变的结果,他决定结束往日的懒散生活,返回庄园,解放农奴,并全身心地致力于他们的福利。然而,就如在赌场上被赌友欺骗,他回到庄园后被管家欺骗,原先的善意全都受挫。由于缺乏毅力,他的慈善计划大多以失败告终,于是他又过起了原先的懒散生活。由于发现共济会成员之所以加入共济会都"只是为了结交富人,并从这种结交当中获取利益",他对共济会的热情也日益减退了。他身心疲惫,为求刺激,又开始赌钱、酗酒、玩女人。

对于自己的缺点,彼埃尔自己很清楚,而且痛恨至极,但

---

① 安塞姆,11世纪意大利神学家,曾出任英国坎特伯雷大主教。
② 托马斯·阿奎纳,13世纪意大利神学家,因其对天主教神学的贡献,罗马教廷封其为圣人。
③ 康德,18世纪末、19世纪初德国哲学家、德国古典哲学奠基人。

他就是没有足够的勇气和毅力来加以纠正。他是个谦虚、善良、和蔼的人,但奇怪的是,这个人居然毫无判断力。他在波罗底诺战役①中的表现,真是愚蠢到了极点。他并非军人,却驾着一辆马车冲向战场,这一点用处也没有,反而抢占了俄军的道路,引来一阵混乱,而到最后俄军撤退时,他又匆匆忙忙地跑掉了。在莫斯科大疏散时,他却擅自留下,被法军当作纵火犯逮捕,并被判死刑;后来,他获得赦免,被关押起来。当法军开始悲惨地撤退时,他和其他犯人一起被押解,和法军同行;最后,他被游击队解救。

想要搞清楚这个人物确实很难。他性格善良和蔼,同时又软弱无能之极。我敢肯定,这个人物是非常真实的。我觉得他理所当然是《战争与和平》中的男主人公,因为他最后称心如意地娶到了可爱迷人的娜塔莎。我猜想,托尔斯泰很喜欢这个人物;他总是用亲切而同情的笔调来写他的;但我不明白,是否有必要把他写得这么愚蠢、这么笨拙。

《战争与和平》篇幅浩大,需花多年时间才能完成。在这过程中,作家的创作热情难免会有所减弱。托尔斯泰在小说行将结束时讲到了法军从莫斯科的撤退,这部分的长篇叙述(无疑也是必要的)却有一个问题;那就是,这里讲到的事情,除了对历史极度无知的读者,绝大多数读者是早就知道的;因而,对他们来说,这里已毫无悬念,而悬念是促使读者往下读的基本动力。结果是,尽管托尔斯泰把法军的溃败讲述得很生动、很惨烈,但读者却不耐烦了。在这里,托尔斯泰把许多琐碎的事情串在一起,讲得头头是道,但我认为他讲这些事情的主要目的是要引出一个对彼埃尔的精神影响极其重大的新人物。

---

① 波罗底诺战役:拿破仑入侵俄国后的一次重要战役,因发生在波罗底诺村附近而得名。

第 十 章

这个人物就是彼埃尔的难友卡拉塔耶夫①,一个因偷木材而被判在军中服役的农奴②。在当时③,俄国农民深受俄国知识分子的关注;因为在极端专制之下,俄国知识分子深知俄国贵族的腐败没落和商人阶级的偏狭自私,因而他们认为,只有依靠受苦受难的俄罗斯农民才能拯救俄罗斯。托尔斯泰的《忏悔录》使我们得知,他是如何对自身所属的贵族阶级感到失望的,以及他是如何从俄罗斯旧信徒④那里寻求善良和信仰、从而使生命具有意义的。然而,毋庸置疑的是,有坏地主,也有好地主;有奸商,也有良商;有好农民,也有坏农民。认定只有在农民身上才有美德,那只是出现在文学创作中的一种幻觉。

托尔斯泰对普通士兵的刻画是《战争与和平》中最为成功的人物刻画之一。难怪彼埃尔会被他们吸引。卡拉塔耶夫对所有人都以爱相待,他已完全舍弃自己,心甘情愿地承受各种苦难。他是谦卑的,因而是崇高的,这就是托尔斯泰认定的"善"。彼埃尔一直都容易受到影响,所以当他看到卡拉塔耶夫身上的这种"善"时,他开始相信世界有了希望:

> 曾经分崩离析的世界再次在他的灵魂深处激荡,具有一种全新的美感,立足于一种全新的、不可撼动的基础之上。

---

① 卡拉塔耶夫可说是托尔斯泰的理想人物。
② 当时服兵役也是一种刑罚。
③ 指托尔斯泰写作《战争与和平》的年代。
④ 俄罗斯旧信徒:也称东正教旧礼仪派信徒,源于17世纪中期俄国东正教牧首尼康所推行的宗教礼仪改革,支持改革的教会上层和贵族被称为新礼仪派,反对改革的教会下层和农民被称为旧礼仪派。

他从卡拉塔耶夫那里认识到"人类幸福只能从内心找寻,它来自对人类简单需要的满足,不幸的根源不是贫穷,而是过于富足,生命中没有什么困难是无法面对的"。最终,他发现自己终于找到了多年来一直在寻找的东西——内心的安宁与平静。

我已经说过,小说中关于彼埃尔在共济会的经历写得冗长而乏味。现在到了小说行将结束时,我觉得托尔斯泰似乎对他的所有人物都不感兴趣了。他开始阐述他的历史哲学。他的观点大体是这样的:他认为影响历史进程的并不像一般人所认为的那样,是那些伟大人物,而是一种神秘的力量,这种力量穿行于各个民族之间,在不知不觉中把它们引向胜利或者推向失败。亚历山大也好,恺撒也好,拿破仑也好,都不过是些傀儡,而且就如"傀儡"一词所示,他们总是被一种既不可抗拒又无法驾驭的力量所支配。拿破仑打了胜仗,这不是因为他足智多谋,也不是因为他有雄兵百万,实际情况是连他发出的许多命令也没能及时送到;有些命令虽然送到了,却根本没被执行。他打胜仗是因为他的敌人作茧自缚,他们总是莫名其妙地认定自己败了,于是便主动放弃阵地。托尔斯泰认为,俄军总司令库图佐夫才是这场战争中真正的英雄,因为他唯一所做的事情就是什么都不做,等待法军的自我毁灭。也许,就像他在《什么是艺术》一文中所论述的艺术哲学一样,托尔斯泰的历史哲学也是鱼龙混杂的,它既有许多真知灼见,也有不少偏见和谬误。虽然我没有足够的学问来详论他的历史哲学,但我相信,他正是为了阐明自己的历史观点,才会用那样多篇幅去详细描述莫斯科大撤退。然而,这样的描述也许是出色的历史文献,却不是出色的小说。

托尔斯泰的创作激情在这部巨著的最后部分虽然有所减

弱,但到了结尾处,他却再次显示出自己充沛的创作活力。他的结尾富有新意,精彩之极。

过去的小说家在讲完他们应讲的故事情节后,总要交代主人公的结局如何,大凡都是说男女主人公过着幸福而富裕的生活,还有一群可爱孩子,等等;至于小说中的坏蛋,如果在故事结束前还没有受到惩罚的话,那么小说家也会作出交代,说他最后还是得到了应有的报应,变得一贫如洗,还娶了个整天唠唠叨叨的丑老婆,等等。而且,这样的交代往往只是三言两语,给人的感觉是小说家随便扔下一点残羹剩饭就草草收场了。但是,托尔斯泰却使小说结尾具有了真正重要的意义。他在小说结尾处再次把我们领进老伯爵的儿子尼古拉·罗斯托夫的庄园,那已是七年以后了,这时尼古拉已娶了个有钱的妻子,有了孩子;彼埃尔和娜塔莎正住在他们家里。他们也结了婚,也有了孩子。但是,他们过去的种种激情和理想,对生活的种种追求和向往,现在却全都销蚀得无影无踪了。他们彼此相爱,幸福美满,但是,天哪!他们却变得多么愚钝,多么平庸啊!经历了生活的种种艰辛、忧愁和痛苦之后,现在他们平静下来了,进入了中年人的自满自得状态。过去的娜塔莎是那么甜美,那么活泼,那么招人喜爱,现在她成了一个婆婆妈妈的家庭主妇。尼古拉·罗斯托夫曾是那样英俊潇洒,那样神采飞扬,现在他成了一个地地道道的乡村地主。彼埃尔过去就很胖,现在变得更胖了,他还是那副好脾气,也一点不比以前聪明。这样的结局也许太平常了,却蕴含着深刻的悲剧意味。我想,托尔斯泰之所以没有给我们一个慷慨激昂的结尾,是因为他知道,人生的结局大凡就是如此。他说的是真话。

结束语

一

当你举办一次聚会后,特别是上门的来客都很有个性的话,你送完客人回到客厅时,很自然地出于人之常情,你在上床睡觉前会和你妻子(但愿你有)以及住在你家里的朋友(但愿你没有)一起再喝上一杯,谈论谈论刚才的那些客人。A 穿着得体。B 有个坏习惯,总是在别人讲话讲到兴致上时插嘴,令人大为扫兴;有趣的是,A 不管 B 插不插嘴,总是滔滔不绝地自顾自讲,好像 B 根本不存在。D 和 C 令人失望。他们心不在焉。他们一点也没有想过,既然来参加聚会,就应该随和应酬一番。你原谅其中一个,说他生性害羞;原谅另一个,说他有他的原则,从来不说不必要的闲话。你朋友不无道理地反驳说,要是大家都这样沉闷,那就无话可说了。你笑了笑,把话题转到 E 身上。E 还是和往常一样,喜欢说刻薄话,喜欢挖苦人;他愤世嫉俗,总觉得自己怀才不遇;如果他有所成就,可能会温和许多;但这样一来,他也就说不出那些带刺的妙语,也就不那么有意思了。你们还会说到 F 近来的风流韵事如何如何,会想起他刚才闪闪烁烁的回答而哈哈大笑。总之,这次聚会还算不错。于是,你们喝干酒杯,关了灯,各自回房去了。

结束语

  同样,这好几个月来,我一直陪伴着这几位小说家,就像陪伴前来聚会的客人一样;现在,我送走了他们,也想回味回味他们留给我的印象。这次聚会虽有点杂乱,但总体上说还是令人愉快的。一开始,就有人无所不谈。那就是托尔斯泰。他穿得像个农夫,一把乱糟糟的大胡子,一双灰色的小眼睛看看这个人,看看那个人,一会儿不无敬意地谈论上帝,一会儿又口无遮拦地谈论性爱。他自鸣得意地说,他年轻的时候曾是个好色之徒,而且为了表明他的农夫之情,他还说出了一个粗俗不堪的词。陀思妥耶夫斯基呢,愤愤不平于无人赏识他的才能,一直在那里闷闷不乐;突然间,他又大声骂起人来,要不是其他人只顾聊天而没有注意他,很可能会引来一场争吵。聚会分成了几个小组。陀思妥耶夫斯基独自坐在一个角落里。他发现托尔斯泰身上穿的农夫长衫是用每尺至少七卢布的上等布料做的,饱经风霜的脸上露出了鄙夷的冷笑。他不能原谅托尔斯泰,因为莫斯科一家杂志社拒绝连载他的一部长篇小说,原因就是他们把钱都付作《安娜·卡列尼娜》的稿费了。托尔斯泰大谈上帝,好像那是他的特权,这也使陀思妥耶夫斯基大为恼火:难道这个托尔斯泰没有读过《卡拉马佐夫兄弟》?他冷冷地打量着其他所有人,直到他看见一位独自端坐的年轻女士,愠怒而厌恶的眼神才有所改变。那位年轻女士并不怎么漂亮,但他从她苍白的脸上看出一种对所有人都不屑一顾的表情,这打动了他饱受痛苦的心灵。在她的表情中,有一种精神吸引了他。他曾听说,这位女士就是艾米莉·勃朗特小姐。于是他站起身来,拿了把椅子,坐到她身边。她顿时满脸通红。他见她羞怯而紧张,便轻轻拍了拍她的膝盖,这吓得她连连退缩。他想使她放松,就开始讲他最喜欢讲的那个故事:在莫斯科的一家澡堂里,有个保姆怎样带来一个小女孩,他在那里怎样强奸了那个小女孩。但是,他的法语讲得很蹩脚,还讲得很快,那位年轻女士一个字也没有听懂;所以,没等他讲完他对自己的罪孽感到多么难过和悔恨、他内心的痛苦有多么深重,她就突然站起身走开了。

当聚会者分散到宽敞的房间各处时,奥斯丁小姐找了个不太显眼的位置坐了下来。司汤达虽然从未克服在女士面前会感到羞怯的弱点,但他还是觉得应该去和她聊聊,献献殷勤;但她冰冷的神情又使他望而却步。他朝亨利·菲尔丁瞥了一眼,见他正在和赫尔曼·麦尔维尔交谈,于是就走到巴尔扎克、狄更斯和福楼拜那里,他们正谈得很热闹。简·奥斯丁小姐很乐意一个人在一边静静地观察那几个和她同来的客人。她看见艾米莉·勃朗特小姐从那个对她唠唠叨叨的小个子丑男人①旁边走开,坐到了一张长沙发的边角上。这个可怜的小姑娘,穿着也太不得体了,还穿着那种三角形袖子的衣裙;她的眼睛很好看,头发也不错,为什么偏要穿得那么不体面?这真叫人难过,她看上去就是个家庭教师②,而实际上,尽管也很卑微,她是个牧师的女儿。见她郁郁寡欢,奥斯丁小姐觉得应该出于好意去和她说说话,于是就起身走了过去,坐到那张长沙发上,紧挨着她。艾米莉·勃朗特惊恐地看着她,对她出于好意的问候,也只是尴尬地简单回答"是"或者"不"。奥斯丁小姐发现艾米莉·勃朗特的姐姐没有受邀参加聚会,并不感到意外。也许理应这样,因为那个夏洛蒂·勃朗特小姐把《傲慢与偏见》贬得很低,认为这本书的作者没有诗意和激情。不过,奥斯丁小姐是位有教养的女士,她出于礼貌,还是问了一声,夏洛蒂小姐最近可好?艾米莉小姐还是只说了

---

① 小个子丑男人:指陀思妥耶夫斯基。
② 艾米莉·勃朗特和她姐姐夏洛蒂·勃朗特一样,也做过家庭教师。

个"是"字。奥斯丁小姐终于看出,要这个可怜的小姑娘和陌生人交谈,实在是件痛苦的事情,最好还是不要打扰她。于是她回到原来位置,为了卡桑德拉①,继续观察房间里的那些人。毫无疑问,这里看到的事情在一封信里是讲不完的,她要等到在乔顿②和卡桑德拉见面时再详详细细告诉她。想到自己将把这些古怪的人一个个地讲给亲爱的卡桑德拉听,想到卡桑德拉会怎样咯咯地笑,她脸上露出了笑容。

在奥斯丁小姐看来,狄更斯先生个子太矮,穿着太招摇;不过,他的脸还算端正,眼睛也长得不错,而且从他的轻快举止可以看出,他可能很有幽默感。可惜,他太俗里俗气。那边的两个俄国人,一个名字很难读,而且其貌不扬,一看就叫人讨厌;另一个叫托尔斯泰的,倒有点绅士样子,但你不可能和这样的外国人谈得拢。奥斯丁小姐不明白,为什么他要穿那件怪里怪气的长衫,像个卖艺的,脚上还穿着一双笨重的靴子。他们说他是伯爵,但在她看来,外国爵位除了可笑,实在没有什么意思。再看看其他人——贝尔先生,他们叫他司汤达,长得又胖又丑;福楼拜先生在笑,但像他这个自命高雅的人,笑得也太响了;还有巴尔扎克先生,他的举止也令人不敢恭维。说真的,所有这些男人中间,只有菲尔丁先生有点绅士风度。但奥斯丁小姐很奇怪,菲尔丁先生为什么会对那个美国人感兴趣,一直在那里和他交谈。他就是麦尔维尔先生,一个身材不错的男人,高大而健壮,但他却留着胡子,这使他看上去像是货轮上的船长。他正在讲故事给菲尔丁先生听,故事显然很有趣,菲尔丁先生在哈哈笑。其实,菲尔丁先生也有

---

① 卡桑德拉,简·奥斯丁的姐姐(简·奥斯丁一与姐姐分开,就要写信,把自己的所见所闻告诉姐姐)。
② 汉普郡的乔顿镇,奥斯丁家的住处。

不是之处,就是喜欢喝酒;不过,奥斯丁小姐知道,男人往往这样,虽说有点遗憾,倒也并不意外。菲尔丁先生相貌堂堂,虽然看上去有点浪荡,但还是很有教养;他还曾在戈德玛谢姆①和她哥哥奈特先生的朋友聚会。不管怎么说,他毕竟是玛丽·沃尔雷-蒙塔古夫人②的表弟,属于哈布斯堡后裔中的登比伯爵家族。他注意到了奥斯丁小姐的目光,便起身离开那个陌生的美国人,来到她面前,先鞠一躬,然后问,能不能坐在她旁边。她微笑着表示同意,也尽量表现得合乎礼仪。他愉快而健谈;不一会儿,奥斯丁小姐就鼓足勇气对他说,她还是小姑娘的时候,就读了《汤姆·琼斯》。

"小姐,我相信此书对你并无害处。"他说。

"绝无害处。"她回答说,"我相信,此书对明理而有识的年轻女士都是如此。"

接着,菲尔丁先生笑容可掬、彬彬有礼地问奥斯丁小姐,她这样迷人、聪明而优雅,为何一直没有结婚。

"我怎能结婚,菲尔丁先生?"她机敏地回答,"唯有达西,是我想嫁之人,无奈他已娶我亲爱的伊丽莎白为妻③。"

此时,查尔斯·狄更斯加入到司汤达、巴尔扎克和福楼拜这三位名小说家的谈话中,但他觉得很不自在。尽管他们相当友好,他还是觉得他们把他看作一个和蔼的乡巴佬。他们的看法很明确,除了法国,其他地方不可能有什么像样的文学。一个英国人居然也写小说,那简直是开玩笑,就像马戏团里的小狗表演的滑稽节目,毫无疑问不会有任何艺术价值。

---

① 戈德玛谢姆(Godmersham):英国地名。
② 玛丽·沃尔雷-蒙塔古夫人(Lady Mary Wortley-Montagu),18世纪英国贵妇、女作家。
③ 达西、伊丽莎白:《傲慢与偏见》中的男女主人公。

结 束 语

司汤达还算承认英国有个莎士比亚,而且时不时还喜欢说一句"是还是不是"①;有一回,福楼拜也不寻常地加大嗓门,一边轻蔑地看了狄更斯一眼,一边嘟着嘴说:"其余是寂静。"② 狄更斯通常总是聚会时最能谈笑风生的人,而这一回,他只能尽量做出一副对这几个大人物的谈话很感兴趣的样子;只是,他还是笑得很尴尬。他听到他们毫不掩饰地大谈自己的风流韵事,震惊不已。他不喜欢谈论、也不喜欢听人说起这种事情。所以,当他们问他关于英国女人都性冷淡的传说是不是真的时,他不知怎么回答;而当巴尔扎克夸夸其谈地说到他怎样和英国最有名望的贵妇人吉多蓬妮·维斯孔蒂伯爵夫人偷情时,他好像自尊心受了极大伤害,低着头一声不响。他们取笑他,说英国人就是喜欢一本正经;英语中最常用的词语就是"不体面"——这也"不体面",那也"不体面";司汤达还声称,英国人给钢琴的琴腿也穿上裤子,这样,学钢琴的年轻姑娘就只会注意自己的五指而不会分心了。对于这样的嘲笑,狄更斯以他惯有的好脾气默默地听着,但他心里暗暗好笑,这些人哪里知道,他曾好几次和威基·柯林斯③一起去巴黎寻欢作乐。最后一次,当他们看到多佛海峡的白色岩壁时④,威基转过身来,不寻常地神情严肃,对他说:"查尔斯,感谢上帝,体面的英国由不体面的法国来支撑。"狄更斯一时无语,当他领悟此话的深意后,双眼饱含爱国之泪。"上帝保佑女王。"他声音

---

① "是还是不是":"To be or not to be",莎士比亚悲剧《哈姆雷特》中的名言,在剧中译作"生存还是死亡"。
② "其余是寂静。":"The rest is silence",哈姆雷特临死前说的最后一句话,剧中译作"此外仅余沉默而已"。
③ 威基·柯林斯,英国作家,狄更斯的密友。
④ 多佛海峡:英法之间最窄的一段海峡,一边是英国的多佛港,一边是法国的加来港,从法国一边望过去,可以看到英国的多佛海岸。

低沉地说。威基永远是绅士,还庄重地举了举高顶帽。真是令人难忘的一刻!

二

显然,这些小说家都很不寻常,都具有独特的个性。同时,他们都具有强烈的创作本能和写作热情。如果要用他们来说明什么,我们完全可以说,厌恶写作的写作者什么也不是。这并不是说,写作对他们来说是轻松愉快的。要写得好,总是很难的。但即便如此,写作仍是他们的热情所在。这不仅是他们的谋生之道,更是他们如饥似渴的迫切追求。或许人人都有几分创作本能。这很自然,一个孩子喜欢摆弄不同颜色的铅笔,而且喜欢用水彩笔画画,在当他学会读和写之后,很可能会写写短诗和编编小故事。我相信,人的创作本能在二十几岁时最为强烈,后来由于这种本能仅是青春期产物,而人又不免要谋生,要面对各种琐事,所以无暇去发挥,这种本能也就衰退乃至消失了。但是,也有不少人,比我们知道的要多,他们的这种本能会继续存留并驱使他们。正是出于这种内在的冲动,他们成了写作者。遗憾的是,他们的创作本能或许很强烈,但他们的创作才能或许不够,因而并没有写出什么有价值的东西。

要一个写作者写出有价值的作品,除了有创作本能,同时还需要什么呢?是的,我说,要有个性。个性讨人喜欢,还是令人厌恶,这不重要。重要的是,写作者要凭借自己天生的癖好,形成自己独特的看法。即便他的看法被一般人认为既不合理又不真实,也没关系。你可能不喜欢他笔下的世界,比如司汤达、陀思妥耶夫斯基或者福楼拜笔下的世界,甚至很反感;但不管怎样,他所呈现的世界总会给你留下深刻印象,你很难漠然置之;反之,如果你喜欢他的世界,比如菲尔丁或简·奥斯丁的世界,那么你就会由衷地接纳这位作者。这都取决于你自己的性情,和作品的实际价值无关。

  我一直很好奇地想发现,我谈到的这些小说家到底具有怎样的特点,使他们写出了世人一致公认的杰作。我们对菲尔丁、简·奥斯丁和艾米莉·勃朗特固然所知不多,但其他几位,关于他们的生平资料却多得不得了。司汤达和托尔斯泰自己就曾写过厚厚的自传;福楼拜留下了大量的私人信件;还有几位呢,不是有亲戚朋友写的各种回忆录,就是有传记作家详尽撰写的传记。说来令人奇怪,他们好像都不是很有学识。福楼拜和托尔斯泰固然常常读书,但主要是为了寻找材料来充实自己要写的东西;其他人所读的书,即使比他们同一阶层的普通人多,也多不了多少。他们对自己从事的艺术非常关注,对其他艺术好像都没有多少兴趣。简·奥斯丁自己就曾说,她讨厌去听音乐会。托尔斯泰还算喜欢音乐,但也只是弹弹钢琴而已。司汤达会去看歌剧,但这种音乐表演,即使不喜欢音乐的人,也会附庸风雅地去看。他在米兰时每晚都要去斯卡拉①,和朋友聊天、吃饭、玩牌,而且和他们一样,只有当某一著名歌手演唱某些著名曲段时才关心一下歌剧。他对莫扎特、契玛罗萨、罗西尼②一视同仁,全都表示敬仰。至于其余几位,我就看不出音乐对他们有什么意义了。绘画和雕刻艺术也一样,你在他们的书里看到他们谈论绘画和雕刻时会发现,他们的品位全都陈腐得令人悲哀。谁都知道,托尔斯泰

---

① 斯卡拉:the Scala,米兰的娱乐中心,有歌剧院,也有餐馆、赌场等。
② 莫扎特、契玛罗萨、罗西尼:分别是18世纪奥地利作曲家、18世纪意大利作曲家、19世纪意大利作曲家,三人的音乐风格很不一样。

认为所有绘画都一文不值,除非所画的内容有道德含义。司汤达则公开宣称,其实圭多·雷尼①比列奥纳多·达·芬奇更加出色、更加经典;他还宣称卡诺瓦②是最伟大的雕刻家,比米开朗琪罗还要伟大,因为他认为卡诺瓦的作品中有三十件是杰作,而米开朗琪罗只有一件③。

要写出一部好小说,当然要有智力,但这是一种特殊的、或许算不上很高级的智力;这些大作家固然都有智力,但并非智力过人。他们在表述思想观念时往往幼稚得令人惊讶。他们接受当时流行的普遍论调,并把这些论调放入自己的小说想加以利用,但效果往往不佳。其实,思想不是他们的事情,他们却偏要关注思想,而当他们关注思想时,又是情绪化的。他们并没有多少抽象思维的天赋。他们感兴趣的不应该是抽象命题,而是具体事物;因为只有具体事物才和他们休戚相关。不过,智力虽然不是他们的特长,他们却有更为有用的天赋加以弥补。他们感情丰富,甚至热情澎湃;他们有想象力、敏锐的观察力,和一种善于体会自己所写人物的喜怒哀乐的能力;最后,他们还有一种才能,即可以把自己所见、所感和所想象的一切,栩栩如生地表现出来。

这些都是了不起的天赋,写作者如能拥有,已属万幸;但还不够,还要有其他东西。加瓦尼④曾说,总的说来,巴尔扎克在各个方面都是"ignare"。草率的人会把这个词译作"ignorant"(无知),但那也是个法语词,而"ignare"的意思不止

---

① 圭多·雷尼,Guido Reni,16 世纪至 17 世纪巴洛克时期的意大利画家。
② 卡诺瓦,Canova,18 世纪至 19 世纪意大利雕刻家,其作品具有巴洛克风格。
③ 米开朗琪罗的雕刻作品很多,大多被公认为是不朽之作,但司汤达却认为只有一件是杰作(可能是大卫雕像)。
④ 加瓦尼,Paul Gavarni,19 世纪法国画家,巴尔扎克的朋友。

于此。它指的是白痴的愚昧无知。但是,当巴尔扎克开始写作时——加瓦尼接着说——他有一种对事物的直觉,因而不管什么事,他好像什么事都知道。我把"直觉"理解为这样一种判断:它基于——或自认为有——合理根据,但又没有意识到根据何在。这显然不适用于巴尔扎克。他所表现出来的知识并没有什么根据。所以,我认为加瓦尼用词不当,应该说他有"灵感"更合适一些。灵感就是作家要写出杰作所需的另一种东西。但什么是灵感?我收集了不少心理学书,而我把它们翻遍了,也没有找到什么能使我明白的东西。我只读到一篇文章试图讨论这个问题,那是埃德蒙·雅卢瓦写的,题目是《诗的灵感与枯燥》。埃德蒙·雅卢瓦是法国人,他写的是他的同胞。也许,法国人对这种精神状态的反应,比冷冰冰的益格鲁-撒克逊人①更为敏感。埃德蒙·雅卢瓦作为同胞,讲到法国诗人受灵感驱使时的情形:他变了个人;他神态平静,同时又容光焕发;他看上去很从容,双目炯炯有神,似乎有一种奇异的欲望,但又没有真实的目的。这是一种毋庸置疑的生理现象。但是——埃德蒙·雅卢瓦接着说——灵感并不能持久。随之而来的是枯燥,这可能只持续一会儿,也可能是几年。在这期间,写作者会觉得自己好像是个半死不活的人,因而情绪恶劣、痛苦万状,这不仅使他意气消沉,还使他怨天尤人,即怨恨自己写作能力的丧失,又忌恨其他写作者的作品。我发现这很有意思,甚至很使我震惊,因为这情形和那些宗教信仰者的状况何等相似:当受到神启时,他们都觉得自己与上帝同在;而当所谓灵魂的黑夜降临时,他们也都觉得自己被上帝抛弃而倍感空虚。

---

① 益格鲁-撒克逊人:即英国人。

照埃德蒙·雅卢瓦的说法，好像只有诗人才有灵感。这也许没错，诗人确实比散文作家更需要灵感。毫无疑问，诗人仅仅作为诗人而写的诗，和他在灵感激发下写的诗，是不能同日而语的；但是，散文作家，小说家，也有灵感。只有满脑子偏见的人才会否认，《呼啸山庄》《白鲸》和《安娜·卡列尼娜》中的某些部分就像济慈或雪莱的诗一样富有灵感。小说家或许还会有意识借助这种神奇功能。陀思妥耶夫斯基在写给出版商的信中曾多次描述过他正在构思的某些场景，同时说，要是有灵感，他坐下来写就会很有把握。灵感眷顾年轻人，很少光顾老年人；即使出现，也属偶然。凭主观努力是产生不出灵感的，但作家们似乎发现，他们经常可以诱导出灵感。据说，席勒①进书房写作时要先闻闻放在抽屉里的烂苹果，以此唤起灵感；狄更斯写作时书桌上必须放点东西，否则就一行字也写不出来，因为不知何故，有了这些东西，他才有创作灵感。不过，这种说法是绝对靠不住的。作家可能会灵感附体，会觉得自己像济慈一样有天赋之才，然而济慈写出了最伟大的颂诗，他写出来的东西却一文不值。这和宗教信仰者也一样，他们也不完全相信神秘事物。特蕾莎修女②就不觉得修女们的那些天启、神会有什么意义，除非她们实实在在地做出成绩来。我很清楚，我本该告诉读者，什么是灵感，但直到现在还没做到。我很想做到，但我做不到。因为我也不知道。我只能说，灵感是一种神秘之物，是它使作家写出了连他自己也弄不明白的东西，于是他只能回头问自己："这些东西，我是怎么写出来的？"我们知道，夏洛蒂·勃朗特就曾很困惑，不知道她妹妹

---

① 席勒，18世纪德国诗人，一度与歌德齐名。
② 特蕾莎修女，罗马天主教修女，慈善家，曾受教皇表彰，并获诺贝尔和平奖。

结　束　语

艾米莉怎么会写出这样的故事和这样的人物来的,因为据她所知,艾米莉根本就没有接触过这样的事和这样的人。写作者一旦处于这种神奇之力的掌控之下,各种观念、形象、比喻,甚至具体情节,都会向他涌来,而他自己则不过是一个工具,就像一个速记员,只是把口授的东西记下来而已。不过,关于这个说不清、道不明的问题,我已经说得够多了。我之所以要说到它,只是为了说明,不管写作者有多大能耐,如若没有这一神秘之物的鼎力相助,一切都将徒劳无功。

三

一个人过了三十岁还有创作本能是很不正常的,除了简·奥斯丁是个例外——她好像具有一个女人可能有的所有美德,却又不是那种让人无法忍受的女性楷模——其他几位作家,在有些方面都不正常。陀思妥耶夫斯基是癫痫病患者;福楼拜也是,而且人们普遍相信,医生开给他的药物对他的创作有很大影响。这使我想起一种说法,说身体疾病,或童年时的不幸经历,是创作本能的决定性因素。所以,拜伦如果不是跛足,就不会成为诗人;狄更斯如果不曾在炭粉厂做过几星期的童工,就不会成为小说家。在我看来,这是胡扯。无数人天生是跛足,无数孩子曾被送到炭粉厂干脏活,却没有写出十行诗或者散文。创作本能固然人人都有,但只有在少数身上是强烈而持久的;跛足的拜伦也好,患癫痫病的陀思妥耶夫斯基也好,还是在亨格福·斯代尔①有过不幸经历的狄更斯也好,如果他们没有出自本性的创作冲动,是不可能成为诗人或作

---

① 亨格福·斯代尔:伦敦地名。

家的。同样的创作冲动,也出现在身体健康的亨利·菲尔丁、简·奥斯丁和列夫·托尔斯泰身上。我毫不怀疑身体上或精神上的缺陷会影响作家的创作。这会使他在某种程度上疏远他人,使他自怜自艾,因而使他用不寻常的、往往是苦涩的眼光看待世界、看待生活和他的同类;最为重要的是,这会使他由外向变为内向,而内向是和创作本能密不可分的。我毫不怀疑,陀思妥耶夫斯基如果没有癫痫病,就不会写现在他所写的这种书;但我也毫不怀疑,他仍然会成为作家,写许多书。

总的说来,除了艾米莉·勃朗特和陀思妥耶夫斯基,这些大作家肯定都很乐于和人交往。他们有活力。他们是好伙伴而且善于言谈,每一个和他们接触的人都会感受到他们的魅力。他们也很会享受生活,喜欢好的东西。不要以为专心创作的艺术家都喜欢住在阁楼上;那是错的,其实并非如此。他们生性活跃,还喜欢表现自己。他们也喜欢摆阔。譬如,菲尔丁挥金如土;司汤达服饰华美,还有敞篷车和车夫;巴尔扎克无聊地炫富;狄更斯大摆宴席,宅第豪华、车乘精美。他们根本不是禁欲主义者。他们需要钱,但不是为了储蓄,而是要挥霍;他们的赚钱方式也不总是很正当的。奢侈铺张合乎他们的乐观心态,这很自然;如果说这是缺点,那也是我们大多数人都会认同的缺点。不过——还是只有一两个例外——他们中的大多数人都是很难相处的。他们都有一个特点,那就是脾气再好的人也会被他们弄得心烦意乱。他们都非常自我中心。在他们眼里,除了他们自己的写作,其他任何事情都是无关紧要的;因此,为了写作,他们随时准备牺牲所有亲朋好友的利益,而且毫不愧疚。他们都很虚荣,还相当自私和固执。他们的自控力很差,一旦心血来潮,从不顾及会不会伤害别

结束语

人。他们似乎都不想结婚；就是结了婚，不是出于一时冲动，就是婚后朝三暮四，不会给妻子带来什么幸福。我想，他们结婚大概是为了逃避内心的焦躁不安，安顿下来以求太平；也就是说，他们把婚姻想象成了一个锚地，可以在此抛锚而免于被风浪卷走。但是，逃避、安宁，并不合乎他们的性格。婚姻生活是要相互妥协的，而他们都是些自视甚高、唯我独尊的人，怎么可能妥协呢？他们有过风流韵事，但无论是他们自己，还是他们的风流对象，看来都对他们的韵事不甚满意。这不难理解，要维持风流韵事也需要妥协，要无私，要温存，而妥协、无私、温存，却远不是他们这种人所能做到的。所以，除了性欲正常的菲尔丁和性欲旺盛的托尔斯泰，其他人似乎都没有太多性爱之事。有人猜想，他们的风流韵事很可能是出于他们的虚荣心，也可能是为了自己证明自己的男性能力，而不是真的受到难以抗拒的诱惑而神魂颠倒。我大胆说一句，他们只是为了发泄性欲，而一旦完成，他们就能安下心来继续写作了。

以上所说，当然是泛泛而论，而泛泛而论，我们知道，只是大概如此。我所选择的这几个人，是我有所了解的，而我对他们的评论，很可能会在这方面或那方面有所夸张。我也没有谈到这些作家在世时所处的社会环境和当时的舆论氛围对他们的影响，而这显然是不可忽视的。除了《汤姆·琼斯》，我所评论的小说都问世于十九世纪。这是一个革命时代，充满了社会革命、工业革命和政治革命；人们抛弃了世世代代很少变化的生活方式和思维方式。可以说，这是一个这样的时代：旧信仰不再被理所当然地接受，到处都有一种骚动不安的气氛，生活就如一种从未有过的、令人刺激的历险；在这种情况下，很容易产生不寻常的人物和不寻常的作品。事实也确实如此,如果你愿意接受十九世纪要到一九一四年才结束的说法①,那么在十九世纪问世的小说杰作之多,可谓空前绝后。

我想,或许小说可以大致分为现实类和情感类②两种。这种分法很模糊,因为有许多现实主义小说家时而也会引入情感类的事件;反过来,情感类小说家也总是想使自己讲的故事更可信而会采用现实类的情节。情感类小说为人所不齿,但是当你看到巴尔扎克、狄更斯和陀思妥耶夫斯基也使用这种方法时,你就尴尬了,总不能耸耸肩一笑置之吧。这仅仅是种类不同而已。侦探小说的盛行,就表明它对读者有多么大的吸引力。读者希望刺激,希望恐怖而震惊。情感类小说家讲述剧烈而夸张的故事,就是要吸引你的注意力,使你眩晕,使你惊讶。他所冒的风险是,你可能会不相信他。但是,就如巴尔扎克所说,重要的是要使你相信他告诉你的事情是真的发生过的。要做到这一点,最好的办法就是,先把人物讲得不同寻常,这样他的不寻常行为就有可能了。总之,情感类小说需要把人物稍稍夸大,也就是要有陀思妥耶夫斯基所说的比现实更现实的人物,即那种激动起来不可自控、感情复杂得异乎寻常、既冲动又鲁莽的人物。以情节取胜是这类小说的合法权利,而人们往往对此皱眉头;这就像立体派绘画因为不具有代表性而遭贬低一样,是毫无道理的。

现实主义小说家的目的是要描述生活的本来面目。他尽量避免令人震惊的事情,因为在普通人的生活中,这种事情是

---

① 1914年一战爆发,通常被视为欧洲近代和现代的交界点,19世纪属近代,故有此说法。
② 这里的"情感类",意思和我们这里通常所说的"浪漫主义"相近。因为,在欧美正统理论中,浪漫主义并非和现实主义相对(和浪漫主义相对的是古典主义),故而作者用了 sensational(情感的)一词。

结束语

不大可能发生的。他讲述的事情不仅要有可能性,而且尽量要有必然性。他既不想使你大吃一惊,也不想使你热血沸腾。他只是想给你一点认知的乐趣。他要使你认知某些人,并使你对他们感兴趣。这些人的生活方式,你是熟悉的。你也很容易进入他们的内心世界,因为他们的内心世界和你差不多。发生在他们身上的事情,也可能发生在你身上。只是,日常生活总是单调乏味的,所以现实主义小说家总是担心自己的作品会单调乏味。于是,他很可能会擅自加一点煽情的东西进去。硬放进这种调料,读者大失所望。譬如,在《红与黑》中,司汤达从开始起一直写到于连去了巴黎并经人介绍认识了玛蒂尔德小姐,其间所用的一直是现实主义手法,然而这之后,却莫名其妙地开始煽情了①,而你不得不硬着头皮、很不舒服地吞下这种调料。《包法利夫人》就不然,福楼拜也很清楚,会有单调乏味的风险,但他是用优美的文体来规避这一风险的。简·奥斯丁呢,则是用诙谐幽默来避免单调乏味。遗憾的是,没有多少小说家能像福楼拜和简·奥斯丁那样,自始至终坚持使用现实主义手法而依然能使读者兴趣盎然。这需要有高超的技艺。

我曾在什么地方引用过契诃夫的一句话,这句话说到了点子上,所以我在这里冒昧再引用一次。"人们并不跑到北极去,从冰山上跳下来,"他说,"而是上班下班,和老婆吵吵架,喝喝白菜汤。"这话点明了现实主义小说的要义。有人确实会去北极,即便没有从冰山上跳下来,也会有一番历险。也有人会去非洲、亚洲和南太平洋探险。但是,到布卢姆斯伯里广场②去,或者到南部海岸的海滨度假胜地去,就不是什么探险

---

① 指于连拿着手枪去找德·瑞纳夫人,并开枪打伤了她,之后又被判死刑等情节。
② 布卢姆斯伯里广场:伦敦地名,在大英博物馆附近。

了。去那里也可能令人激动,只要是经常发生的,现实主义小说家就没理由犹犹豫豫地不予描写。普通人确实只是"上班下班,和老婆吵吵架,喝喝白菜汤",而现实主义小说家所要做的,是从普通人身上发现不普通的东西。因此,喝喝白菜汤可能就像从冰山上跳下来一样,是个重大事件。

不过,即便是现实主义小说家,也不是复制生活。他重新编排生活,要使其适合他自己的意图。他尽可能地避免写偶然发生的事情,但有些偶然发生的事情,还是很有必要写,而且也经常写,读者对此也会毫无异议地接受。譬如,小说主人公急着想见某人,而当他穿过拥挤的皮卡迪里大街时,恰好遇见此人。"啊呀,"他说,"我正想找你!想不到在这儿碰到你。"这种可能性其实很小,比打桥牌时拿到十三张牌全是黑桃的可能性还要小,但读者却会坦然接受。可能还是不可能,要看读者的水平如何:过去的读者容易糊弄,什么巧合都认为可能;今天的读者就不那么好骗了。我想,《曼斯菲尔德庄园》刚出版时,当时的读者一定不会觉得下面这件事很奇怪:托马斯·伯特伦爵士从西印度群岛回来的那天,家里的几个年轻人正好在排演私人剧。要是放在今天,小说家就必须把这个关键情节写得比较有可能,读者才会相信。我讲这些,就是想表明:现实主义小说其实一点也不比情感类小说更真实,只是作假的手法比较隐蔽,不那么放肆罢了。

四

我在本书中评论的那些小说,都各不相同;但有一点是相同的:它们都有一个好故事,而且它们的作者都是直截了当地讲故事。他们展现故事情节和揭示人物动机,并不搞什么令人讨厌的文学花招,譬如像意识流、回溯法之类已经使许多现代小说声名狼藉的东西。他们希望读者知道的东西,就直接告诉读者,而不是像现在的时髦做法,有意让读者去猜:人物是怎样一些人?他们的职业是什么?他们的境况如何?事实上,他们还尽可能地写得使读者容易读懂。他们显然不想故弄玄虚,也不想标新立异。作为人,他们相当复杂;作为作家,他们却惊人地单纯。他们很机智,也很有创意,说话却像儒尔丹先生①一样直白。他们都想说明生活的真相,但他们和常人一样,不可避免会有个人癖好,而且只能通过这块变形镜片来体验生活。所以,他们本能地避开了昙花一现、转眼即逝的当代话题,而去关注那些普遍而永恒的问题:上帝、爱与恨、死亡、金钱、野心、嫉妒、傲慢、善与恶;简单地说,就是开天辟地以来人人都有的情欲和本能,而正是这个缘故,一代又一代的人总能从他们的书中看到和自己有关的东西。这是因为这些作家不仅观察生活,判断和描述生活,还以他们独特的个性揭示了生活;也就是说,是他们作品中浓郁的个人气息,持久而强烈地吸引了我们。说到底,作家所能给予的,就是他自己,而这几位作家都是才华出众、个性独异之人,所以,虽然岁月流逝,我们今天的生活习惯、思想方式已和他们那时大不相同,他们的小说却依然富有魅力。

关于这些小说家,有一件事很怪,那就是他们虽然一次次地重写自己的作品,而且不断地修改,但他们都不是什么了不起的文体家。在文笔方面,好像只有福楼拜一个人用过心思。但讽刺的是,他花了大力气完成的《包法利夫人》,其文体并不

---

① 儒尔丹,莫里哀喜剧《贵人迷》中的人物。

怎么受法国知识界赏识，甚至还不如他随意写的那些书信。几年前，克鲁泡特金王子①和我谈起托尔斯泰和陀思妥耶夫斯基，他说托尔斯泰的文笔像绅士，陀思妥耶夫斯基像欧仁·苏②。他的意思如果是说托尔斯泰的文笔是那种有教养的人所用的传统文笔，那么在我看来，这倒也是小说家能用的一种很好的文笔。我还想说，奥斯丁小姐的文笔使我们想起那时的淑女是怎么讲话的，所以这种文笔很适合她的小说。小说不是科学论文。每部小说都应该有自己独特的文笔，这一点福楼拜很清楚，所以《包法利夫人》的文笔不同于《萨朗波》；《萨朗波》的文笔又不同于《布法与白居谢》。不过就我所知，还没有人说过巴尔扎克、狄更斯和艾米莉·勃朗特的文笔很好。福楼拜曾说他很不喜欢读司汤达的作品，因为他的文笔太差。陀思妥耶夫斯基的文笔，就是看译本也能看出不怎么样。如此看来，文笔好似乎并不是小说家必备的素养，更重要的是要有活力、想象力、创新力和观察力，要关注、洞悉和理解人性，要有能力和智力。不过，就算这样，文笔好总不见得不如文笔差。

　　这些大作家各自用本国语言写作，文笔竟然都不太好，这固然奇怪，但更为奇怪的是，他们就是这样写出名的。从他们的出身看，他们的才华根本没有什么遗传因子。他们的父母虽然或多或少有点身份，但都很平庸，既不特别有智慧，也不特别有修养。至于他们本人，年轻时既没有接触过什么文人学士，也没有结识过一个作家。他们也不是特别用功的人。他们从小和同年龄、同家境的男孩、女孩一起玩，没有任何迹象表明他们有不寻常的才能。他们中除了托尔斯泰是贵族，

---

① 克鲁泡特金王子，俄国学者、革命家、"无政府主义"创始人之一，因其父亲是俄国世袭亲王，他常被人称为"无政府主义王子"。
② 欧仁·苏，19世纪法国小说家，以描写城市生活的肮脏一面而著称。

结束语

其他人都属于中产阶级。照理说，在这种环境中长大的人，可能会成为医生、律师、政府官员或者商人。但是，他们却不知天高地厚地从事写作。这实在令人称奇，出生在同一家庭里的两个孩子，比如卡桑德拉和简·奥斯丁①、米哈伊尔和费奥多尔·陀思妥耶夫斯基②，她们或他们的经历几乎一模一样，所过的生活差不多，所处的环境差不多，姐妹或兄弟间还感情深厚，但居然是这一个，而不是那一个，具有无与伦比的写作天赋。我想我曾说过，要成为伟大的小说家，需要有多种因素，不仅要有创造力，还要有敏锐的观察力和感受力，最为重要的还要对人和人性极感兴趣，而且要所有这些因素正好聚合到一起，才有可能成为这样的小说家。但是，为什么这些因素会聚合到这个人身上，而不是那个人身上；为什么这些因素会不可思议地聚合到一个乡村牧师的女儿身上、一个无名医生的儿子身上、一个饶舌律师的儿子或一个不诚实的小官员的儿子身上③，在我看来，实在是个难解的谜。为什么这些小说家会身怀奇才，谁也说不清。也许是他们的个性使然，而他们的个性几乎全都是优良品质和致命弱点的大杂烩，极少有例外。

艺术家的特殊才能，或者，如果你希望我说，他的天才，就像偶尔落到热带丛林中的一棵树上的兰花种子，它在那里发芽，不是从那棵树上而是从空气中获得养分，于是开出了一朵奇异而美丽的花；但是，这棵古怪地开着一朵兰花的树，其实和森林里的其他成千上万棵树并没有什么两样，最终也要被砍倒，劈成木柴，或者沿着河流，被拖进锯木厂。

---

① 卡桑德拉·奥斯丁是简·奥斯丁的姐姐。
② 米哈伊尔·陀思妥耶夫斯基是费奥多尔·陀思妥耶夫斯基的哥哥。
③ 乡村牧师的女儿：指艾米莉·勃朗特。无名医生的儿子：指陀思妥耶夫斯基。饶舌律师的儿子：指巴尔扎克。不诚实的小官员的儿子：指司汤达。

图书在版编目(CIP)数据

十大长篇及其作者 / (英)W.S.毛姆著;刘文荣译
. —上海:文汇出版社,2020.7
ISBN 978-7-5496-3217-6

Ⅰ.①十… Ⅱ.①W…②刘… Ⅲ.①长篇小说-小说评论-世界-现代-文集 Ⅳ.①I106.4-53

中国版本图书馆 CIP 数据核字(2020)第 084696 号

十大长篇及其作者

著　者 / [英]W.S.毛姆
译　者 / 刘文荣

责任编辑 / 陈今夫
封面装帧 / 薛　冰

出版发行 / 文汇出版社
　　　　　上海市威海路 755 号
　　　　　(邮政编码 200041)
经　销 / 全国新华书店
排　版 / 南京展望文化发展有限公司
印刷装订 / 启东市人民印刷有限公司
版　次 / 2020 年 7 月第 1 版
印　次 / 2020 年 7 月第 1 次印刷
开　本 / 148×210　1/32
字　数 / 190 千字
印　张 / 8.75

ISBN 978-7-5496-3217-6
定　价 / 45.00 元

《毛姆人生随笔》 [英]W.S.毛姆著 刘文荣译
定价：19.80元

你为自己设计人生吗？
你想知道人生有何意义吗？
你是不是在走自己的人生之路？
你觉得人生取决于你的自由意志吗？
你相信人生自有定命、因果自有报应吗？
你认为最有人生价值的是真？是善？还是美？
你是不是觉得人生的一切在死亡面前都是虚空的？
你有没有想过，当死亡即将来临时你会有怎样的感受？
如果你对这种问题感兴趣，不妨读读这本书——很有意思！

《伍尔夫读书随想录》 [英]弗吉尼亚·伍尔夫著 刘文荣译
定价：26元

怎样读小说？怎样读诗歌？读书有何价值？书里有两种女人？有没有女性莎士比亚？女性写作生来有局限？托尔斯泰的小说好在哪里？《简·爱》和《呼啸山庄》有何缺陷？……如果你对这些问题感兴趣，那就听听弗吉尼亚·伍尔夫——"20世纪最佳女作家"——如何说。

《书与你》 [英]W.S毛姆著 刘文荣译
定价：19元

本书由毛姆为杂志所写三篇文章结集而成。这三篇文章都旨在向读者推荐好书，故取名为《书与你》。在本书中，毛姆不仅推荐了英国文学名著，还推荐了法国文学、德国文学、俄国文学和美国文学名著，同时对推荐的书予以评论，虽然简略，颇有卓见。

《中外经典作家论中国人》　　刘文荣选编
定价：48 元

本书所集 27 位中外经典作家的 40 余篇论中国人的文章，分"外国篇"和"中国篇"两个部分。"外国篇"收有康德、黑格尔、托尔斯泰等 16 位外国经典作家的 18 篇文章；"中国篇"收有梁启超、胡适、鲁迅等 11 位 24 篇文章。这些文章，较全面地反映了三百年来西方人的中国观，以及近百年来中国人的自我认识。

《中外经典作家说教育》　　王意如选编
定价：68 元

本书收集 49 位中外经典作家的 70 篇论教育的文章，分"外国篇"和"中国篇"两个部分。"外国篇"收有柏拉图、蒙田、卢梭、笛福、康德、叔本华、尼采、狄更斯、斯宾塞、杜威、罗素、怀德海、爱因斯坦等 30 位外国经典作家的 36 篇文章；"中国篇"收有梁启超、严复、王国维、章炳麟、胡适、鲁迅、周作人、徐志摩、林语堂、沈从文等 19 位中国经典作家的 34 篇文章。从这些文章中，可直观地看到 2500 年来西方教育和中国近现代教育的历史演进。

《中外经典作家论女人》　　刘文荣选编
定价：68 元

本书收集 39 位中外经典作家的 49 篇论女人的文章，分"外国篇"和"中国篇"两个部分。"外国篇"收有柏拉图、蒙田、卢梭、巴尔扎克、叔本华、尼采、托尔斯泰、弗洛伊德等 24 位外国经典作家的 27 篇文章；"中国篇"收有李渔、胡适、鲁迅、徐志摩、朱自清、林语堂、张爱玲、梁实秋等 15 位中国经典作家的 22 篇文章。这些文章，从不同角度论述女人的生理和心理特点，虽然观点各不相同，但均属关于"女人问题"的经典之论。